创新与引领：

教育科研赋能基础教育高质量发展

主编◎李亚君　唐名刚　张月柱

中国出版集团有限公司

世界图书出版公司

北京　广州　上海　西安

图书在版编目（CIP）数据

创新与引领：教育科研赋能基础教育高质量发展 /
李亚君，唐名刚，张月柱主编. — 北京 : 世界图书出版
有限公司北京分公司，2024. 12. — ISBN 978-7-5232
-1984 -3

Ⅰ. G639.2

中国国家版本馆 CIP 数据核字第 2025AW0202 号

书　　名	创新与引领：教育科研赋能基础教育高质量发展	
	CHUANGXIN YU YINLING：JAOYU KEYAN FUNENG JICHU JIAOYU GAOZHILIANG FAZHAN	
主　　编	李亚君　唐名刚　张月柱	
总 策 划	吴　迪	
责任编辑	刘梦娜	
特约编辑	王林萍	
出版发行	世界图书出版有限公司北京分公司	
地　　址	北京市东城区朝内大街 137 号	
邮　　编	100010	
电　　话	010-64033507（总编室）　0431-80787855　13894825720（售后）	
网　　址	http://www.wpcbj.com.cn	
邮　　箱	wpcbjst@vip.163.com	
销　　售	新华书店及各大平台	
印　　刷	长春市印尚印务有限公司	
开　　本	787 mm × 1092 mm　1/16	
印　　张	28.75	
字　　数	398 千字	
版　　次	2024 年 12 月第 1 版	
印　　次	2024 年 12 月第 1 次印刷	
国际书号	ISBN 978-7-5232-1984-3	
定　　价	68.00 元	

序言

　　习近平总书记在建设教育强国重要讲话中强调，要坚持把高质量发展作为各级各类教育的生命线。这其中，教育科研发挥了支撑、驱动和引领的重要作用。打造教育科研高地，培树典型，发挥强校辐射带动作用，建设教育科研基地校是长春市推动教育高质量发展的一项战略举措。

　　多年来，长春市教育局探索出了"区域协同、纵向联动"的科研管理体系，锻造出186所教育科研基地校，其中33所核心示范教育科研基地校、20所示范教育科研基地校。这些学校不断优化办学模式，丰富办学内涵，破解育人难题，很快成为长春市教育科研的排头兵和示范者，陆续呈现出一校一品、一校一特色的良好新生态，推动了我市基础教育快速发展，有力促进了长春教育的高质量发展。

　　科研基地校的建设与发展需要创新和坚持，办学经验需要总结和提炼，成熟路径需要推广和利用。基于此，长春市教育局组织各基地校认真梳理办学理念，提炼核心文化，总结创新思路，凝练办学特色。

由长春市基础教育研究中心精选出 30 所科研基地校的成熟经验，汇编成《创新与引领：教育科研赋能基础教育高质量发展》一书，集中反映了长春市教育科研基地建设 15 年的发展历程和取得的显著成果，集中总结了长春市普教科研协同创新的经验，深刻表达了教育科研能够促进学校高质量发展的感悟。

《创新与引领：教育科研赋能基础教育高质量发展》一书，通过对各科研基地校的办学理念、核心文化、创新思路等的介绍，揭示了科研基地校在教育改革和创新发展方面的探索与实践。其中包括教育教学改革、师资队伍建设、学校文化建设等实践和成果，还有探讨未来教育的发展方向，如数字化、智能化等技术在教育教学中的应用，以及如何更好地推动基础教育的未来发展等。

本书旨在将这些基础教育优质科研基地校的教育实践和经验，通过系统化的梳理和提升加以推广。我们希望通过这些文章，揭示教育的本质和规律，探讨教育的未来发展方向，宣传科研兴校、科研兴教的战略意义。同时，也为一线教育工作者提供实用的指导和参考。本书的出版，是长春市教育科研基地校建设的一项重要工作，也是我们深入探索和改进科研基地校教育改革与创新的重要尝试。我们期待着广大读者的积极参与，一起探讨、研究、推动基础教育的高质量发展。

崔国涛

目录

contents

扎根中国大地夯实教研基础
以高质量发展引领建设一流中学

东北师范大学附属中学

校　　训：志存高远　学求博深

办学理念：秉持"为学生一生奠基，对民族未来负责"的办学指
　　　　　　导思想，扎根中国大地建设学术型中学

　　东北师范大学附属中学作为吉林省基础教育的一面鲜明旗帜，一直以科研作为学校建设发展的先行力量，以科研带动学校的建设和发展。东北师范大学附属中学具有悠久而深厚的科研传统，早在学校创立之初，首任校长陈元晖先生就提出："附中教师要做教育家，不要当教书匠。"在这一精神指引下，一代代附中人秉持"为学生一生奠基，对民族未来负责"的办学指导思想，立足学生发展专心从教，着眼教育规律潜心教研，形成了一支才高德馨、名师云集、结构合理的学术型教师队伍，探索并构建符合学校科研发展的管理体系，扎根中国大地建设学术型中学。

一、学校概况

（一）学校的办学理念

　　我校的校训是"志存高远　学求博深"。在扎实做好基础教育工作的同时，我校以科研带动教育教学的发展，以科研带动课堂教学质量提升，以科研促进教师专业发展，以科研引领学校发展。同时，我校积极组织各项教育教学科研交流活动，以期辐射和带动更多的学校关注科研工作，提高教学科研水平，提升教育质量，为吉林省基础教育的发展贡献更多的力量。

（二）学校的建设目标

　　进入新时代以来，东北师范大学附属中学坚持以习近平新时代中国特色社会主义思想为指引，坚持把立德树人作为根本任务，秉持"坚持理想、追求卓越、勇开风气、兼容并包"的附中精神，奋力书写新时代教育发展新篇章，逐渐走出了一条坚持教育家办学，建设现代化、国际化学术型中学发展之路。学校始终坚持本质要求和时代特征相统一，坚持理想道德与知识能力相统一，坚持立足现实和面向未来相统一。

学校党建思政工作开创新局面，育人水平不断提高，课程建设站上新高度，教研科研水平明显提升，教师队伍建设实现重大突破，国际教育格局进一步拓展，办学条件显著改善，中国特色现代中学制度建设稳步推进。

面向未来，必须把中华民族伟大复兴战略全局和世界百年未有之大变局即中国因素和世界因素统筹起来考虑，全面、辩证、长远地审视东北师大附中发展所面临的内外部环境，遵循历史前进逻辑，顺应时代发展潮流，回应人民群众期待，在更加开放的条件下实现更高质量的发展。

要把东北师大附中未来发展放在中央对教育发展的战略定位上来谋划和推动，坚持和加强党对教育工作全面领导，发展素质教育，持续完善德智体美劳全面培养的育人体系，积极参与国际合作，自觉服从服务于构建新发展格局；把东北师大附中未来发展放在教育高质量发展的大背景下来谋划和推动，落实立德树人根本任务，提升思想政治工作质量，补齐体育、美育、劳动教育短板，促进学生身心健康全面发展，培养德智体美劳全面发展的社会主义建设者和接班人；把东北师大附中未来发展放在国家对东北、对吉林全面振兴全方位振兴的总体部署中来谋划和推动，充分发挥龙头带动作用，共同打造区域基础教育增长极，在服务东北振兴中提升办学实力和影响力，辐射带动更广大区域发展。

要把东北师大附中未来发展放在长春加快建设现代化都市圈、建设特大型城市的目标任务中谋划和推动，深化教育改革创新，推动改革和发展与长春地区深度融合高效联动，全面深化依法治教，严格落实师德师风要求，深化教师管理综合改革，全面提升教师地位待遇，建设高水平素质过硬的教师队伍，为高质量发展奠定坚实基础。

二、探索实践与成效

（一）学生发展和德育工作

突出一条发展主线：更加注重内涵发展，全面提高育人质量。一流的中学必须有一流的育人质量，一流的育人质量必须坚持内涵发展，核心在于聚焦育人方式变革，关键在于课堂改革和课程建设的务实创新。在"自觉自律、全面发展的具有创新能力、国际视野和社会责任感"的人才培养总目标下，确立"三全六中心九育人"育人体系，完整构建幼小初高一体化课程体系，为学生的全面发展和知识、能力、品格和价值观的"四位一体"协调统一发展提供有效保障，推进学校高质量发展。以十三五期间建立起的一体化社会主义核心价值观教育体系为蓝本，在"目标一致、环境同质、方法多样、衔接有效"这一原则的统一指导下，进一步完善幼小初高一体化思政课程体系，逐步建立起成熟的一体化智育体系、一体化美育体系、一体化体育体系和一体化劳动教育体系，并以此为基础，推动一体化培养体系落地。积极衔接大学人才培养，建立"中学—大学"有效衔接的人才培养模式，建立全国著名高校优质生源基地，积极申办北京大学博雅人才共育基地、清华大学基础学科拔尖创新人才大学中学衔接培养基地、清华大学美术学院优质生源基地等人才培养项目。传承"主体性德育"文化，聚焦社会主义核心价值观教育一条主线，在"四个建设，六项改革"上发力，激发学生爱国之情、强国之志，培养新时代合格的社会主义建设者和接班人。

1. 加强合育平台建设，拓宽学校德育路径

完善"三级家委会"制度，从"民主监督、参与管理、课程开发、家长教育、沟通平台"等方面形成家校共育的立体德育网络。加强爱国主义教育基地、公益性文化设施、公共机构、专题教育实践基地建设，与各类社会教育资源有效对接，形成与社会教育有机结合的综合实践活动体系。

2. 加强评价平台建设，提升素质评价效能

通过客观写实、自主评价、总结提升三大模块实现成长记录，形成科学、规范的学生综合素质评价体系，创新教育模式，促进学生综合素质发展，助力新高考改革，形成可参考、可推广的综合素质评价模式。

3. 加强育人课程建设，建好全程育人体系

根据不同年龄段的学生身心特点，制订和形成有特色的系列主题班会课程。

完善品学兼优学生奖励与家庭困难学生助学体系，构建以"校长奖学金""陶然成长奖""国家助学金""爱心帮扶基金"等为主体的扶助与思政教育协同体系。

4. 加强德育队伍建设，提升教师的育人能力

构建由学校德育领导小组、思政课教师、班主任、科任教师、心理教师、社会辅导教师构成的立体德育队伍，全方位实现全员育人。加强师德师风建设和教师素养培养，建设一支"师德高尚、理念先进"的德育团队。

5. 推动"三全育人"改革，激发全员育人活力

构建全员全程全方位育人文化全面养成的一体化育人体系；实施"六大中心"协同育人工程，有效贯通课堂教学、校园活动、项目研究、社会实践、研学旅行、线上学习；推进师德师范引领、思政课程创新、课程思政建设、学风班风巩固、校园文化育人、劳动教育课程、线上社群管理、团队组织育人、管理服务育人等九项重点育人工程，构建"三全六中心九育人"工作格局。

6. 推动思政课程改革，建成大思政课程体系

以数学学科幼小初高大一体化课程思政实践活动为蓝本，推动各学科与思政课程同频共振、相互融入，逐渐实现思政教育与学科课程的同频共振。以学校的小初高思政课一体化建设为基础和依托，逐步

推动"课程思政、活动思政、文化思政、网络思政"等各项工作的探索和实践，形成"五位一体"的小初高一体化思政教育格局。

7. 推动学生组织改革，培育先进学生组织

以小学的少先队，以及初高中的校学生会、分团委、社团联合会四大学生组织为纽带，优化学生组织架构，增强联系服务的覆盖面、有效性，更好地发挥党联系青年学生的桥梁纽带作用，打造一支信念坚定、品学兼优、朝气蓬勃、心系同学的学生组织队伍，引领全体学生发展。

8. 推动精品活动改革，积聚学生发展动能

深入贯彻全国学联二十七大精神，团结带领广大学子勇于创新创造，矢志艰苦奋斗。以科技节、艺术节、体育节、文化节、一二·九大合唱、社团活动周、校长有约、志远讲堂、学子论坛等附中学生活动为依托，建设好第二课堂，形成一系列有品牌效应的精品德育活动，助力完善"三全育人"体系，为学生品德发展蓄能。

9. 推动生涯教育改革，助力学生未来发展

以生涯实践活动带领学生走进真实的职业场景和职业角色，使学生实现对大学专业、职业前景和职场生涯的真实感知，形成对职业准认知和判断，从而为未来做出正确的专业选择和大学选择服务。

10. 推动劳动教育改革，构建新型劳动教育体系

基于"形态—模组—价值"开发新时代中学劳动教育课程体系，在课程目标、内容体系、实施方式及活动评价等方面进行策划实施，弘扬劳动精神，充分发挥劳动综合育人功能。

（二）教育教学和管理工作

1. 学校以新课程、新教材改革为契机，在学校育人目标的指导下，开展"12345"学术型课程体系建设。

加速国家课程校本化、校本课程精品化进程。充分结合我校学生

特点及学校资源特征，构建《国家课程体系校本化建设方案》，促进核心素养落地，促进常规教学优质高效地开展。建设学科融合课程，凸显学生发展整体性。探索学科教学与育人价值的融合规律，构建基于项目的常态化的学科融合课程。开展专门化德育与学科融合德育的实践研究，挖掘学科教学的德育价值，形成各学科德育融合教育的典型范例。推动中学与大学的课程共建，打造高端学术型课程。推进与大学共建学术研究型课程体系建设，进一步创新"研究性学习"课程，积极完善"人文社科项目研究"课程和"理科创新项目研究"课程，探索中国科技大学"科学前沿"课程、吉林大学"法学前沿"课程等"大学—中学"协同学术课程。推动高端项目课程建设，促进课程有效衔接。学校将与高校、社会紧密联系，并充分利用各方面力量，构建"中学＋高校＋社会"三位一体的学术性学生培养机制，在人文社科、理工科项目等维度形成切实有效的创新人才培养新途径。推动线上线下教学融合，规划校自主学习平台的构建，完善学校音视频教学资源的云端化，深入利用智慧校园、学科网、智学网等网络平台与资源为学校教学提供教学资源和课堂教学工作的辅助功能。充分整合校内一切课程资源，打造"博雅学堂"课程、"志远讲堂"课程、大学先修课程、"附中学子"课程和"附中学者"特色学术型课程。

2. 学校以一流学科建设为目标，搭设学科交流与合作的多元平台，深入研讨学科核心素养，彰显学科特色发展，构建学科发展的长效机制，不断提升名师、特色教师的学术影响力，构建师资雄厚、梯队合理、厚重大气、求真求实、站位前沿的特色优质学科。

明确学科发展目标，科学制订学科发展规划。各学科科学制订学科发展的五年规划，推动学科建设高质量发展。明确学科育人目标，深研践行学科核心素养。加强对学科思想和学科方法的理解，对学科素养的解读和对教师相关素养的培训，在学科教学中培养学生的适应终身发展和社会发展需要的价值观念、必备品格和关键能力。积极梳理学科教研室成果，促进各级荣誉教师、骨干教师、特色教师形成国内领先的学科教研成果。促进教师提炼学科思想，彰显学科特色，探索学科教学规律，营造良好学科教研环境。明确课程改革目标，以新课程、新教材、新高考的研究和实践为重点，系统规划教研活动。分层次广泛开展研究课，打造有深度、有特色的学科教研交流和展示平台。充分利用"三省四校""全国部分师范大学合作体"等跨区域教研合作体，深入开展高层次、高质量、高水平的学科区域性、全国性教研活动，扩大教师和学校的学术影响力。明确教研协作目标，推动一体化学科建设。积极落实小初高跨学段一体化教研机制，建成跨学段集体备课、跨学段课题研究、跨学段研究课、跨学段试题研究的常态化机制，将小初高一体化学科建设落到实处。

3. 学校以新课程、新教材、新高考改革为发展契机，以课堂观察与问题查找为基本依据，以新"五以"[1]教学思想为指导思想，在未来五年，充分发挥信息技术优势提升教育教学质量，探索行之有效的选科走班模式，发现并解决常规课堂教学中影响教学效果的实际问题，打造新形势下的高效优质课堂教学新范式。

[1]从"五以"教学思想不断引导附中教师扎根课堂教学研究，到新时代继续贯彻新"五以"课堂教学改革指导思想，东北师范大学附属中学一直在对先进的教学思想和理论进行学习和探索。学校1989年提出"五以"教学思想：以激发学习动机为前提，以知识结构为基础，以思维为训练中心，以六个结合为原则，以多种器官协调活动多向信息传递为过程。2020年，学校提出每年春季学期举行新时代"五以"课堂教学创新大赛，继续贯彻新"五以"教学思想。新"五以"教学思想是在当前课程改革背景下为达成新时代育人目标，继承和发扬原"五以"教学思想的基础上，提出的教学思想：以学科核心素养落地为中心，以基于情境、问题导向为前提，以自组织、探究式学习为基础、以师生双主体为原则，以信息技术与学科教学深度融合为过程。

聚焦新课改发展契机，建设"东北师大附中优课平台"，推进学科核心概念微课、重点内容金课、国家课程优课，全系列登录网络平台，助力校内外学生个性化选择性学习；常态化开展全员新课程新教材新课堂研究课堂教学展示活动；打造新课程学科金课工程；每年举办一届新课程新教材新课堂学术论坛，立足东北，面向全国，辐射引领新时代课堂教学改革。全面深化新课标解读，有效增强教学指导功能。全面分解与细化核心素养统领下的课程标准，形成能对课堂教学进行积极指导的学科教学指导建议，规范教学设计过程，明确教学基本侧重，促进教学质量有效提升。根植课堂教学，努力提升常规教学效果。积极开展课堂教学的影响因素研究，分学科制订"好课"的基本标准，以"目标适切""互动优化""落实高效"三大方向为突破，形成课堂教学研究与提升的新风气，突显常规课堂的主阵地的育人功能。全面推行学分制管理，记录学生成长轨迹。建设学分管理平台，从学习表现、作业与活动、结业考核三个方面对学生的学业修习进行学分评定，促进学生全面而个性化成长。充分发挥信息技术优势，提升教育教学质量。积极寻找线上线下教学的有效融合点，建设丰富教学资源，充分发挥各校区优势，建构基于人工智能的教学融合平台，扩展教学在时空上的张力，提升教学的全场景融入能力。全面加强考试研究，充分发挥评价的教育功能。充分发挥考试研究中心功能，选拔任命各学科考试中心研究员，强化教学测量在学生发展中的指导作用，提升教师命题能力与试题研究能力，以《考试研究》杂志为研讨交流平台，提高学校整体教学测量实践与研究水平。

（三）产生的成效

近年来，东北师大附中立德树人落实机制进一步健全，坚持素质教育，遵循教育规律，"五育并举"培养体系进一步完善，深化育人关键环节和重点领域改革，新课程新教材全面实施，适应学生全面而有个性发展的教育教学改革深入推进，选课走班教学管理机制基本完善，学分制管理制度基本建立，学术型中学建设稳步推进。我校现已建成并不断完善"12345"学术型课程体系，扎实推进新课程改革。坚决克服唯分数、唯升学、唯文凭、唯论文、唯帽子的顽瘴痼疾，深化教师评价制度，突出师德师风第一标准，健全学生评价制度，全面提高育人质量，促进全面均衡发展，为学生适应社会生活、接受高等教育和未来职业发展打好基础，努力培养德智体美劳全面发展的社会主义建设者和接班人。积极推动一流学科建设和教师专业梯度式发展，以课程建设为统领，以队伍建设为关键，以人才培养为核心，以课堂教学为支撑，以教研科研为引领，以改革创新为动力。学校荣获全国五四红旗团委、全国五一巾帼标兵岗、中国 STEM 教育 2029 创新行动计划领航学校、教育部国防教育特色学校、普通高中新课程新教材实施国家级示范校、全国文明校园、吉林省模范集体、吉林省教育系统先进集体、吉林省先进工会组织、吉林省美育特色学校等荣誉，获得国家级教学成果奖一等奖一项、二等奖两项，吉林省教学成果奖特等奖两项、一等奖八项、二等奖三项、三等奖两项。教师学术影响力大大提高，有效地推动了基础教育创新发展。

2019 年作为全国中小学唯一代表，邵志豪校长在"深化新时代学校思想政治理论课改革创新现场会"做报告，得到国家领导人的高度肯定。《学校探索推进思政课一体化建设》被中央教育工作领导小组秘书组《教育工作情况》2020 年第 10 期收录，并在全国范围内推广。2020 年由中国教育报刊社基础教育中心和中国教育报刊社数据中心联合发布的《2020 中国基础教育年度报告——2020 中国基础教育研究前沿与热点》一文中，引用了东北师大附中校长邵志豪《新时代高中全面育人的思考、行动与创新》的相关论述。同期发布的《2020 中国基础教育年度报告——2020中国基础教育典型案例》中，将东北师大附中教育帮扶"1+1深耕计划"列入学校典型案例，同"时代楷模"张桂梅并列。2020年，我校入选首批新课程新教材实施国家级示范校，已于2023年顺利通过国家验收，学校通过教研活动、学术报告、深耕计划、教师培训等活动充分发挥示范引领作用，编制《东北师大附中课程修习手册》分享给全国10余个省份的兄弟学校；2022年荣获全国生态文明教育特色学校的荣誉，"新课程新教材实施引领学校高质量发展"被教育部选定为全国研修课程；2023年入选吉林省基础教育科研示范基地及立项建设单位。

三、学校的发展愿景

到2025年，建校75周年之际，形成世界一流中学的基本格局，为跻身世界一流中学奠定坚实基础。

锚定2035年远景目标，综合考量学校发展实际，到2025年，贯彻落实新发展理念，坚持教育家办学，坚持内涵式发展道路，全面建成现代化、国际化的学术型中学，课程建设、课堂教学、人才培养、教师发展、教育评价迈上新台阶，高质量学校建设迈出新步伐，谱写出新时代"扎根中国大地，建设世界一流中学"的新篇章。

1."三全育人"体系更加完善，努力实现一流育人质量。一流育人质量是建设一流中学的根本目标。"五育并举"的育人体系持续完善，学校家庭社会协同育人机制更加健全，完善落实、落细立德树人根本任务的课程体系，开全、开齐、开足国家课程，丰富地方课程、校本课程，补齐劳动教育短板，提高课程实施质量，系统建设课程教学资源，丰富专题教育资源，统筹利用社会教育资源，促进教育资源有效整合。深化智慧校园在教育教学中的应用，推动线上线下教学有效融合，提供时时处处可在线学习的服务。强化作业、手机、读物、体质、时间管理，提高考试命题和作业设计质量，健全学校教育质量评价体系，发挥诊断、改进、激励等功能，促进学生身心健康全面发展，培养德智体美劳全面发展的社会主义建设者和接班人。

2. 师德师风建设更有品质，努力形成一流师资队伍。一流教师队伍是高质量教育体系的人才支撑。持续完善新时代师德师风建设长效机制，严格落实师德师风要求，坚持典型树德、长效育德，选树一批师德典型，塑造附中优秀教师群像。更高水平学术型教师培养体系构建取得新突破，教研科研创新跃升新能级，学科建设壮大新格局，学者强校取得新突破，教师管理综合改革不断深化，教师地位、待遇全面提升。师德高尚、业务精湛、结构合理、理念先进的学术型教师队伍持续稳定，为世界一流中学建设夯实第一资源基础。

3. 深入挖掘各学段办学特点，发挥学校整体的办学优势，切实抓好科研工作，将科研与学校教育教学紧密结合。将教学科研研究领域覆盖学校整体管理的研究、学校教育教学专项研究、各学科教研室建设研究、教师专业发展研究等。积极构建教师学术性成长的"PLS"模型，建设了"三级四类"科研平台。根据教师教学专业学术成长"PLS"模型，学校对教师科研的课题、论文、著作和学术组织四个平台进行了三级设计，从而形成系统的"三级四类"科研平台，引领教师专业学术成长。在全国率先开展了中学与高校有效衔接的创新人才培养项目，即理科创新人才培养项目和人文社科创新人才培养项目。学校致力于学科教研室学术文化的培育，以一流学科建设为引领，以年度学科教研室评价为推动，提出了以学科教学思想的凝练来统领学科教研室文化形成的发展策略，以研究带动学科教研室建设发展。建立起基于"个性化问题—学科交叉问题—大型教育改革实验"的教师课题研究体系。

建立起不低于省级重点期刊的校刊"收录—审校—出版"体系。建立起在实践中提炼、校内整理、校外发表的完整教师学术成果推广模式。建立起大型教师学术活动的系统化、规范化管理模式。

4.附中精神品格更加彰显，努力提供一流社会服务。东北师大附中服务国家，履行使命，要打好服务国家能力跃升攻坚战，主动服务新发展格局。"1+1教育帮扶深耕计划"持续深入、拓展范围，服务全面振兴乡村教育；新课程新教材实施国家级示范校深度融合高效联动，服务深化教育改革创新；国际教育项目拓展新局面，服务中国特色国际教育发展；与政府合作委托办学构建新格局，服务更公平更高质量的国家教育战略；统筹国家、地区、校本三级教研平台与学生活动，服务东北全方位振兴；充分发挥东北师大附中的辐射带动作用，进一步构筑未来发展的战略优势，附中文化创造力、传播力、影响力显著增强，更好地服务国家教育事业发展大局。

5.生态文明校园更为优化，努力建成一流基础设施。一流基础设施是高质量教育体系的基本保障。智慧校园"一网通办""一网统管"高效运转，科学化、精细化、智能化长效机制更加完善，校园安全、防护韧性显著增强；新校园高品质建设、原校园生态化改造，生态校园空间规模与品质得到新提升；校园文化环境持续改善，传统文化浸润校园，校园环境更加宜学宜人，自觉友善学术创新理念在师生中内化于心、外化于行；社会主义核心价值观深入人心，学生文明素质和校园文明程度全面提升，文化服务体系和体育美育设施布局更加完备，文化品牌标识度愈加彰显，环境综合育人功能更加强大。师生精神文化生活不断迈上新台阶，现代化、国际化的学术型中学建设取得新突破。

6.党的全面领导不断加强，努力建立一流治理体系。党的领导是建设高质量教育体系的根本保障，一流治理体系是建设一流中学的根本路径。推动完善学校领导体制，进一步强化党组织领导作用，党委、行政领导换届平稳有序。德育工作体系持续完善，挖掘和发挥学科育人功能，上好思政课、开展好德育活动、落实好课程思政。理想信念教育常态化、制度化，"四史"教育和国家安全教育、爱国主义、集体主义和社会主义教育持续加强。主动应对办学体制机制变革，公办学校托管制度不断完善，发挥集中统一领导、校区特色发展的办学体制优势。坚定不移落实全面从严治党，建设一支忠诚、干净、有担当的干部队伍，走在前列，干在实处，全力保障扎根中国大地，建设世界一流中学目标实现。

到 2035 年国家实现教育现代化之际，东北师范大学附属中学基本建成世界一流中学，为跻身世界一流中学奠定坚实基础。党的领导体制机制全面完善，学校实现治理体系和治理能力现代化；立德树人落实机制全面完善，高素质创新人才培养质量达到世界领先水平；持续推动育人方式改革和教育评价改革，课程建设、教学改革、学科建设进入新阶段，学段贯通一体化育人优势凸显，学科融合进一步彰显综合育人优势，多个研究领域达到世界领先水平；集聚大批一流教师，组建高水平外教团队，教师队伍整体水平处于世界一流；建成有影响力的研究机构和学生发展融合创新中心，不断产生对课程改革、课堂革命、人才培育、评价创新有重大影响力的原创成果；办学条件显著跃升，智慧校园、开放校园、生态校园建设达到新高度，师生共同体和谐奋进，学校文化引领社会风尚；服务国家社会成效显著，在教育强国、科技强国、人才强国、文化强国、健康中国、数字中国建设中有重大作为。

（撰稿人：解庆福　田雪玲）

建设"四化"标准课堂　促教育高质量发展

吉林省实验中学

校　　训： 崇德尚学

办学理念： 学以大成

教学工作是学校工作的重中之重，提高教学质量是深化教学改革和培养创新人才的前提和基础，是学生获得知识、增长见识、培养素养的重要途径，是学校可持续发展的生命线和硬核实力。吉林省实验中学坚持教学常规管理"精细化"，教学质量管理与评价"目标化"，教研团队建设"学术化"，师资队伍培养"专业化"，不断提升学校的教育教学质量。

一、精细化的教学常规管理

教学管理精细化是一种教学意识、一种教学观念、一种认真的教学态度。吉林省实验中学精细化管理的基本特征是重细节、重过程、重落实、重效果，在每一个细节上精益求精。教师在按要求做好常规教学的前提下，在教育教学方面勇于创新，努力探索新的教育教学方法。为切实提高学校教学管理效益，在《吉林省实验中学教学指导手册》的基础上，制定此教学常规管理流程。

（一）教案要求

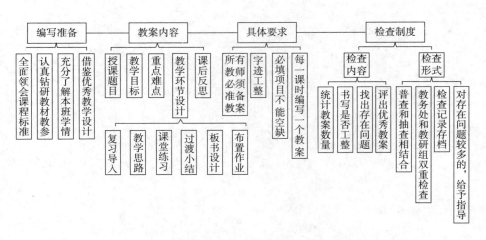

图 1　教案管理流程

（二）课堂要求

1. 基本要求

①教师进入课堂要衣冠整洁、仪表端正、言行文明。

②教师上课前应带齐本节课需要的所有资料，不得上课期间自己或让学生回办公室取东西。

③不得携带手机进入课堂。

④预备铃响时，教师应站在教室门口或教室内候课，否则将视为迟到。上课前提前将课件等电子资料在白板上打开，并督促学生做好上课准备，同时了解出勤情况，查明空座原因。

⑤上课铃响起后，教师应立即组织教学活动。走上讲台，宣布"上课"，师生问好，开始上课。

⑥无特殊情况，要求教师站立授课、严禁教师坐着上课及带扩音设备。举止得体、精神饱满。教态亲切、自然、大方。

⑦上课要讲普通话，语言要精练、准确，富有启发性和吸引力，语调抑扬顿挫，语速适中，声音要响亮，要使教室每个位置的学生都能听清。

⑧对授课内容要熟练，力求做到不看讲稿授课。

⑨板书字迹工整，大小适当，规范准确，布局合理。

⑩下课铃响后，应马上结束授课，宣布"下课"，学生起立，教师还礼后下课。不得提前下课。

2. 内容方式要求

①把学生"听懂听会"作为核心目标。

②要依据教学目标，预设一节课的容量，准确阐述教学内容，不讲与教学无关的内容。

③要根据课程教学具体要求，做到内容充实、概念准确、思路清晰、

逻辑性强、详略得当、重点突出。

④精心设计教学环节，体现问题驱动、任务导向、情境创设、合作生成等要素，切忌平铺直叙、照本宣科的教学方法。

⑤设计操作性强的学生学习活动，提高课堂参与度，增强师生互动，杜绝一言堂。

⑥鼓励启发学生提问和思考，认真回答学生问题。

⑦注意讲练结合，精讲精练，设计好各种课型的讲练比例，避免满堂灌。

⑧对学生的回答和活动中的表现及时作出评价和点拨，坚持"教学评一体化"。

⑨适时对学生进行学法指导，启迪学生思维。

⑩面向全体学生，课堂上的问题要适应不同学生的需要，采用区别提问的方法，让每个学生都取得进步。

3. 课堂管理要求

①教师应严格管理课堂，对任教课内的常规纪律负全责。

②教师应时时关注学生，引导学生遵守课堂行为规范，全神贯注参与课堂学习。

③对违反纪律的学生给予及时制止和批评教育，维护正常的课堂教学秩序，但要尽量避免影响教学进程。

④坚持正面教育，以理服人。尊重学生的人格，悉心教育，不讽刺挖苦学生、不体罚或变相体罚学生。不把情绪带进课堂，不在课堂上发泄个人怨气。

⑤不得私自剥夺学生的学习权，如私自给学生停课、停晚自习等，如遇特殊情况，须及时上报给年级主任、政教主任、教务主任。

⑥关注学生的学习情感，及时与学生进行对话和情感沟通。

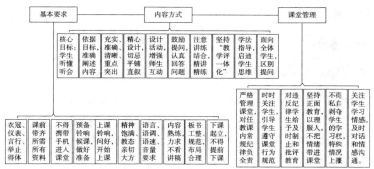

图 2　课堂管理流程

（三）作业规范

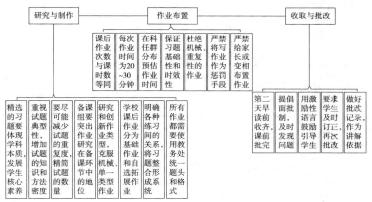

图 3　作业管理流程

（四）命题规范

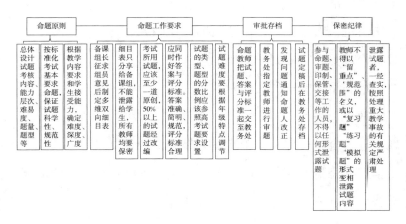

图 4　命题管理流程

（五）听课规范

1. 听课要求

①新入职教师入职前两年，听指导教师课，每周不少于 3 节。

②入职两年以上、五年以下（含五年）的教师，每周听课不少于 2 节。

③入职五年以上，35 周岁以下（含 35 岁）的教师，每周听课不少于 1 节。

④指导教师听被指导青年教师课每周不少于 1 节。

⑤备课组长每学期听课不少于 10 节。

⑥教研组长每学期听课不少于 15 节。

⑦教务主任每学期听课不少于 20 节。

2. 听课内容

①听教学目标

目标明确。

符合课程标准及教材要求。

符合学生的实际认知水平。

②听教学内容

教学内容准确，教学容量适度。

层次清楚，安排合理，注意新旧知识联系。

教材处理得当，做到学与练的统一。

注重培养学生的学科核心素养。

③听教学过程

新课导入自然合理，善于激发兴趣，调动学生参与。

教学过程完整，环节清晰，突出重点，突破难点，讲练恰当。

教法得当、灵活，注重探究式教学。

充分发挥学生的主导作用，面向全体学生，师生互动，关注学生差异，因材施教。

教具和多媒体教学手段使用合理。

④听学生活动

学习兴趣盎然，思维活跃，积极投入，讨论热烈。

学生整体参与，自主学习，合作探究，课堂秩序良好。

知识、技能、思想情感和个性等得到发展。

学生学习活动丰富，有学科意义。

⑤听教学技能

知识面宽，教态亲切，有良好的应变调控能力。

语言准确、简练、生动，逻辑严密，通俗易懂，体现学科特色。

板书设计合理，工整美观，演示操作规范、熟练、有效、到位。

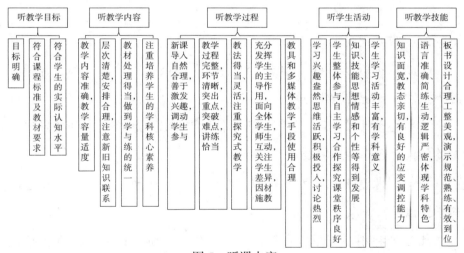

图 5　听课内容

3.评课要求

指导教师、备课组长、教研组长、教务主任等听课后，要及时与授课人沟通，进行评课和交流。

交流过程，要了解教学设计意图，好的做法要宣传推广，不足之处也要全部指出来，促进教师进步。

（六）线上授课规范

1. 基本要求

①使用腾讯会议进行授课，熟练掌握软件功能，师生均开启摄像头上课，学生穿校服。

②教师着装要求与线下一致，不得着家居服上课，使用虚拟背景。

③教师上课前应准备好并在电脑上打开本节课需要的所有电子资料，关闭电脑通信软件，包括 QQ、微信等。须将手机静音。

④至少提前三分钟进入会议室，上课前督促学生做好上课准备，了解出勤情况，检查学生开启摄像头情况，提前将课件等电子资料进行屏幕共享。

⑤准时上课下课。

2. 内容方式要求

①要依据教学目标、学情、线上教学特点，预设一节课的容量，最大限度保证正常教学进度。

②精心设计教学环节，线上教学依然要体现问题驱动、任务导向、情境创设、合作生成等要素。

③加强课堂提问，为节省教学时间，对问题及回答人要提前进行科学预设。

④充分利用在线教育资源，通过课件、动画、视频等丰富课堂教学手段。

⑤精心制作课件，课件要美观、简练，杜绝满屏幕文字的现象，建议使用具有护眼功能的背景，不可将授课内容都录入课件照着读。

⑥不可用课件牵制住学生的注意力，要及时让学生回归到自己的

教材、笔记和练习本上，以避免长时间使用电子设备造成学生注意力不集中、记忆力减退等现象。

⑦建议使用手写工具、小黑板等展示计算过程或概念建构过程，以还原传统课堂的板书功能。

3. 课堂管理要求

①教师应严格管理课堂，及时了解缺席学生的具体事由，及时报告班主任。

②对课上未能及时连麦回答问题的学生，教师课后要进行调查，了解情况。

③教师应时时关注学生，引导学生全神贯注参与课堂学习。课中检查两次学生听课情况，对关闭摄像头或离开摄像头的学生给予提醒。

④关注学生的学习情感，及时与学生进行对话和情感沟通。帮助学生调节好居家学习生活的心态，保持积极向上、健康乐观的情绪。

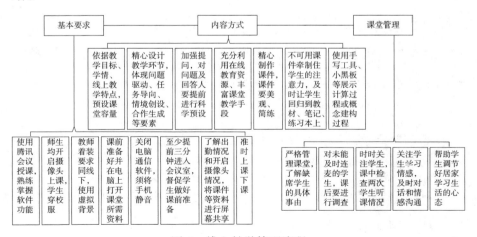

图6　线上教学管理流程

（七）调课要求

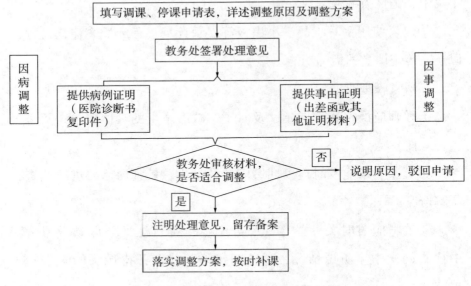

图 7　教师调课、停课办理程序

（八）巡课规范

1. 检查内容

①教师是否有随意串课现象。

②检查教师到岗时间、上课行为（如是否有带手机、接打电话、中途让学生取送卷、违规使用扩音器、坐着讲课、辱骂学生、体罚学生、提前下课等不当行为）。

③检查学生上课状态。

④检查备课组教学内容和教学进度。

2. 检查反馈

对检查时发现的学生的不当行为，如趴桌子、看课外书、玩手机等应及时制止，准确、详细记录值班发现的问题，并与年级主任沟通。

二、目标化的教学质量管理与评价

教学管理的核心是教学质量管理，吉林省实验中学以改革为动力，以质量求生存，通过"向团队协作要质量、向课前备课要质量、向课堂教学要质量、向课后跟踪要质量、向阶段性评价要质量"五个环节，努力推动教学质量提高，走向高质量发展的目标。

（一）向团队协作要质量

在教育信息如此发达，教育教学不断创新的时代，每一个教师都不可能穷尽所有的知识，靠单打独斗获得成功的可能性越来越小。吉林省实验中学倡导教师的团队协作精神，创建良好的合作环境，鼓励和发挥教师成员潜在的教学技巧和教学能力。

1. 目标协调一致

学校要求各年级同学科教师之间、各学科教师之间通力合作，认真落实学校教学规划和备课组教学计划，所有教师将学校利益和学校当前的教育教学目标和远景规划目标作为工作的前提和原则，为了实现共同的目标，都自觉地认同自己承担的责任，愿意为此奉献自己的力量，每个成员都可以享受团队的业绩，为完成学校的教育目标而相互支持，相互合作，共同奋斗。

2. 业务相互学习

他山之石，可以攻玉。每位教师有不同的思想、不同的教学方法。不同的表达习惯，通过彼此协作，教师间相互取长补短，共同学习，共同进步，形成一种理想的科研教学状态，在交流中不断探索，不断创新，形成自己的特点，特点转化为特长，特长升华为特色，真正实现教师的专业化发展。

3. 资源共同分享

在教师讨论研究互帮互学的基础上，实现教学资源的共享，丰富学科教学资源，减轻教师教学负担。各教研组建立学科资源库，内容包括收集的教学素材、编订的教案、习题和试卷、教学课件、课例、视频资源等。由各学科教研组长担任资源库的负责人，负责定期更新。

（二）向课前备课要质量

备课总体的指导思想是熟悉教材，把教材中的知识和思维转化为教师的知识和思维——钻研课程标准，把教学目标转化为教学活动的指导思想——将"目标、内容、学生"三位融合的育人构架转化为教师具体的教学策略与方法。

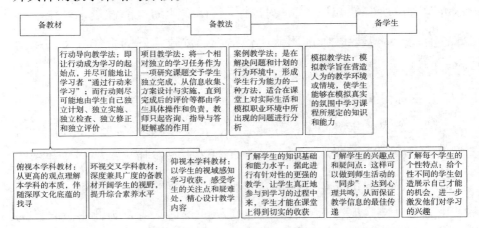

图8　备课环节

（三）向课堂教学要质量

课堂教学是整个教学工作的中心环节，是学生学会学习的主渠道和实现自主和谐发展的主阵地。吉林省实验中学扎实开展课堂教学改革，以"六有"课堂理念为指导，积极探索问题导向式的情境化教学模式，通过创设恰当的情境设计、有导向的问题，让课堂教学的思路更集中、更深入，提高课堂教学及学生学习的有效性。教师基于真实情境创设问题，学生在问题导向引导下开展学习活动，在此过程中，师生是学习伙伴，教师捕捉课堂生成，主导课堂，学生发挥主观能动性，凸显学生主体。

1. "六有"理念

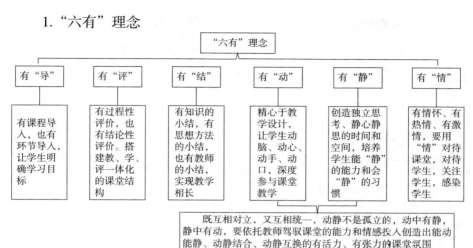

图9　"六有"理念

2. "问题导向式的情境化教学模式"对情境和问题的要求

情境要符合学科知识的学习规律，在科学的逻辑框架下创设学生接受知识的情境，要符合学生的心理特点和认知规律，要调动学生积极参与到情境学习中，情境要具有可迁移性，应该是社会大环境的缩影，能够让学生在某一问题情境中将学习到的知识技能，在特定条件下转换为应对社会生活的技能。

"以问题为导向"的问题不是一般意义上的师生封闭性回答的问题，而往往具有复杂性。解题思路多元化需要学生运用分析、综合、评价等高阶思维加以回答。该模式更注重问题的有效性，教师是问题的设计者，通过设计高质量、有牵引性的核心问题，引导学生在解决问题的过程中提高学习积极性，获取知识与能力。

3. 该模式对师生双方的要求

教师根据课标要求和教科书选择真实情境，创设有利于引导教学的问题，组织实施高效的课堂教学，在学生自主探究、合作交流过程中与其互动，适时指导课堂学习，适当布置课后巩固和拓展问题。

学生主动融入教师设计的情境中，在基于情境的问题引导下，开展自主探究、合作交流等学习活动，与教师互动，及时反馈学习情况，课后自主复习、反思。

（四）向课后跟踪要质量

课后跟踪与课堂教学同样重要，是必不可少的教学环节，它可以帮助教师更好地了解和洞察学生在课堂上的学习效率以及对新旧知识的掌握水平，也可以从学生的反馈中反思不足，不断改进。课后跟踪的重要内容包括作业批改和答疑辅导等。

1. 作业批改要求

①按时批改作业，及时了解学生的学习情况，检查教师自身教学效果。

②认真批改作业，对学生作业中出现的错误，要及时准确地指出，并要求学生加以改正。

③提倡对部分学生进行面批面改，当面指出存在错误，提出改正意见，督促学生学习。

④提倡在作业中写评语，以此鼓励学生和精准指导学生学习。

⑤对学生作业中存在的问题，要认真分析，找出产生错误的原因，统计出出错的人数，有的放矢。做好批阅记录，以便在教学中对症下药。

⑥教务处每学期对教师批改情况进行两次全面统计。

2. 答疑辅导要求

①利用课间或自习等时间对学生的疑问进行解答，对于学生提出的共性问题，在课堂上予以总结和强化。

②对任课班级每个学生的层次做到心中有数，对学优生、临界生、学困生进行个别关注和阶段性跟踪辅导。

③经常与学生谈心，深入了解学生学习情况，并针对每个学生的问题给予指导方法。注意学生学习兴趣的变化轨迹，注意学生学习成绩的变化态势。

④加强学生学习心理的辅导，增强学生的学习信念。

（五）向阶段性评价要质量

教学质量阶段性评价工作是实施教学质量管理的基本工作，教学质量评价的目的是暴露教学问题，及时予以纠正，从而解决问题，并形成良好的教风和教学工作的机制。

1. 坚持反馈问题促进教学、提升教学质量的基本原则

教务处定期以问卷形式调查诊断学生学习中遇到的问题，之后反馈给任课教师，帮助教师以学生所遇问题为导向改进教学方式，提升教学成绩。

2. 坚持每次大考后的质量分析制度

备课组内质量分析侧重从学科专业知识、试卷难易及知识漏缺等方面开展质量分析，年级质量分析侧重从教与学的配合、课堂教学管理、师生互动关系等方面开展质量分析。

学科备课组长向年级汇报学科教学质量报告，年级根据每班各学科平均分、及格率、优秀率，提高率等进行定性评价。对于教学问题比较集中的学科和教师个人，教务处要组织专门人员对学科教学和教师的教学进行考评。

对教学质量的提高实施鼓励的政策，对于教学成绩突出、对学校教学质量发展做出积极贡献的教师，给予一定的奖励；对社会家长和学生反映意见多、教学质量长期较差的教师，学校将给予相应的处理，教师的考评与年度考核、评先评优和职务聘任挂钩。

三、学术化的教研团队建设

新课程改革要求教师必须尽快地从传统的角色中走出来，成为新课程的研究者、实施者和创造者。吉林省实验中学致力于构建学术型教研组，推动崇尚学术、崇尚研究的氛围，保证教学改革和教师专业化发展。

（一）教研组长的角色定位

1. 学科教学的佼佼者

教研组长首先要以高超的学科教学水平打出自己的品牌，树立良好的声誉。在学科教学中，要经得起考验。教研组长对学科教学要有独到的见解，且教学成绩突出，以增强自己的感召力和信服度，要以自己丰厚的学养和人格魅力成为其他教师的精神领袖和教学难题的终结者。

2. 教研活动的引领者

这种引领是横向互动式引领，教研组长要以自身优良的素质感召其他老师，带领教师对教育过程中存在的问题进行理性认识，提出具体解决方案并付诸实施，有效促进教学质量的提高。教研组长应该高瞻远瞩，精心设计和策划好各类教研活动，逐渐促进活动的制度化，倡导开展互动式教研活动，在活动中充分发挥教师个体的主观能动性，在合作交流中获得思想上的深化。

3. 教师智慧的激发者

教研组长要把其他教师在教研活动中获得的专业发展，尤其是青年教师的发展作为衡量自己成功的标志。要有意识地通过提升教师的理论素养来培养教师的智慧，带动教师积极探索教育实践，促进教师自身的专业发展。

（二）教研组职能

1. 开展集体教研

①督导各教研组开展好集体备课。每位教师都把自己在教学实践中好的做法在组内进行充分交流。把每一次集体备课都当成是一次思想的碰撞、智慧的迸发，形成相互支持、相互帮助、彼此促进，共同分享的共进关系。

②有计划地开展听评课活动。听课评课是教师专业成长的重要途径，教师之间相互听课，集思广益，共同修正，取长补短，自我反思，共同提高教学质量，激发教学热情。

③积极开展课题研究。在教研组内组建学科课题研究团队，从日常教学中蕴含的科研入手，以科研的思路去审视教学过程，发现问题，思考问题，解决问题，在解决真实教育教学问题中获得感悟、得到成长。

2. 开发校本资源

校本资源高质量、高水平是保证学校核心竞争力的关键因素，是打造学校品牌的重要环节。积累学校的优质教学资源，能够快速提高教师的整体教学水平，特别是帮助青年教师提高教学水平，共享资源，避免重复工作，提高教学成果的复用性，共建资源也是解决目前新教材资源不足问题的办法。

我校的校本资源包括文本资源和视频资源。文本资源又包括习题资源、导学案资源、课件资源、一轮复习讲义资源等。各学科教研组要对本学科的资源建设提出自己的设想和框架，分工合作，组织交流，集体研讨，集思广益，打造合理有效的习题库、特色教案和课件、优质的视频资源等。学校定期组织备课组开展学科习题库、特色教案、多媒体课件制作展示等活动。

3. 培养师资队伍

教研组是青年教师成长的摇篮，它的生命力决定着教师成长的质量。每个教师成长的质量，又决定着教研组的质量。培养好每一个青年教师是教研组和组长的职责和义务，教研组长的任务艰巨而重大。

①每个教研组要有对青年教师培养的宏观计划。

②教学业务上的培养要做好传帮带工作。教研组长、备课组长要经常听青年教师的课，认真从课堂上感受、发现问题。从备课的各个环节到上课、总结、辅导、复习、测验、如何上公开课等都要加以指导。

③要认真组织好每一次教研活动。把教研组作为教研的基地，做好领导和表率，为青年教师构建大舞台。

④对青年教师因材施教。针对教师不同性格、特长，采取不同的指导策略。搞好协调工作，让组员各司其职，充分发挥作用，得以百花齐放。

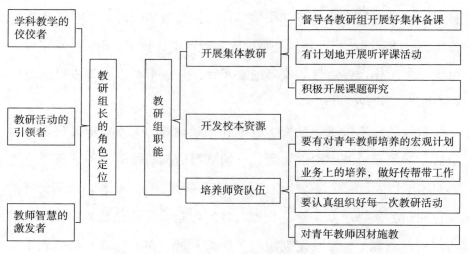

图 10　学术化的教研团队建设

四、专业化的师资队伍培养

教师的专业化发展是学校振兴的根本。为提高教师队伍的素质，促进教师专业发展，我校紧紧围绕教师行动自觉的工作目标，制订青年教师发展计划，通过青蓝工程、名师工作室、校本培训、考试比赛等多样化的培养方式，关注每个教师的成长，加强教师队伍建设，创建高素质的教师队伍。

（一）教师五年规划和阶段性成长目标

阶段	听课学习	教学任务	教学比赛	教研活动	成长目标
入职一年内	听业务指导教师每个进度的新授课和其他类型课	以上课、备课和同步练习题命制为主	每年经历两次校内或组内公开课的磨课、上课过程	以观摩学习为主	入职一年后能按常规和一般模式组织教学，全面进入教师角色
入职一年到三年内		在前一阶段基础上，参与周测、月考的命题		参与课题研究	入职三年后各项业务技能达到合格和熟练程度
入职三年至五年内	每周听课不少于两节	在前一阶段基础上，参与期中期末考试的命题。至少承担过一年高三的教学	至少承担一次省市级公开课，或参与一次教学类比赛	参与课题研究等教研活动，发表至少一篇论文	入职五年后成为校内骨干教师

（二）多样化的培养方式

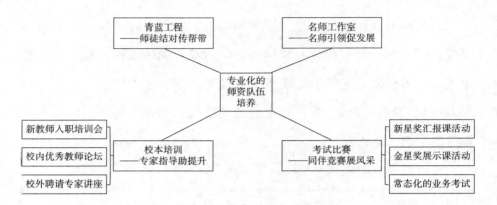

图 11　多样化的培养方式

1.青蓝工程实施方案

青蓝工程——师徒结对的实施能够充分发挥骨干教师的传帮带作用，促进青年教师快速成长。师徒双方在日常的教育教学工作中进行观念碰撞和实践切磋，以老带新、以新促老，实现共同进步，达到双赢目的。

①师徒对象：

业务指导教师（师傅教师）：各学科省、市、校级骨干教师，备课组长、教学能手等。

青年教师（徒弟教师）：入职三年之内的新聘教师及需要在教学业务能力上进一步提高的教师。

②培养目标。青蓝工程以三年为培养周期，通过三年的培养教育和教学实践，青年教师在师德修养和业务能力上都达到胜任教书育人、为人师表的教师岗位要求。

③师徒职责

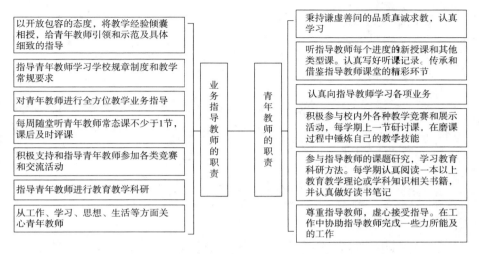

图12 业务指导教师和青年教师的职责

Ⅰ.业务指导教师的职责

以开放包容的态度,将教学经验倾囊相授。在工作作风和工作态度上,给青年教师引领和示范;在教学工作中,对青年教师要有具体细致的指导。

指导青年教师学习学校规章制度和教学常规要求,使青年教师尽快适应学校环境。

对青年教师进行全方位教学业务指导,包括备课、上课、课堂管理、作业批改、试题命制等方面。

每周随堂听青年教师常态课不少于1节,课后及时评课,共同研究课堂改进措施,指导青年教师加强教学反思。

积极支持和指导青年教师参加学校和上级教育教学主管部门组织的各类竞赛和交流活动。青年教师做公开课前,作为第一指导教师参与全程磨课。

指导青年教师进行教育教学科研。每学期指导青年教师阅读一本以上教育教学理论或学科知识相关书籍，并指导青年教师结合实践书写教学叙事或论文。

从工作、学习、思想、生活等方面关心青年教师。

Ⅱ.青年教师的职责

秉持谦虚善问的品质真诚求教，认真学习指导教师严谨治学、刻苦钻研的工作作风、先进的教学理念和教学方法，领悟指导教师精湛的教学艺术和教学智慧。

听指导教师每个进度的新授课和其他类型课。认真写好听课记录。借鉴和传承指导教师课堂的精彩环节。

认真向指导教师学习各项业务，包括教案书写和设计、教学语言和教态、课堂管理、试题命制、课后辅导等。

积极参与校内外各种教学竞赛和展示活动，每学期上一节研讨课，在磨课过程中锤炼自己的教学技能。

参与指导教师的课题研究，学习教育科研方法。每学期认真阅读一本以上教育教学理论或学科知识相关书籍，并认真做好读书笔记。

尊重指导教师，虚心接受指导。在工作中协助指导教师完成一些力所能及的工作。

2. 名师工作室——名师引领促发展

吉林省实验中学成立若干以主持人名字命名的名师工作室，打造教研教学共同体。有效地推动名师工作室成员的专业成长，力争打造一支有自我教育特色、有创新引领作用、有辐射示范效能的骨干教师队伍。

①人员组成。每个名师工作室设主持人1人，工作室成员5～6人。以上人员聘期为两年，两年后再根据工作室培养情况决定是否继续聘

用。

②主持人主要职责：

Ⅰ.全面主持"名师工作室"的工作，负责制订本工作室顺畅运行的各项规章制度，负责本工作室与教科研部门的合作和协调教育行政部门关系，代表工作室开展教科研交流合作。

Ⅱ.负责确定工作室年度发展目标，制订工作计划和成员培训计划。

Ⅲ.负责开展工作室成员的师德师风建设、教育教学和科研能力建设，引领成员提高综合素质。全面了解本学科最前沿的信息与发展动态，深入研究教育教学中的重点、难点问题，积极探索新方法，确定工作室教育教学专题研究项目及主要研究方式、达成的研究目标、预期成果及呈现方式，负责整个课题分组实施和协调工作，并撰写相关的报告。以工作室为单位，在一个工作周期内至少确定1个校级及以上课题进行研究并有相应的研究成果。

Ⅳ.坚持理论学习与业务研讨，努力提升教育理论素养与学科理论素养，每年参加1次省内外高层次培训或学术交流活动，负责邀请校内外专家指导工作，组织成员外出学习与交流。

Ⅴ.制订工作室成员培养考核方案，包括培养目标、培训课程、培训形式、研究专题、培训考核等。每学期至少听工作室成员每人2节课。建立工作室档案，每学年对工作室成员专业化发展做出评价考核。建立工作室成员成长档案，督促提交研修总结，并对其进行教育、管理和考评。

Ⅵ.负责定期开展教育教学研讨活动。开展教育教学的专题研究，及时积累研究过程记录，推广研究成果。当好教学示范者与指导者。积极承担教师继续教育的课程开发与专题教学任务，每年为教师继续教育、校本培训举办专题讲座。完成学校安排的教育教学、教科研等培训任务。

Ⅶ.组织并参与工作室成员的听课、评课活动，指导工作室成员总结教育教学方法、经验、模式，积极推进网络教研，建立工作室公众号，并使之运行良好。以网络为平台开展与研修人员及其他本学科教师的合作与交流，发挥示范辐射作用。

③工作室成员职责：

Ⅰ.制订个人成长发展目标，配合工作室主持人共同制订具体培养计划。

Ⅱ.在个人专业化发展成长档案中增加在工作室中学习、成长的内容记录。建立学员成长手册，目标具体，有时间限制，操作性强，可评价。成长手册要体现发展过程——有总体规划，有具体远期、中期、近期计划，有阶段性总结和终结性总结。

Ⅲ.尊重工作室主持人及工作室其他成员，服从工作室主持人的有关工作安排，及时完成工作室主持人布置的各项研究任务，协助工作室主持人开展各项活动并提出合理化建议和方案，使工作室能高效运行，互助合作，共同提高。

Ⅳ.每位工作室成员每学期至少要有1节校级以上的公开课或观摩课。成员间相互听课不少于5节。

Ⅴ.努力提升教育科学素养，每学期至少研读一本教育教学专著，完成1篇读书笔记；每学年完成1篇与学科教学相关的论文。

Ⅵ.工作室成员要时时关注工作室动态公众号。及时撰写教学反思；随时上传推荐文章及心得体会；通过公众号的交流与传播，实现工作室的示范和辐射作用，并提升教研组及学校的影响力！

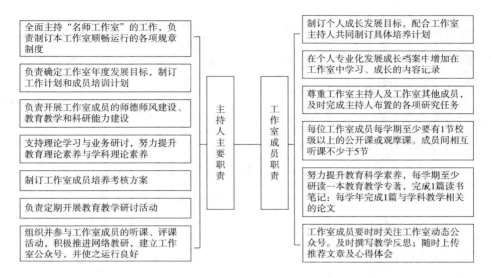

图 13 名师工作室主持人和工作室成员的职责

④管理考核：

Ⅰ.学校对工作室的总体考核

名师工作室由学校统一建设，统筹管理，教务处和各年级协同合作，其他部门给予积极支持。以学期为周期，设置相关考核维度，以实效性工作为考核条件，由教务处负责考核。其他项目论证、政策制订、日常管理、过程性指导与评估，也均由教务处完成。以考核结果为参照，决定是否对工作室主持人给予续聘。

考核合格以上的，续签承诺书，自动进入下一周期，同时对优秀等次的予以奖励；考核不合格的，发出整改通知书，限期进行整改，逾期整改不到位的，撤销名师工作室称号，收回命名。

Ⅱ.工作室内部成员考核

内部考核由主持人和导师负责。工作室成员应在工作周期内，完成规定任务，达到培养目标。

内部考核主要从思想品德、理论水平、管理能力、教育教学能力、研究能力等方面考查成员是否达到培养目标，名师工作室成员按要求填写名师工作室成员年度考核表，考核结果将作为继续任用、奖励的依据，考核不合格者则调整出名师工作室；同时按有关程序吸收符合条件、有发展潜力的新成员进入工作室。

对取得优异成绩的名师工作室主持人和工作室成员予以表彰奖励，在同等条件下作为评优的重要依据之一，先进个人将优先提供参加学习考察和学术研讨等活动的机会，优先推荐评先晋级。

对未完成规定目标任务或者在过程中搞形式主义、走过场的主持人，实行一票否决，不得参加各种先进、荣誉称号的评选，并追究相关责任人的责任。

（撰稿人：李金龙　李星婷）

努力建设成为一所受人尊敬的学校

吉林省第二实验学校

校　　训：砺志、勤奋、文明、健美

办学理念：关注个性，开发潜能，科学施教，全面育人

一、学校办学思想

提升教育教学质量是学校办学过程中永不停歇的主题，现如今每一所学校所建立起来的学校高质量发展模式最终也回应了学校高质量发展这一主题。

随着 2022 年版义务教育课程标准的颁布实施，在落实立德树人的根本任务，体现核心素养导向，回应新时代的新发展、新要求、新期待，促进"双减"落地，破除"五唯"等要求之下，推动学校高质量发展的内核是什么？激发教与学的内驱力是什么？这是在新的历史时期对学校提出的新问题和新挑战。为此，吉林省第二实验学校加强科研引领，在原有课程建设基础上，进一步创新教育教学管理模式，以培育德行品格为先行，以创新课程建设为抓手，以课堂改革为契机，用学生选课评教做杠杆，推动教师专业精进，促进学校教育教学质量持续提升。

三十余载春华秋实，省二实验学校坚持继承和发展同步，改革与发展并存，秉承"成就每一名学生，成就每一位教师"的教育初心，全面营造对国家负责的使命文化，为国家培养德智体美劳全面发展的社会主义建设者和接班人，努力建设成为一所受人尊敬的学校。按照高质量发展的根本要求，学校确立了"成就每一名学生，成就每一位教师，努力建设成为一所受人尊敬的学校"的办学思想。成就每一名学生：真正爱每一个孩子，平等地对待每一个孩子，关注每一个孩子的个性，关照每一个孩子的生命成长；成就每一位教师：为每一位教师服好务，充分肯定教师的功劳，为每一位教师的发展提供平台。省二的校园有的是名师文化，成就每一位教师，学校通过各种培训培养一批让学生终生敬仰和受益的好老师。名师有学识、有品德、有见识、有活力，是能让省二引以为傲的教师。努力构建严谨的课堂、开放的课堂、深刻的课堂、生态的课堂、和谐的课堂，这样的课堂才能激发学生兴趣、培养思维、提升方法、涵养性情和锤炼品质，让学生们获得美好的学习体验；成为一所受人尊敬的学校：关注到每一名师生才能受人尊敬，不急功近利，不好大喜功，放眼未来办教育，真正做到公平而有质量才能获得人民的尊敬。

二、办学理念指导下的办学思路和取得的成果

（一）坚持党的全面领导，筑牢思想根基，为学校高质量发展积蓄力量

党是各项事业的领导核心，坚持和加强党的全面领导是学校事业发展的根本保障。新时期学校党委深入贯彻落实习近平总书记关于教育的重要论述，对标习近平总书记和党中央对基础教育的新期待新要求，加强党组织建设，强化学校管理，深化课堂教学改革，结合学校发展实际，找准党建工作与教育改革发展的接合点，努力提高教育教学质量，为学校发展提供坚强的思想、组织和作风保证，推动学校各项工作顺利开展，为学校高质量发展积蓄力量。

（二）强化德育、体育、美育、劳动教育，培育家国情怀，为学生健康成长全面赋能

省二实验学校全面贯彻新时代党的教育方针，把培养堪当民族复兴大任的时代新人作为根本任务，将党和国家对人才培养的总体要求具体化。有效发挥九年一贯学制的优势，将培养学生高尚的道德情操和良好的生活习惯融入教育教学全过程，促进学生德智体美劳全面发展，逐步形成了中小学德育一体化格局。

1.打好中国底色，厚植红色基因

以红色作为时代精神内涵的象征，培养学生的爱国情怀。每周升

旗仪式是爱国主义和红色教育的常规课程，升旗仪式课程帮助学生树立正确的世界观、人生观和价值观。每年 12 月，九年级都会如期举办"红色经典，赤子情怀"主题歌会，学生在歌声中汲取强大的精神力量。

2. 培养健康心理，塑造健全人格

心理健康是指一种积极而持续性的心理状态。线上教学期间，基于学生的心理成长需求，学校统筹组建心理应援团，开启以呈现心理学习力、担当心理志愿者、组建心理应援团为主要任务的线上心理健康工作。学校各级德育管理者积极担当心理志愿者，开设心理微课、心理班会，推进学生的心理健康工作真正落地，取得实效。

3. 坚持五育并举，实现人人出彩

坚持五育并举，全面发展素质教育。突出德育实效，深化课程育人、文化育人、活动育人、管理育人、协同育人。提升智育水平，着力培养认知能力，促进思维发展，激发创新意识。强化体育锻炼，实施学校体育固本行动。增强美育熏陶，严格落实音乐、美术、书法等课程。加强劳动教育，充分发挥劳动综合育人功能，加强学生生活实践体验教育。金秋体育节、家庭小厨神、走进博物馆——加强体制管理，弘扬劳动精神，提升了审美素养。校园艺术广场、省二好声音、相声大赛——营造和悦美好的校园艺术氛围，搭建托举校园明星的舞台，让更多的孩子被看到，被发现，被欣赏。

4. 推进家校共育，提高育人质量

家校共育是完成学生教育过程的最佳路径。学校通过家长委员会的引领、家长会上的培训、学校主题活动的参与，让家长充分认可学校的教育理念，并在教育路径上取得共识，让家长在孩子的教育过程中充分发挥引导、督促和协助的作用，从而使教育效果实现最优化。疫情之下，学生身体和心理都受到空间的局限，学校及时调整家访的路径和对话的主体，倡导教师以视频电话家访的形式与学生面对面，让学生清楚地感受到：每个人都会被"关心"、被"聆听"，这一行动得到家长的高度赞誉。

（三）对标时代新人培养要求，持续深化教学改革，发力减负提质，为"双减"落地提供保障

发展素质教育在我国未来教育改革发展中具有核心地位。省二实验全体教师坚持改革，不断创新，以核心素养培养为出发点，打破各学科之间的壁垒，以实际问题为核心进行课程重组，通过多元的课程资源为学生提供不同的学习路径，激发学生的学习兴趣，促使其开展更深层次的学习，以科学施教落实减负提质。

1. 设计个性化课程

构建"三级三层"立体化课程体系，实现人本化育人。如果说"立德树人"是我们的根本任务，聚焦学生全面发展的素质教育是我们的抓手，那么立体化课程体系建设就是我们实现"双全"育人方式转型的切入点。针对现有课程难以适应人才个性化培养要求的问题，应学生自身发展的多元需求现实，我们充分吸纳中国学生发展核心素养研究成果，系统设计并探索建构起学校核心素养教育"立体化"课程体系。该课程体系按照"基础、提升、拓展"三级横向维度和"模块、领域、课程"三层纵向维度规划建构。"课程模块"分为"国家课程""兴趣课程""创新实践课程"三个方面，每个"课程模块"下设课程领域，每个领域配置丰富的课程资源供学生选择。学生发展的各项核心素养与课程体系中的各模块相对应，各课程模块之间相互联结、相互促进、逐步递进，既为全体学生的全面发展奠定了公平一致的育人基础，又为全体学生的个性发展创造了差别化的育人情境，系统解决了课程体系与培养目标"脱节"以及课程体系建设"标准化之下适应个性不足"

的问题。学校在 2018 年"发展学生核心素养，丰富课程资源供给"课题获得省基础教育教学成果奖一等奖基础上，2022 年"指向中小学育人方式转型的校本立体化课程建设与实施"又获得省基础教育教学成果一等奖，"以课程建设为抓手，以课堂改革为契机，促进学校教学质量持续提升"获得长春市基础教育教学成果一等奖。

2. 创新课堂教学模式，四个模式，指向素养发展

创新发展的四个模式，包括聚焦核心素养的教学设计模式、发现式教学模式、统整课程教学模式和教—学—评一体化评价模式。

（1）学科知识素养化，教学目标"双线索"。推动质量提升的课堂教学不能仅限于教知识，教师更要站在知识的背后，挖掘那些当知识遗忘之后留下来的东西，即学科核心素养。学校要求教师备课不仅要备具体知识点下的概念叙述和技能训练，还要立足培育学生的核心素养设计学习活动，摒弃单一知识背景下"深挖井，广积粮"的做法，打破死记硬背、题海战术等知识技能训练枷锁，实现从学科知识本位转向核心素养本位。

聚焦核心素养的教学设计模式，通过设置知识目标与素养目标双线索，以知识与技能目标为一堂课的明线，以知识背后蕴含的核心素养为暗线，先行确定一堂课的素养目标，牵引教与学的活动设计，然后梳理一堂课的知识重点与难点，形成学习素材，旨在摒弃课堂教学单一的教知识、训练技能的做法，关注培育和发展孩子的核心素养这一更重要的任务，实现学科育人的目标。

（2）创设深度学习，启发深度思考。课程实施过程中，我们打破以"讲—听—读—记—练"为主要特征的机械灌输教学模式，立足积累学生的学习经验，实施"发现式"课堂教学。精准发现教学的起点，引导学生"发现"自己学习的必要性；精准设计问题解决，暴露学生

在知识、方法、技能等方面的缺陷，让学生经历"发现"新困惑、新规律、新方法；引导学生主动反思，"发现"其中的道理，知晓其中的规律，掌握其中的技巧；设计课堂情境任务，让学生去参与、去完成，探究更多的"发现"，拓宽学生视野，激发学习兴趣。"发现起点—发现困惑—发现规律—发现拓展"的"四步发现"式教学模式，尊重学生学习欲望的天性，唤醒学生富于挑战的能性，激发学生主动创造的心性，培养学生独立学习的习性，切实把课堂还给学生。

（3）加强学科融合，培养综合思辨。统整课程是围绕同一主题整合不同学科内容形成一个新学科或教学单元的过程。统整课程模式赋予了课程以生命：通过多学科整合，对于一个话题、一个现象、一个区域、一段历史赋予它眼耳鼻舌身，让它成为活灵活现的完整的整体，从不同学科角度进行探究，丰富学习者的经验，使学习者初步形成综合、辩证的思维模式。经过学校统整课研发小组几年的努力，形成了自然科学、人文科学、社会科学三个方面的课程资源 16 个，积累原创文字资料 50 余万字。如自然科学课程"宇宙的奇迹""地图的前世今生""工业革命"等，从数学、物理学、信息工程学、地球科学学科特点出发，与初中学科知识紧密结合，揭示自然界发生的现象以及自然现象发生过程的实质，进而把握这些现象和过程的规律性；人文科学课程"走近古埃及""穿越者达·芬奇""走近印度""入墓三分——古代帝王陵寝探究"等，通过人物、区域、史实等不同视角切入，揭示人类社会的本质和发展规律；社会科学课程"大道之行——一带一路""大国博弈——贸易战""超级工程——港珠澳大桥"等，通过经济学、社会学、政治科学等学科角度，对热点问题深度剖析，咅养学生的责任担当和家国情怀。其中"大道之行——一带一路""大国博弈——贸易战"和"长征"连续三年作为我校砺志杯创新课程对外展示。

统整课程开发与实施过程中，促使师者术业有专攻，成长有方向，育人有使命，学科有创造；促使学生拥有环看中西的眼界，拥有心怀家国的情操，拥有强国有我的自信，拥有从容应变的才能。统整课程的学习者与课程研发者在课程研发与实施过程中建构了课程内部富有生命活力的持续发展的生态系统。

（4）从做题转向做事，让教—学—评一致起来。在教学实施中我们也发现，教学主张和课堂实践之间存在着一条鸿沟。在以知识考查为主要目的的考试评价下，考试命题最终都会导向直接记忆、简单应用（甚至机械套用）概念、公式、原理。反馈到课堂，发现式教学的"四步发现"显得多余，没有直接告诉孩子记住它来得简单。于是，素养导向的教学设计、发现式教学、统整课程等教学模式更多只是在展示课上做样子，常规课堂少有实施。

只有改变知识导向的考试命题，转向素养导向的考试命题，孩子们才有可能不需要老师每天监督，自觉主动地从自己的课堂表现、考试成绩中发现不足，像研究者一样积累经验，学会综合运用学科经验、学科思维解决问题。因此，我们在考试命题研究上下足功夫，通过优化试题结构，增强试题的探究性、开放性、综合性，促进"教—学—评"有机衔接。让试题引导学生从"做题"转为"做事"，从"解题"转向"解决问题"，从简单记忆迈向深度思考，从机械刷题的旋涡中跳出来。

另一方面，我们加强纵向推进，通过设计驱动型、序列型任务，让学生不断迎接挑战和解决问题。在期末考试中增设朗读和口语、数学建模、实验操作、社会实践活动等非笔试能力测试。综合性评价强化了学生对综合能力的关注。与此同时，我们加强各类课程评价之间的纵横交互，抓住教育教学关键点，因势利导。学校对创新素养高的学生、在省市级科技发明评比中获奖的学生、在报刊上发表作品的学生，相关科目给予免试对待。学校每学期举办"科技小发明小创作博览会"，其优秀者都会被授权免试相关科目。逐步转变"单一性、终结性"传统评价方式为"多元性、过程性"的发展性评价方式。

3. 同心抗疫责任担当，确保线上教学减负提质

疫情三年，给学校教育教学工作的开展带来极大挑战。按照教育厅"停课不停学"要求，学校通过制定线上教学制度和办法，强调教师将学科课程与疫情防控知识相结合，实现知识教育与生命教育、爱国主义教育、心理健康教育相融合。通过个别答疑辅导，落实精准对标，分层指导，减掉学生过重作业负担，做到一个都不能少。办人民满意的学校，成为一所受人尊敬的学校，站在学生立场，无论线上还是线下，减负还要增效，不让任何一个学生掉队，是省二实验人的教育宣言。

4. 提高课后服务水平，确保教育服务提质增效

为推动"双减"工作在学校的有效落实，增强学校育人的主体功能。基于学生和家长的需求，为减轻学生课业负担、提升综合素养。结合学校自身实际，深入挖掘优质课后服务资源，分别制定了细致的课后服务课程，增加学科社团课程和项目式学习活动,将课后服务目标由"为消化课内知识服务"向"激发兴趣，为终身学习服务"转变，使课后服务形式更丰富、课程更多元、质量更优化，课后服务参与率均有明显提升。

（四）坚持文化建设，进一步激发办学活力，提高治理水平，为学校改革发展奠定坚实基础

当今学校之间的竞争，本质上是学校文化的竞争。文化是一片土壤，省二实验学校形成了自己特有的文化。我们有为国负责的使命文化，我们坚持以学生为中心，我们努力成就每一名学生、每一位教师，我们重视学生的核心素养培育，我们强化学生的道德养成。学校持续

的高质量发展，保持基业长青，是因为每一个省二实验人都拥有自己的职业梦想和教育情怀。对教育的赤诚，对孩子深深的爱让我们可以克服一切困难。

1. 坚持价值引领，提升思想觉悟

价值引领是学校管理的本质要求，提炼价值理念，凝结发展愿景，进而通过改造教师的价值观来驱动教师内心自我发展，从而实现自我价值。面对新形势新任务，学校提出省二实验教师行为准则：促进学生健康成长是一切行动的原动力；成功的标准是办人民满意的教育；将学校定位在领袖型学校，全体教师要对工作抱有持续的热情，主动创新，追求卓越；时刻要保持危机感，每个人都是省二实验流动的名片，要有和学校一荣俱荣的决心和坚持；每个人都要保证自己的专业水准。我们相信，每个人都很重要，每个人都能为学校的发展起到至关重要的作用。

2. 坚持团队"裹挟"，提高专业素养

多年来，学校积极强化团队"裹挟"文化，成全每一位教师的成长。教学管理者们坚持每天听推门课，坚持参加每周的集体研课。学校坚持进行教师专业化考试，设立青年教师发展学校、教师职业发展中心。各项举措促进了教师素养的整体提升，开辟了教师培养的新路径。伴随着学习的深入，教师们的教育观念正在从重分转向重人，我们的教育行为正在从灌输转向对话，我们的教育内容正在从知识转向素养，我们的教育思考正在从被动转向主动。

3. 坚持合作共生，推进育人变革

敢为人先是省二实验人的气质与气魄。每年的"砺志杯"活动是省二实验一年的教育改革缩影，在研究思辨中沉淀教育思想，在改革创新中积淀教育智慧。此项活动已经坚持十年，全省累计听会人数二十多万人。借助朝阳大学区载体，联合高新区、净月区，打破校际堡垒，在教育理念、课程体系、文化建设等多方面实现省二优质资源的辐射推广与合成再造，与兄弟校形成合作共生的长效机制，最终形成区域教育合力，引领推动吉林基础教育高质量发展。

4. 坚持自我革新，回应发展之需

一个强大的组织必须拥有永远在路上的清醒自觉，坚持自我锻造，坚持办人民满意的教育，努力为学生提供更多的健康成长的机会和途径。学校领导班子不断提升正视问题的自觉和刀刃向内的勇气，加强自我净化、自我完善、自我革新、自我提高的意识和能力。带领全校教职员工解放思想，实事求是，坚持自我批判，坚持教育微改变，以推动学校下一步实现更高质量的发展，努力实现生命境界的不断跃升，在转折中开创新局，在奋斗中赢得未来。

三、产生的成效

（一）在转折中开创新局

1. 成就每一名学生

自 2007 年以来，学校实现连续 10 余年中考无一名流失生，中考各项指标均在长春市绝对领跑，2011—2022 年，连年拔得长春市中考裸分、录取分数头筹。2022 年，我校中考成绩优异（包揽长春市中考前三名）。令我们欣喜的不仅是学生优异的分数，更是上一级学校对我校毕业生"发展空间大、文明程度高、自主能力强"的高度评价。近五年来，我校学生获省市级以上学科竞赛奖励、科技创新奖励近千项，其中国际级、国家级 200 多项。

2. 成就每一位教师

目前学校拥有一支师德高尚、业务精通的教师队伍，其中特级教师、骨干教师占学校教师总数的 32%，在校内、省市乃至全国发挥示范引领作用。近五年来，学校教师相关领域省市级教科研立项 300 多项，学术研究论文百余篇，三名校长被评为全国科研型校长、吉林省科研型名校长，三名校长和教师被评为"全国模范教师"，先后有 180 多名教师被评为国家级骨干教师、省中青年学科带头人和省市级骨干教师。百余名教师参加全国、省市级大赛荣获"特等奖""教学精英""教学能手"等荣誉称号。

3. 成为一所受人尊敬的学校

学校先后荣获全国教育系统先进集体、全国教育改革创新优秀案例奖，中国 STEM 教育首批领航学校、全民科学素质规划纲要实施工作先进集体、全国巾帼文明岗、全国最美校园书屋、全国中小学节约型校园建设典型案例特色校、吉林省模范集体、吉林省"五一劳动奖章"单位、全省文明单位、吉林省中小学知识产权教育示范学校、吉林省教育科研工作先进单位、吉林省首届青少年发明创造大赛优秀组织单位、吉林省教学成果奖一等奖、长春市"魅力之都"十大名校、长春市基础教育质量提升工程先进典型学校、长春市首批科研基地示范校、长春市三星级素质教育特色校等百余项荣誉。

（二）学生真正实现了自主地成长、快乐地学习、个性化地发展

针对"努力让每个孩子都能享有公平而有质量的教育"这一新时代教育的根本任务，学校靶向性地提出了"全体学生全面发展"的"双全"教育理念，通过关注"全体学生"促进教育公平，通过实施"全面发展"提升教学质量。同时学校根据"双全"教育理念，进一步明确了发展学生哪些"核心素养"的问题，并将其细化深化为"人文之情怀，科学之态度，自立之精神，公民之责任"的人才培养目标。

（三）形成了开发和实施研究型课程的操作方式和模式

学校依据人才培养目标，充分结合"中国学生发展核心素养"所

构成的"文化基础、自主发展、社会参与"三大方面和"人文底蕴、科学精神、学会学习、健康生活、责任担当、实践创新"六大素养，创新性地构建了核心素养"三级三层"立体化课程体系，丰富了课程资源供给，实现了国家课程的校本化、社团课程系统化和综合实践课程生活化。

（四）推进了学科课程教学方法的改革和多元化发展

学校依据人才培养目标，根据课程的学科性质与教学内容，创设了"探究式'四步'教学""小组合作学习教学""统整课程教学""学生评价"等相结合的多样化模式，建立了"多元性、过程性"的学生"发展性评价"方式，提升了学生学习的有效度，使学生所学习的知识、所掌握的技能、所感悟的情感与价值观入脑、入心、入行。

（五）形成吸引高端人才致力于课程建设的资源框架

自主培育多名课程研发成员，选派优秀代表外出学习培训，定期组织召开研讨交流会。聘请全国、全省知名专家对学校的教育教学成果奖进行遴选和点评，创设课程建设的开放环境。开放教育教学现场，以统整课为例，多次参与全国校长和骨干教师培训会的展示和交流。研究型课程正吸引越来越多的校长、教师投入其中。

四、学校未来发展的设想

（一）学校未来发展目标

1. 在学校层面上

充分认识到学校的发展正处于重要的战略机遇期。办人民满意教育，2025 年将学校建设成为全国知名学校、全国素质教育示范校。在传承与发展中，深入打造"方正儒雅、文明健美、礼仪仁爱、经典时尚"的学校文化。

2. 在教师层面上

坚持以人为本，改善教师待遇，提升教师素质，促进教师专业发展，提高教师地位，引领一批"追求卓越、勇于担当、示范引领、共同成长"的优秀教师。

3. 在学生层面上

真切关注每个生命个体全面、和谐、自由、充分和可持续的发展，坚持培养"综合素质好，文明程度高，自主学习能力强，发展空间大"的优秀学子。

（二）学校未来发展主题

坚持以人为本、推进素质教育是学校改革与发展的战略主题。在该主题的指导下，以尊重教育规律、遵循学生成长规律以及教师专业发展规律为前提，努力提升学校教育质量，把实现学生终身发展、教师幸福工作、学校和谐发展作为我校发展的战略目标。

1. 提升质量，内涵发展

保持办学规模、梳理管理机制、优化教师结构、提高教师素养、培育优秀学子、提升办学品质。

2. 因材施教，个性发展

育人为本，因材施教；关注个性，优长发展；助力学习，提升素养，为学生一生的发展奠基。

3. 德育为先，常态规约

总结德育实践经验，将体验作为开展德育工作的重点，将德育渗透于教育教学的各个环节，贯穿于学校教育、家庭教育和社会教育的各个方面。

4. 整合课程，规范教学

推进课程开发，构建"九年一贯制"课程体系；明确教学关系，推动课堂改革；实施多元评价，培育学生综合素养。

5. 科学管理，依法治校

依法办学、民主监督，以法治思维、法治方式推进学校改革与发展，构建和谐的学校、家庭、社会协作关系。

6. 数字信息，品牌示范

加快学校网络化、信息化建设，完善校本信息资源库，建立数字化"云"教学平台。作为"九年一贯制"学校，以特色创品牌，以卓越求发展，巩固"省内一流"的办学成果，开创"国内有影响"的发展新局面。

（三）学校未来发展路径

1. "实验"作为自身定位，将"改革创新"融入管理的各个方面

"实验"意味着改革与创新，意味着通过改革创新探索出适合教育发展的新路径，意味着为我省基础教育提供更多值得借鉴的宝贵经验，因此，学校要通过全面深化改革，破除一切束缚创新的桎梏，将全校师生的创造潜能充分激发、释放出来。把提升人力素质放在优先位置，大力培养创新型人才。改革人才评价体系，营造鼓励探索、宽容失败和尊重个性、尊重创造的环境，使创新成为一种价值导向、生活方式、时代气息，形成浓郁的创新文化氛围。

2. 以"示范"作为责任意识，将"品质提升"作为学校发展的前进方向

"示范"代表着引领，通过品质提升，发挥辐射作用，带动一方教育的发展。学校品质是质量、内涵、文化、特色、信誉的集合体，外在是品牌，内在是内涵。以先进思想和正确理念为先导，优秀的校长和教师为主体，达标的硬件和规范的管理为基础，系统的课程和丰富的活动为载体，深入挖掘、总结提炼，形成特色文化，提升学校品质，

创造独特的文化与优质的品牌，培育优秀的学生与优质的教师队伍，实现品质的提升与社会的认可。

3.以"旗帜校"作为办学目标，将"追求卓越"贯穿于学校发展的始终

"旗帜"指在某一领域具有先锋模范作用的人或事物。成为"国内知晓、省内知名、地区领先"的旗帜校是我校的重要目标。"追求卓越"是我校文化的精髓，通过弘扬人文精神，以文化来熏陶人、感染人、培养人，创建"追求卓越"的精神家园。"追求卓越"是我校发展的不懈追求，我们将以卓越精神为灵魂，继续行走在培养"个性鲜明、人格健全和综合素质高"的省二学子教育之路上。

（撰稿人：陈杰　张海燕）

建设满足时代发展需求的创新高中

长春市实验中学

校　　训：团结　勤奋　求实　创新
办学理念：建设满足时代发展需求的创新高中

一、学校办学理念及其形成

长春市实验中学是一所历史悠久、底蕴深厚的春城名校，是吉林省首批重点高中，曾荣获全国文明单位、首届全国文明校园、吉林省首批示范性高中等殊荣。学校坚持立德树人根本任务，守正创新，深化特色发展，以"建设满足时代发展需求的创新高中"为理念，以培养"人文底蕴深厚、善于自主合作、拥有创新思维"的创新人才为目标，以"课程引领"为核心，以"生涯教育"为主线，以"三全育人"为导向，以"五个学会"为切入点，建构了独具特色的"子衿课程"体系。课程体系丰富多元，彰显"五育融合"理念，让学生在学习、实践中学会做人、学会生活、学会学习、学会锻炼、学会规划，为学生全面而有个性地发展助力。

我国在 20 世纪 80 年代末就提出素质教育的理念，党的十八大报告提出"全面实施素质教育"，党的十九大、二十大报告持续强调"发展素质教育"，从"实施"到"发展"，充分表明了素质教育是与时俱进的，不同时代的素质教育有着不同的时代特征。从 20 世纪 80 年代对掌握学科知识的强调，到 20 世纪 90 年代对学生能力发展的要求，再到今天对学生社会责任意识、文明素养、创新能力、实践本领等综合素质的培养，学校始终围绕着促进学生德智体美劳全面发展开展育人工作。为切实落实学校"创新人才"培养目标，长春市实验中学依循国家课程方案，依托学校多年来课程实验与教学改革经验，着眼学生全面发展，兼顾时代性、基础性和选择性，着力打造了"子衿课程"体系。该课程体系在实施过程中，以课程体系的建构、课程建设的途径、课程实施的效能为载体，形成了系统的理论思考与经验反思，实现了"建设满足时代发展需求的创新高中"的办学理念，推动和促进了育人方式的变革。

二、办学理念指导下的创新高中发展路径

（一）打造实验中学"子衿课程"体系，培养拔尖创新人才

1. 立足学校办学理念，搭建体系框架，开展研究推进工作

课程体系的研究与开发紧密结合学校"建设满足时代发展需求的创新高中"的办学理念，以"确立育人方式变革的主要力量要扎根课程改革的实践沃土"为研究共识。成立课题研究小组，形成课题方案，制订实施计划。向内课题组成员广泛开展文献研读和专题阅读，整理学校的教学变革及研究成果，梳理发展脉络，以研究目标指导研究方向；向外收集大量资料，结合全国不同地域的理论研究成果开展课程体系初期研究工作，结合国家新时期的育人需求，确定研究重点为打造"子衿课程"体系下的育人模式，并以此为纲建立"子衿课程"体系框架。

2. 立足学校师资情况，组建研究社团，建立健全课程体系

长春市实验中学教师队伍素质高、能力强、研究能力突出。学校根据教师特点、学科优长，在教科研室的统筹下建立了分工明确、形式多样的研究社团，如学科核心素养研究社团、统编教材研究社团、数理学科研究社团、生涯规划研究社团、学生习惯培养研究社团、体育锻炼研究社团、心理健康研究社团等。各研究社团根据研究分工，分别制订研究计划、实施策略与实践效果评价标准。在各个研究社团的协同配合下，通过研究成果共享，学校逐步建立三大校本课程：一是课程思政，二是思维发展课程，三是自主发展课程。三大校本课程通过课堂实践研究持续丰富、完善。

3. 立足"三新"建设趋势，满足学生需求，全面创设育人环境

在硬件设施建设上，学校创建了"五大中心"，即生涯中心、体

育中心、艺术中心、科创中心、心理中心，配备理化生实验室10余间，智慧教室10间，能够充分满足多元组合的选课走班场地需求。在课程开设组合上，学校能够满足所有学生的选课组合需求，充分尊重学生的课程选择权，重视学生个性发展。

4. 立足教学质量提升，丰富育人途径，全力实施"子矜课程"

（1）以"导学课堂"为出发点，全力创新课堂新样态。学校精心设计序列化的导学案，导学案功能在"导"、在"领"，在促进"自学""自主"。学校全学科开发导学案，教师使用导学案进行课堂教学。导学案主要包含三个内容：课前预习、课中使用、课后整理。课前预习，旨在增强学生的自主学习能力；课中使用，旨在促进学生积极思考；课后整理，旨在促进学生反思总结。导学案中必含的环节是"自主学习"，旨在通过这一环节的设置，挖掘学生自主学习的潜能。

（2）以"五个学会"为着力点，全力创新德育新模式。学校以"五个学会"为着力点，拓展育人的渠道，促进学生全面多元健康发展成长。坚持课程育人，充分发挥高中课堂教学的主渠道作用，将《中小学德育工作指南》提出的中小学德育的"五项主要内容"，通过德育课程、学科渗透课程、校本课程、专项教育等形式，融入渗透到教育教学全过程。创新构建"五个学会"课程，开展32个社团课程，坚持活动育人、实践育人，全面促进学生个性化发展，更好地实现学生的终身发展与国家需要的统一。

5. 立足生涯教育引领，课程实践结合，彰显校本育人特色

（1）以经典课程为载体，根据学生发展需求，打造社会主义核心价值观课程、节日类课程、信仰讲堂等经典课程；整体推进科技课程组块，成立科创班，组建科技社团，开设编程、机器人、无人机、3D打印等课程，充分满足具备科技特长和科技发展愿望学生的需求；充

分挖掘校外资源，与知名高校合作，与省市科技场馆建立联系，给学生提供专业的指导和丰富的资源。邀请专家走进来开展科普报告、讲座等活动，同时引领学生走出去，让育人模式更灵活、更生动、更具体，从而形成动态的、完整的、全方位覆盖的、相互支撑的课程体系。

（2）以生涯体验为桥梁，加强校外行业资源整合。通过生涯课程的"八大课型"，鼓励学生到社会上实地考察、亲身体验，引导学生走进职场，规划人生。组织学生走进医院、社区、工厂，让学生在实践中体验职业类型，在实践中观察社会，初步了解行业特点，从而科学规划人生。

6.立足课程思政效能，发挥辐射作用，推进育人方式变革

借助长春市普通高中第五联盟体、"田家炳"协作体、东北十二校协作体等，交流研究课程体系的建构。教学部门、德育部门、学科教研组与兄弟学校分别进行对接，交流经验做法，共同商讨重点问题。在2021年下半年，学校先后开展课程思政推介现场会、联盟学校助学送课等活动，进一步深化和拓展了"子衿课程"的内涵和广度，在区域范围内形成了课程联动，进一步巩固了课题研究成果，持续推进学校育人方式变革的进程。

（二）做好基础教育改革发展调查研究，形成科学实践方法

1.开展文献研究，定位研究核心

学校课程向特色化、多元化发展已成为趋势，课题组通过对学校内部挖掘、外部探索，从顶层设计、系统建设、课程模式多路径来研究文献，梳理和完善学校的课程理念建构，从而确定了课题的研究核心，提升了课程体系建设的完整性、逻辑性和深刻性。长春市实验中学"子衿课程"体系立足于创新人才培养目标，在保证开足、开齐、开好国家课程的前提下，不断完善校本化课程建设，建构了适应基础教育改革、

学校特色发展和师生共同成长的课程体系。

2. 进行学情调查，提供优化策略

研究开展前，通过调查了解学生的学习需求，通过统计结果分析学生的实际学识、能力水平等认知倾向，以学生为主体来设计课程体系的研究策略；在研究过程中，根据实时性的调查与反馈，及时调整研究策略，提升研究效率，优化研究过程。

3. 实施课堂观察，考察学习效能

"子衿课程"致力于提升学生的自主学习能力，课题组明确分工，实施覆盖全面、持续性的课堂观察，关注学生学习效果，从而引发对课程开展过程中存在的问题的思考。学校在日常教学中发挥导学案的作用，提升学生自主学习能力；开展"小先生"同伴互助式学习，学生在自主学习中培养学习习惯，在同伴互助中见贤思齐、同侪共进。根据对不同课程的课堂效果的观察与研究，依据优长与不足，集体研讨可行的改善策略。

4. 定期总结经验，发挥反馈作用

在研究的过程中，课题组引领学校教师不断形成研究成果和研究反思，形成集体智慧，专题研究成果在《吉林教育》《长春教育》《中国教育报》等期刊媒体上均有发表。在课程体系建构、完善、改进的过程中，课题组引领教师有的放矢、依照次序开展经验研讨与总结，制订序列化的实践措施，对标研究策略进行评估，实施有效的效果评价。

三、创新高中课程建设的主要成果

学校的"子衿课程"体系在实践中有特色、有亮点、有成绩，以"五个学会"为切入点，助力学生德智体美劳全面发展，有效地解决了在"三新"背景下制约学校教育教学发展的问题，以完善的课程助力学校办学的高质量提升。

（一）形成了内容多元且促进学生发展的"子衿课程"体系

1. 学识底蕴类课程

学识底蕴类课程主要包括基础课程和拓展课程。基础课程是面向全体，体现学科教学对学生本学科基础知识、基本技能、基本方法和基本经验的培养与教育的课程，其指向为学生学识底蕴基础素质的形成和发展；拓展课程则满足学有余力的学生对学科的更高要求。学校开设了理科学科拓展课程和语言文学类拓展课程，在国家课程的基础上进行适当加深、拔高，将高中知识内容和大学选修内容进行有效的衔接拓展。如理科五大学科竞赛课程就是对学科内容的有意义拓展，每年都有一定数量的学生获得奖项和强基计划资格；文科开设的"华兹课堂"拓展课程，由思想政治、历史、语文三科组成，同时还借鉴了地理、音乐等学科内容，有效打通了中学教学的学科壁垒，深受师生欢迎。

2. 能力培养类课程

学校编撰了自主学习指导手册，通过学段自修课程和学习共同体课程着重培养学生自主学习和合作学习的能力。教师指导学生制订日计划、周计划和月计划，按照计划完成学习任务；根据完成情况及时反思，发现问题并及时更正。学校以学习共同体为单位进行管理与评价，指导学生在学习共同体内的学习、交流、合作，不仅有效地提高了学生的学习效率，而且让学生学会在一个共同体内彼此包容、相互合作，增强了合作交往能力，奠定了成为创新人才的能力基础。

3. 创新思维类课程

一是开设思维工具类课程。在高一年级开设思维工具通识课程和思维导图学习课程，帮助学生掌握基本的可视化思维工具，并要求学生在学习过程中使用思维工具将思维过程呈现出来。在课堂教学中的知识整理环节和章末知识梳理环节，教师要求学生绘制思维导图并当堂进行展示和评价。二是开设批判性思维课程及思维方法课程。教师思维社团设计并开发了"理清思维的线"校本课程，主要讲授批判性思维的技巧和三维分析法、因素分析法等，教会学生提问与思考。三是开设写作与实践课程。为学生订阅权威性的刊物，让学生针对热点事件和问题撰写评论，互相交流；开展专项的读书与写作课程，通过阅读与写作，让学生的创新思维在实践中得到锤炼。

（二）以课程为载体，扎实提升了课堂教学的质量

课程体系的建构与研究，带动了学校课堂教学的研究。"子衿课程"以学生为中心，通过对各个学科核心素养的深度研究来指导教学行为。学校在理论上加强"三新"改革探究，围绕"三新"改革展开主题教研、讲座、报告学习等研究活动，为课程建设提供源源不断的给养，力争把课堂质量提升落到实处；在教学实践中则依据课程计划，以学案为载体、以大单元教学为引领，加强基于标准的教学的深入研究，加强对"目标导向，基于情境，发现问题，高阶思维，高效互动，即时评价"等问题的深入思考和推进，打造以发展学生核心素养为核心，以目标线、情境线、思维线、活动线、评价线为内容的"一核五线 学为中心"的高效课堂。学校课程体系的建构与完善，带动了各个学科的建设，不管是高考科目还是综合学科，都在导学的实践中丰富了本学科的课程内容，在覆盖面、教学效果上得到了层进式持续性的扩展和提高。

（三）以特色课程培根铸魂，启智润心，落实"五育并举"

学校开设多种校本课程，让学生多方面地获取课程给养，实现全面成长。在课程设计上，体现思政融合的理念，有效地将思政元素融入课程体系，全员、全课程、全场域、全过程努力实现"立德树人、

培根铸魂"的目标。以学科课堂、信仰讲堂育人，以家校共育、党员先锋岗、社团活动立德，以环境氛围熏陶气质。在学科课堂上，落实课堂时政，分享时政新闻，进行拓展阅读是常规设计。课堂之外，师生多次参与录制长春市时事新闻课，内外双向辐射引领；定期召开师生"模拟记者会"、时政沙龙等活动，与党和国家同向同行、同频共振。课程体系充分体现"五育并举"的理念，在以综合学科促进素质提升的同时，在各学科开设选修课程，周期性、全方位地促进学生学习动力，提升学习效果，把学生的全面成长变成常态化的教学目标。

（四）发挥引领指导效能，科学规划，助力了自主成长

应对新高考的要求以及新课程体系的建设，学校借助优良的生涯规划课程研究传统，以及学校所建设的长春市首家青少年生涯指导中心，通过"互联网＋教育"的技术手段，以在线测评、课程学习、数据分析等形式，实现学生发展个性化评估、升学规划指导功能。学校"构建以生涯指导为核心的学生发展指导体系的实践研究"荣获吉林省基础教育教学成果奖一等奖。

四、学校未来发展规划

长春市实验中学通过对"子衿课程"体系的持续打造，使课程的内涵不断丰富，体系不断完善，在落实立德树人根本任务和培养拔尖创新人才育人目标上取得了显著成效，实现了学校高质量特色办学，有效化解了"千校一面"的问题。在研究中，我们也深刻体会到，学校需要对课程进行统筹规划和实施，同时，还要建立科学严谨的思维模型和科学合理的评价机制，深化育人方式变革，以适应党和国家第二个百年奋斗目标的发展需要，为中华民族伟大复兴贡献教育智慧。

（一）基地建设规划

1. 研究方向

我校以申报的普通高中思政教育科研示范基地为依托，拟以打造"学科横向贯通、学段纵向一体"的立体式发展的思政教育体系模式为研究方向。具体研究分为：理论研究、类别研究和学科发展研究三方面。

2. 预期目标

一是在理论研究上，依据习近平新时代教育思想重大论述、马克思关于人的全面发展理论、协同教育理论、潜在课程理论等，加强对思政教育规律、社会意识形态形成发展规律、学生个体思想品德形成规律等方面的深入研究，力求建立坚实的思政教育理论基础，实现基地育人教育理念的战略性转化。二是在类别研究上，将以应用研究为主，以我校高中思政教育育人模式研究为核心，上挂下联，形成基地育人的大中小思政一体化体系。三是在学科发展研究上，将以高中思政课程育人方式变革为主线，融合高中其他学科课程，力求在课程资源建设、育人方式、实践教学、评价体系等方面，探索形成普通高中多学科融合的思政教育课改新范例。

3. 建设路径

以上述三个具体研究方向为引领，我校拟通过组建专家团队、开展基地示范研究、发挥示范引领作用等途径来发挥和扩大示范基地校的育人功能和影响力。

（1）组建专家团队。一是与高校建立合作研究机制，聘请 5～10 位校外专家作为我校基地研究顾问，厘清基地育人模式的内涵、要素、理念及实现路径等理论问题。二是建立大中小学思政教育一体化联盟体，共同开展基地建设。三是在校内组建基地实践团队，形成项目学研共同体，成立名师工作室、专家工作坊等，培养一支教科研骨干教师队伍。

（2）开展实践研究。一是挖掘思政基因，即将习近平新时代中国特色社会主义思想有机融入学校文化建设和各学科课程教学中，充分挖掘学校创新基因，实现各类课程与思政课同向同行。二是探索育人载体，即搭建信仰讲堂、青年党校、五育融合课堂等载体，让校园小课堂与社会大课堂有机结合，实现用党的创新理论铸魂育人。三是创新育人方式，即积极运用情景教学、项目学习、小组研学等方式，打造课堂教学新生态，实现教学创新化和可复制化。

（3）发挥引领示范作用。一是构建校本资源库，建立五育融合、大中小学思政一体化、跨学科协同育人、家校共育等资源库，打造思政教育"金课"，实现资源共研共建共享。二是实现协同合作，加深与人民教育出版社科研基地、东北教科研协作体等的深度合作，举办学术年会、主题现场会、专题讲座等，打造吉林省科研示范名校。

（二）基地预期成果

1. 思政教育精品样态

在日常教学上，依据育人目标与课程标准，让学科知识、学科素养入脑入心；每周分享最新时政新闻，进行拓展阅读，进行时事交流与评论，让这些作为常态设计和思想加餐；关注重要时间节点，定期开展"两会"模拟答学生记者问、主题式"人文话题"交流、"时政沙龙""专题展示"等活动；积极探索阶段性"情景式训练"、"假期见闻"分享、标注式经典文章阅读、定期书目清单，紧扣高端人才和创新高中的定位，为学生的素养提升和终身发展助力。

2. 思政教育实践样态

学校在全学科课程思政横向融合实践上，尝试开展了语文、政治、历史学科融合的"华兹学堂"，纵横捭阖中增强民族意识、家国情怀；数学、物理、化学的"科学家精神"，依托精神图谱落实科技兴国、科技报国思想；体、音、美、心理学科，体验生命至上、人格完善的意义和魅力。开设学生理想信念课程，借助青年业余党校和思想导师，做好优秀青年学子的思想理论和信仰教育；实施学生思维发展型课程，把思维融入育人目标、课堂教学、日常活动中。

3.思政教育现场会展示

举行高中学段全学科现场展示课、家校共育专题讲座、学校特色发展和课程建设系列圆桌论坛、专家讲座等系列活动，充分呈现了"思政育人"的统领作用。邀请长春市教育局相关主要领导、吉林省和长春市教育科学研究部门领导专家，以及普通高中第五联盟学校、"田家炳"协作体学校等兄弟学校领导老师参会，高规格、有启发、计深远。

4.思政教育品牌项目

（1）学研共同体：组建若干研究社团，由学校统筹、中层领衔，骨干教师参与，解决教育、教学和人才培养中的关键和重要问题。

（2）三会两课：德育晨会、德育例会、班团会，青年党课、青年团课。

（3）价值观课程：主要包括青年团校课程、青年党校课程、主题升旗仪式等。

（4）经典课程：青年课程、公祭日课程、一二·九活动课程、阳光体育课程等。

实施品牌项目，达成思政育人目标，让党和国家的教育理念、学校的办学主张、学科的育人方式在青年学子身上内化于心、外化于行。

（三）基地建设保障

1.学校为基地建设奠定研究基础

基地把"思政教育"作为研究方向，与课程思政建设相契合。课程思政，是在课程开发与实施中注重思想政治教育，从学科特质和学科任务出发，有机融入思想政治教育。思政教育旨在让课程建设有方向、有根基、有定力，高质量落实立德树人这一根本任务，促进学习者实现有信念的学习、有价值的经历、有灵魂的生长，将思想政治教育的理论知识、价值理念及精神追求等渗透并融入各门课程中，对学生的价值观念、思想意识、言谈举止等产生潜移默化的影响。这有利于知识传承、能力培养与价值塑造的高度统一，以及真善美的完美融合，培育德才兼备的时代新人。基地基于已有研究成果和思政教育优势，发挥组织的辐射作用，着力引领全省普通高中做好思政课的高中一体化设计、政治语文数学逻辑思维能力培养、语文政治历史统编教材国家意识形态教育、作业管理与设计、导学案系统设计、必修教材与选必教材的深度融合、跨学科协同育人、家校共育、五育融合的校本化生本化探索、社区和周边教育资源共享等，注重守正创新、发展进阶，助力基础教育发展和师生幸福人生。

2. 学校为基地建设做好组织保障

（1）在课程建设上，以课程思政为引领构建课程体系，突出课程思政在教育教学中的关键地位。

（2）在队伍建设上，选择学科精兵强将，以校本小课题研究方式，开展理论与实践研究。

（3）在经费投入上，在原有学校每年投入五十余万元经费的基础上继续设立专项资金进行支持。

（4）在条件保障上，通过设立专门机构、引进外来资源、搭建展示平台等手段，保障学校课程思政建设真正落地，走深走实。

未来三年，长春市实验中学"吉林省高中思政教育示范基地"，将在长春市教育局的领导下，在吉林省教育科学研究院、长春市基础教育研究中心的指导下，与人民教育出版社科研基地、东北十一校教科研协作体、长春市普通高中联盟体、"田家炳"协作体、东北三省三校合作体等组织开展深度合作，并寻求吉林大学、东北师范大学等省内知名高校的学术引领，共建主题项目，共商核心问题，共享研究成果，开门办教育，办人民满意的教育，办区域集优化发展的教育。

（撰稿人：张艳　辛万香　苗怀仪）

以科学的办学理念引领学校的特色发展

长春市第二实验中学

校　　训： 求实、创新、修德、博学

办学理念： 以学生发展为本，实施主体性教育

一、确立主体，在改革与发展中形成的办学理念

所谓办学理念，是一种观念，更是一种思维结构，是校长对教育的理性认识和追求，它决定校长的教育行为，指导学校的办学方向，定位学校的品牌形象。正确的教育思想和先进的办学理念对校外是一面旗帜，对校内是一个纲领，对历史是一个总结，对未来是一个目标。如果学校的发展没有旗帜，就等于没有方向，没有目标就没有动力，没有纲领就脱离轨道，没有总结就会忘记过程。

长春市第二实验中学的办学理念是"以学生发展为本，实施主体性教育"，它的形成依据以下三个方面。

（一）在科研课题运行中对主体性教育理论的探索

长春市第二实验中学的办学理念是在"九五"和"十五"规划科研课题的运行中逐步形成的。1997年，学校参加了东北师大袁桂林教授主持的中加合作项目"关于道德问题的研究"，通过此课题长春市第二实验中学开始对现代主体性教育理论进行研究和探索。学校提出"关于高中班级管理中主体性教育模式研究"的课题立意，并被熊梅教授选中。1998年参加了由熊梅教授主持的国家"九五"规划课题"启发式教育实验研究"。在总课题的指导和培训中，教师们加深了对现代主体性教育理论的理解。经此课题研究形成的教师论文和修订的"高中生主体性发展评价标准"被编入熊梅教授主编的《启发式教学研究》一书，由东北师大出版社出版。

1. 主体性教育研究的背景

（1）国际背景：20世纪50年代中期，世界各国掀起了教育改革的热潮，出现了许多新的教育思想和思潮，其突出的特点，即把发展学生的自主性、能动性、创造性，促进学生主体性的发展，以及教育教学过程的民主化、个性化放在首位。美国在 80 年代末制定的《普及科学——美国 2061 计划》中指出，"教育的最高目标是要使人们能够达到自我实现和过负责任的生活。""教育不只是为了谋生，教育还为了创造生活。"

（2）国内背景：主体性理论既是近代哲学的核心范畴，又是 80 年代以来我国学术界研究的一个热点问题。90 年代初，教育界对主体性教育的理论研究逐渐受到广泛重视，从研究培养学生的主观能动性到研究要注意发挥学生的积极性，进而发展到研究培养学生的主体性，而这种主体性不仅仅是一种能力、一种工具，它更是一种权利。

2. 主体性教育的概念

主体性教育是一种以培养和发展受教育者主体性为主要特征的教育。它重在启发和引导学生内在的教育要求，创设宽松、和谐、民主的教育环境，有目的、有计划地规范和组织各种教育行为和教育活动，从而把学生培养成为能够自主地、能动地、创造性地进行认知活动和实践活动的社会主体。

3. 主体性教育的意义

主体性教育是现代多元教育的交汇点、结合点，当代倡导的创造教育、成功教育、和谐教育、情境教育等，在不同侧面都体现了主体性教育的思想。

第一，主体性教育是自我教育的基础。主体性教育既把发展学生主体性作为教育目标，又把发挥学生主体性作为全面发展的教育目标、工具和手段，在教学过程中通过教师的启发、点拨和诱导，使学生多种感官主动参与教学过程，不断培育和发展学生的主体性，使学生成为能够进行自我教育、学会方法、学会学习的人，逐步实现从"教"到"不需要教"的转化过程。因此，主体性教育是实现自我教育的基础。

第二，主体性教育是实现终身教育的阶梯。终身教育、终身学习是现代教育发展的主旋律，是从传统的"知识本位"向"能力本位"教育思想的转变，教育教学要以启发向上为根本，教会学生学习，使学生学会求知、学会关心、学会负责是现代主体性教育的最终目标。

第三，主体性教育是科学教育与人文教育统一的结合点。主体性教育就其近期目标而言，旨在开启和增强学生的主体意识，培养和发展学生的主体能力，塑造和弘扬学生的主体人格，从而使学生成为教育活动和自身发展的真正主体；就其远期目标而言，旨在弘扬人在社会发展中的能动作用，把学生培养成为富有进取意识和创造精神的社会历史活动的主人，从而积极促进社会的发展、进步。

（二）在教育教学实践中对主体性教育理论的感悟

长春市第二实验中学就致力于课堂教学模式的改革，曾进行过"纲要信号图示法""二级自学辅导法"等尝试，紧紧围绕以学生发展为本的理论继续对课程、教材、课堂教学模式、评价制度等改革进行研究。研究寓思想教育于各项活动之中，培养学生的独立性和创造性。

（三）主体性教育理念适合长春市第二实验中学的改革与发展

一所学校的发展有三个关键条件：一是要有好领导；二是要有优秀的教师队伍；三是要有优质的生源。

由于优质生源都集中在大校，长春市第二实验中学的优秀率和奥林匹克金牌都无法实现。根据"主体性教育"的理念，我们提出：让每一个到长春市第二实验中学的学生在原有的基础上都得到提高，都得到发展。所以，从学校的地位、师资、生源条件，主体性教育的理念非常适用于长春市第二实验中学的校情。2001 年 3 月，长春市第二实验中学就正式提出了"以人为本，自主发展"的办学理念，并制定了主体性教育十六字方针：确立主体，塑造主体，实现主体，发展主体。

二、实现主体，在科学办学理念引领下的特色发展

长春市第二实验中学原来就是一所普通的二类校，从 1996 年开始实施科研兴校工程，以东北师大和吉林省教科院为依托，聘请了张嘉伟、王洪路、奕传大、周国涛、张向葵、缴润凯、张明、刘小咧等十几位专家成立专家委员会暨课程改革指导委员会，从"十五"到"十二五"的不懈努力，脚踏实地跻身于吉林省名校的行列。

总体目标：深入学习贯彻党的十八届三中、四中全会精神和习近平总书记系列重要讲话精神，以《国家中长期教育改革和发展规划纲要》为指导，高举素质教育旗帜，坚持"以学生发展为本，实施主体性教育"的办学理念，把学校建设成"四高""三特"的实验性、示范性、国际化、现代化的国家级素质教育示范校。

● 四高：管理高效益，队伍高水准，学生高素质，学校高层次

● 三特：学校有特色，教师有特点，学生有特长

发展三大特色：

①建成国内一流、国际知名的青少年心理健康教育中心。

②建成国内一流的全国数字化校园示范校。

③建成联合国教科文组织教育国际化基地校。

（一）塑造主体，形成了"三自主"的德育模式。

1.学生自主管理自己

寄宿制学生自己管理内务，采取寝室长报告制度；学生按照音乐自己组织间操，被教育厅评为"吉林第一操"；一部分学生提出不要老师监考，自动组成诚信考场。

2. 学生自主管理班级

班级成立民主管理委员会，人人有事做，事事有人管；每个人都是管理者，既约束自己又管理别人；像个别学生私带管制刀具、丢失手机等矛盾都由学生自主解决。

3. 学生参与学校管理

学校成立了学生会、学生餐饮管理委员会、宿舍管理委员会、班车管理委员会、劳动值周服务班、礼仪队等社团组织，使学校面临的许多难题都得到了解决。

（二）实现主体，构建了主体性课堂教学模式和课程体系

教学工作永远都是学校的中心工作，课堂教学永远都是素质教育的主渠道。长春市第二实验中学通过对现代主体性教育理论的探索，根据亲身经历近三十年的课堂教学模式改革实践，形成了自己独特的教学风格和教育模式，把它称为"一、二、三、四、五"主体性课堂教学模式。

表1　"一、二、三、四、五"主体性课堂教学模式框架表

教学模式		具体内容
一	确立一个思想	"以人为本，自主发展"
二	落实两个重点	1. 培养学生的创新精神和实践能力 2. 培养学生的社会主义核心价值观
三	进行三个转变	1. 教师角色的转变。教师由单纯的知识传授转变为教学活动的指导者、组织者 2. 学生地位的转变。学生由知识被动的接受者转变为知识的主动探索者 3. 教学手段的转变。由多媒体辅助教学转变为师生学习的工具

续表

教学模式		具体内容
四	采取四种方法	1. 激发学习兴趣，培养学生的主动性 2. 教会学生学习，培养学生的自主性 3. 营造创新氛围，培养学生的创造性 4. 注重因材施教，培养学生的特殊性
五	体现五个特点	1. 建立平等、民主、和谐的师生关系，与学生共同探究解决问题，使基础知识、重点、难点落实准确到位 2. 注重对学生各种能力的培养，文科要有与现实的结合点；理科要运用所学知识解决实际问题 3. 寓德育和心理健康教育于学科教学之中，培养学生的社会主义核心价值观 4. 采用多媒体辅助教学，调动学生多种感官参与教学过程 5. 注重对学生学法的指导，培养学生自我选择、自我监控、自我调节等自主学习的能力

主体性教学模式是一种思维结构，是一个宏观框架，对各个学科起到调控、指导和引领的作用，同时给各个学科留有充分的空间，各学科结合本学科的特点，自主制定自己的具体操作模式。之后，又经历了近十五年的探索，各个学科都分别提出了具有本学科特点的教学模式，形成具有鲜明特色的长春市第二实验中学主体性课堂教学模组。

主体性课堂教学模组

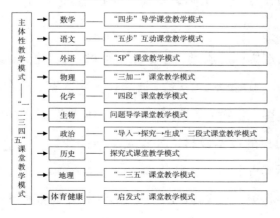

为了培养学生的核心素养，落实"立德树人"的根本任务，以培育和践行社会主义核心价值观为载体，与新课程改革和课堂教学模式改革深度融合，打出了构建高效课堂，培养学生高阶思维的组合拳。

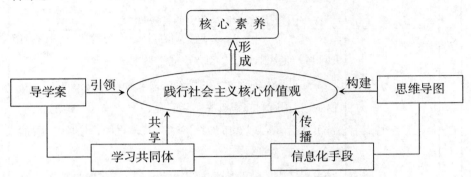

课程建设是学校发展的核心，是实现培养目标的重要载体。学校确立"以学生发展为核心"的全课程理念，把学生在校期间所有的校内、校外、课上课下的活动都纳入新课程范畴之中，坚持课程、教材、课题、教师的四位一体，实现"六化"发展，即：所有活动课程化、国家课程校本化、校本课程生本化、课程开发课题化、课程建设精品化、教师成长专业化。

学校开发八大类 168 门校本课：信息技术类、人文素养类、心理健康类、德育国学类、国际教育类、科技创新类、体育艺术类、社团活动类。

为了保证选修课的质量，建设了数理探究实验室、创新研究实验室、机器人实验室、3D 技术打印室、通用技术实验室、天象厅、音乐厅、电子钢琴、地理、生物、天文等 36 个专业化教室。

编写高质量的校本教材，如《人文与社会》《科学与创造》《心理健康教育活动课程设计》《机器人训练教程》《3D 打印技术》《动手实践，自主探究，创新思维——图形计算器与高中生自主学习实验探究》《电子词典与初中生英语阅读能力探究》《管理与创新》《主体性教育理论的探究与实践》等 50 多本校本教材，三年内均由吉林人民出版社出版。

为了培养一专多能的教师队伍，学校要求教师做到 1+1，既能上一门专业课，又能上一门选修课；1+1+1 既能上一门专业课，又能上一门选修课，还能指导学生社团活动。每天下午七、八节课实行选修课的走班制，评价采取学分制，记入学生成长记录册。

（三）发展主体，打造了队伍自主发展模式

一所学校是否具有可持续的发展能力？是否能在改革的大潮中与时俱进、不断创新、不断提升？优良的校舍资源固然重要，关键是队伍的培训、锤炼和提高，学校始终把领导班子建设、教师队伍建设放在重中之重。

一是要求学校领导班子以身作则：以先进的理念引导人；以科学的制度管理人；以正确的思想塑造人；以高尚的品德影响人。

二是要求全体共产党员争做先锋，做到三个"与众不同"：在关键时刻与众不同，在困难面前与众不同，在平凡岗位与众不同。

四个"模范"：思想认识的模范，勤奋工作的模范，为人师表的模范，遵纪守法的模范。

三是要求全体员工爱岗敬业：

二实验人职业操守：以主人之心爱学校；以父母之心爱学生；以手足之情爱同事；以祖国之需育英才。

二实验人五种精神：爱校如家的奉献精神；忠于职守的敬业精神；从严治校的负责精神；克己奉公的自律精神；勇于开拓的创新精神。

四是要求德业双馨打造名师工程。

表 2　长春市第二实验中学名师工程一览表

"五师"教育工程	铸师魂　育师德　树师表　正师风　练师能
"二五七" 蓝青工程	两年成为合格教师 五年成为骨干教师 七年成为优秀教师
面向全体教师 "八个一"工程	1. 制定一个规划：教师职业生涯发展规划 2. 上一节研讨课 3. 参加一项课题研究 4. 读一本书（与自身发展有关） 5. 写一篇论文（与专业发展有关） 6. 开一门选修课或指导一个学生社团 7. 做一次教师论坛发言或给学生做一次讲座 8. 编写一部导学案或制作一部课件
强化激励机制 校内低职高聘	在青年教师中选拔教坛新星（中级待遇） 在中级教师中选拔教学能手（高级待遇） 在高级教师中选拔首席教师（特级待遇）

三、成果的主要内容

（一）建成国内一流、国际知名的青少年心理健康教育中心

从 1995 年开始，长春市第二实验中学的心理健康教育历经二十多年的发展，在市政府和教育局的大力支持下，已发展为长春市青少年心理健康教育中心。中心共有十二个心理专业功能室，聘请了东北师范大学和吉林大学等高校知名心理教授作为指导专家，深入开展了全方位的八大系列心理健康教育活动。

▲课程系列——开设系统的心理健康教育课程，组织心理主题班会，使学生在体验中感悟成长。多年的实践探索，形成了具有长春市第二实验中学特色的心理健康教育校本教材《中学生心理健康

教育课程导学读本》（初高中各一册）及《中学心理健康教育活动课程设计》（初高中各一册），分别由吉林大学出版社及长春出版社公开出版发行。

▲活动系列——组织学生团体心理训练、心理小组互助活动等，达成学生之间的互动成长。

▲辅导系列——进行学生个体心理辅导、小组心理辅导，帮助学生走出心理困惑，并促进学生自我心理调整。

▲渗透系列——在各学科中渗透心理健康教育理念和方法，达成全面育心。

▲教师系列——在教师中开展教师讲座、团体辅导、专题研讨等活动。

▲家长系列——开办家长心理学校，开设系列家长心理培训，进行家长心理辅导等活动。

▲文化系列——建设"心之韵"心理长廊，编辑学生心理刊物《心语》，开展校园心理剧大赛、校园心理展报大赛等活动，打造和谐向上、积极健康的校园心理文化。

▲辐射系列——承担长春市"一二一"心理健康教育培训工程任务，全年向全市免费培训 10 000 名教师、20 000 名学生、10 000 名家长。通过心理热线、会面咨询、网上辅导等方式，面向广大中小学师生及家长进行心理辅导。承担东北师范大学研究生心理实践基地工作，每年接待研究生心理实习 30 余人。

（二）建成国内一流的全国数字化校园示范校

以教育的信息化推动教育的现代化，是教育发展重大战略举措。2012 年长春市第二实验中学被国家教育部评为千所数字化校园建设示范校。2013 年又被中央电教馆评为全国百所数字化校园项目建设基地校。国家教育部基础教育司设备处、市财政局、市教育局教给予了大力的支持，现在学校的 80 个教室全部安装了交互式一体机。2013 年12 月，市教育局在长春市第二实验中学召开现场会，学校展示高中生使用的几何图形计算器、初中生使用的电子词典，对培养学生高阶思维构建高效课堂效果十分明显，受到教育部领导和其他省市专家的高度评价。2015 年，配置万兆主干、千兆网络到桌面、三网合一的管理系列，为学生配备电子书包，建成两个管理平台：学校行政管理平台、教学资源整合平台。2016 年，建成三个互动平台：教师与学生互动平台、家庭与学校互动平台、教学联盟校互动平台。2017 年，建成 15 个微课教学网站，为学生提供免费线上辅导；应用 91 淘课网，为师生提供智能化教学资源；创建学校自己的"STEAM"创客工作室。

（三）建成联合国教科文组织教育国际化基地校

由于学校的生源质量不是很理想，在奥林匹克竞赛中，无法与大校相比。长春市第二实验中学按素质教育的要求，在全球化的视野下运用现代管理手段，借鉴国际经验，培养出真正具有国际视野、民族灵魂、通晓国际规则、能够参与国际竞争和国际事务的高素质人才，打造学校的国际化特色。长春市第二实验中学已与美国、德国、法国、韩国、日本、新加坡等八个国家 10 所学校建立了姊妹学校关系；已多次接待韩国中学生语言培训，"汉语桥"比利时中学生夏令营活动和美国圣克劳德州立大学孔子学院组织的中学生冬令营。

长春市第二实验中学与美国圣路易斯市普拉瑞中学合作，开设托福和 SAT 考试辅导课，并引入部分 AP 课程，学生毕业可获得长春市第二实验中学和普拉瑞中学两个毕业证书，可直接升入美国不同层次的大学。长春市第二实验中学在初一开设英语拓展课；初二完成初中全部英语课；初三学完高一英语课；高二学完全部高中英语课，毕业时有 10% 的学生达到国家英语四级，出国留学占学生总数的 3%。

四、成果取得的效果与反思

（一）吉林省全民阅读

2003 年，学校向全校师生发出"校长读书，教师读书，学生读书，水滴石穿，积淀数年，共筑书香校园"的倡议，并与吉林省全民阅读协会共同合作，带领全省 33 所学校共同开展省级规划课题"以读写讲做成才计划推进未来新型学校建设"研究，不仅为本校学习型学校建设强基固本，也为莘莘学子搭建了实现梦想的金桥。语文组以阅读为核心，开展大单元教学设计研究，有 16 位教师参加"先生讲坛"活动；长白山文学社团开展 48 期"经典有约"师生读书推介活动；组织"阅读经典，书香校园"读书报告会。在全民阅读活动的引领下，学生参加叶圣陶杯作文大赛，每届都有 100 多人荣获一等奖。

（二）校园文化建设

学校在长期的发展中，提炼并形成了符合自身发展和特色的校园文化体系：确立了"以学生发展为本，实施主体性教育"的办学理念；明确了"爱校如家的奉献精神、忠于职守的敬业精神、从严治校的负责精神、克己奉公的自律精神、勇于开拓的创新精神"的五种精神；提出了"以主人之心爱学校，以父母之心爱学生，以手足之情爱同事，以祖国之需育英才"的员工职业操守；形成了"求实、创新、修德、博学"的校风、"敬业、务实、严谨、求新"的教风、"励志、刻苦、勤思、博学"的学风和"求实、创新、修德、博学"的校训。

（三）青年业余党校

多年来，学校坚持党的教育方针，实施铸魂育人固本工程，在校党委的领导下，把高中青年党校建设成广大学生的政治摇篮、为党组织培养后备力量的红色基地，始终引领共青团员及全校师生树立崇高理想坚定理想信念、厚植爱党爱国情怀、奠定坚实思想基础，努力培育社会主义建设者和接班人。健全高中青年党校运作机制，成立管理部、教研部、宣传部等三个部门，坚持以理想信念凝聚学员、以科学管理规范学员、以优质课程教育学员；建立一支以思政课老师为骨干力量的政治强、情怀深、思维新、视野广、自律严、人格正的高中青年党校和初中团校的辅导员队伍，要求他们旗帜鲜明上好党课、率先垂范彰显党性，做好政治启蒙、思想引领，激发引导党校学员知党史、明党情、听党话、跟党走；确立党建与立德树人根本任务深度融合、与实现三早育苗工程深度融合、与学生生涯发展规划深度融合、与开展一学一做活动深度融合的"四个深度融合"工作思路，开发并实施课堂教学、红色课堂、德育活动、社会实践、志愿服务、生涯指导、家校共育、宣讲社团的八大类校本课程，努力培养一批担当民族复兴大任的时代新人。

（四）师德师风建设

学校依据"红烛先锋"活动要求，常态化开展"爱心与责任"主题教育活动，主要涵盖"爱心责任岗"活动、"爱心网站"建设、"万名教师访万家"活动、"导师制、温暖助学、礼赞先进、师德承诺"活动等内容。

（五）党政一体化领导

一是创建党政一体管理机制。校长、副校长同时担任党委委员，把党支部建在年级上，年级主任担任支部书记，两个副主任担任支部委员，年级助理担任党小组长。这样，行政例会和党支部工作会一起开，既要部署教学工作又要开展党组织活动，既要节省工作时间，又要提高节奏和效率。

二是创新民主廉政管理机制。班子成员坚持小事多沟通、大事集体决策的原则，实行民主管理，以保证决策的科学性。

（六）主体性大德育体系

学校要围绕立德树人根本任务，遵循学生认知规律和教育教学规律，按照一体化、分学段、有序推进的原则，把中华优秀传统文化全方位融入思想道德教育、文化知识教育、艺术体育教育、社会实践教育各环节。

（七）成为吉林省基础教育的领头雁

由于办学质量突出，办学特色彰显，学校成为长春田家炳教育共同体理事长单位、长春市教育第六联盟龙头学校、吉林省 BEST 教学协作体理事长学校、"两学一做"学习教育联合体理事长学校。

学校先后荣获全国安全和谐先进校、全国加强未成年人思想道德建设先进单位、全国中小学思想道德建设活动先进单位、全国中小学科研兴校示范基地、全国中小学心理健康教育特色学校、全国千所数字化校园示范校、中央电教馆全国百所数字校园示范校、建设项目学校、东北师范大学研究生心理健康教育实践基地、世界联合国教科文组织俱乐部学校、吉林省科研兴校核心示范基地、长春市人民满意学校等百余项荣誉称号。

学校成为清华大学、北京大学、中国人民大学、中国科技大学、复旦大学、上海交通大学、北京师范大学等50多所全国著名大学生源基地，长春市第二实验中学与吉林省全民阅读协会共同合作，以长春市第二实验中学为龙头，带领全省198所学校共同开展省级规划课题"以读写讲做成才计划推进未来新型学校建设"研究，不断引领着吉林基础教育走向更美好的未来。

雄关漫道真如铁，而今迈步从头越。站在新的历史起点上，我们继续以办人民满意学校为目标，以习近平新时代中国特色社会主义思想为指导，坚持"为党育人，为国育才"，以新的担当展现新的作为，以新的举措创造新的业绩，为教育的高质量发展奋楫再出发。

（撰稿人：李国荣）

以教育科研为本，持续推进研究型高中建设

长春市第二中学

校　　训：刚毅卓坚　励实奋进
办学理念：精致教育　追求卓越

一、提升办学思想，夯实创新发展根基

近年来，顺应"三新"改革要求，长春市第二中学立足办学实际，锐意进取，深入探索，将办学思想提升为"精致教育，追求卓越"。其中"精致教育"是办学理念的核心，其实质是运用精研、精良、精深的科研精神、科研体系、科研话语构建科学先进的教育教学理念、科学完备的课程体系以达成立德树人的根本任务，助推学校高质量发展。"追求卓越"是办学理念的根本目标，即借助科学的教育教学理念及课程体系，帮助学生确立人生的崇高使命与宏大愿景，使学生全面发展，通过持续创新努力做到更好，从而不断超越自我。

在办学思想的引领下，化育了"自强不息、务实进取、勇争上游、敢于超越"的二中精神，确立了新的"三风一训"，即校风"精研尚思，润德雅行"、教风"多思唯理、循循善诱"、学风"勤学博学，唯实创新"；校训"刚毅卓坚，励实奋进"，形成了学校的管理理念：思远行近，高效务实；教学理念：精教深学，融通达用；德育理念：铸魂立根，润德笃行；课程理念：优化组合，集成创新；科研理念：发现反思，优化操作等新的理论，建立了办学思想的精神话语体系，为学校改革创新的不断深入和学校高质量的发展奠定了坚实的思想基础。

二、聚焦科研引领，推进学校高质量发展

教育科研是学校发展的理论支撑，是提高办学质量、促进学校可持续发展不可或缺的新动力。"精致教育，追求卓越"的办学理念离不开教育科研的支撑和推动，教育科研的深入实施与落实更离不开"精致教育，追求卓越"教育理念的浸润和充实，二者相辅相成，相得益彰。在"三新"改革形势下，长春市第二中学把教育科研作为学校接续发

展的原动力，作为学校完成立德树人根本任务的主课题。学校紧紧围绕"三新"改革，以进一步提升教学质量为核心，以精致教育为出发点，以培育卓越人才为目标，以落实学科核心素养为主题，以全面优化教育教学管理为手段，由主课题带动，以小课题跟进，在各方面、各层次、各维度取得了丰硕的研究成果。教育科研就像鲜活生命的血液，流淌在长春市第二中学教育教学的各个方面，为更好推动"卓越人才培养"这一学校教育科研主课题的深入落实，提供了动力，使学校在文化、管理、教学、德育等方面精耕细作、推陈出新。

（一）推进文化建设，为精致教育夯实发展土壤

推进学校教育科研，是学校落实"精致教育，追求卓越"理念的必要前提，更是文化建设得以有效落实的根本保障。在新的时代形势下，要夯实促进教育科研精深发展的文化土壤，进一步促进学校构建引导校园文化建设的主体价值观，融合学校建设的需求，延伸文化建设的范围和内涵。

1. 依托教育科研发展，明晰精神轴线，深度构建精神文化

根据学校新的办学理念和培养目标，修订学校的"三风一训"。校风：精研尚思，润德雅行；教风：多思唯理，循循善诱；学风：勤学博学，唯实创新；校训：刚毅卓坚，励实奋进。要在文字表述层面进一步明晰和丰富学校的办学理念内涵、管理理念、德育理念、教学理念、科研理念、评价标准等精神话语体系。要通过"群体形象展示""讲二中故事"等形式勾勒师生美丽的人格侧影，从而描绘二中人的群体形象，以此提炼和丰厚学校文化的核心价值观。

在已经形成的"CAS"的课程构架的基础上，细化分类，深化拓展，形成切合学校实际、符合教育科研发展创新要求的彰显学校精致教育文化的课程体系。

2. 依托教育科研，建设主题环境，增强物质文化功能

学校构建以"卓越主题馆"为引领的校园主题环境。结合新办学思想和新"三风一训"的宣传彰显，重新设计"一厅一井一塑六层两系列"立体校园文化的内容，丰富内涵，形成体系。启动学校"学生生涯发展指导中心"的建设，启动校史馆的设计和建设，将学校构建成一个巨大的卓越人才培养的文化助力场。

3. 依托教育科研，健全卓越人才培养机制内涵

从德智体美劳全方位解读卓越人才的标准，设定年段培养目标，循序渐进，力争三年，使学生成为政治坚定、身心健康、品德优秀、学识深厚、勇于开拓并具有国际视野和民族情怀的卓越人才。从管理、教学、德育、课程、立体融通等方面，设计培养路径，构建培养体系，丰富卓越人才培养机制内涵。

（二）细化教育科研体系，为科学管理提供有力支撑

教育科研是学校科学管理发展的推动器，是学校深化"精致教育，追求卓越"教育理念的源动力，更是学校持续性发展的内在动力。理念是学校管理实践的根本，而实践又是落实学校管理理念的保障。

1. 建立精细管理体系

加强教研组管理，制定管理规则，优化教研氛围，提高教研及管理的效率。加强年级管理，制定管理制度，设置管理流程，安排中层干部下沉年级，迅速提高年级管理的力度，营造教育教研良好氛围。重心下移，实行走动管理，现场办公，提升工作效率。形成教研组、年级组双管理制度。从行政管理构建层面加强对教育教研的有效落实。纵向设党委办公室、校长办公室、教学管理处、学生管理处、团委、后勤管理处、教育科研处、课程开发处、督导室、安全处、工会 11 个内设机构。横向强化和完善年级管理，形成横纵结合的管理结构。

2.健全完善各项规章制度

做到依法治校，为教育教研保驾护航。制定《学校章程》《学校岗位职责》，修改完善《绩效工资考核方案》《师表录金星奖方案》《教研组考核方案》《内控制度》等制度，为构建现代学校管理体系奠定制度基础。

（三）深化教育科研理念，拓宽课程建设实施途径

1.提升教育科研质量，构建"五维高效课堂"体系

紧紧围绕"三新"改革任务，长春市第二中学对标"精教深学，融通达用"的教学理念，从自主、思维、情感、文化、开放五个维度出发，按照目标引领、问题导向、情境贯穿、文化融入、以学定教、教学平衡的教学策略，落实"自主探究—交流分享—互动研讨—精讲点拨—多元评价—提升迁移"的课堂教学六环节，确保学习目标的达成度、探究指导的明晰度、合作交流的有效度、展示提升的精彩度、拓展延伸的广深度、当堂反馈的扎实度，构建起"五维"高效课堂体系，不断提升学生学科素养，学校教育教学质量进一步提高。

2.坚持教育科研落实，推动课程体系创新

为深入推进课程体系创新落地生根，学校遵循教育教学规律、学生成长规律，始终坚持全方位、系统性、高融合、重发展的大课程观，优化组合，集成创新，在原有的三大类（文化基础、自主发展、社会参与）11个系列课程的基础上，不仅在文化基础类中增加了一个"学科融合类"课程系列，还开发了强基计划课程、社团课程、德育课程、生涯规划课程、科技课程、艺术、体育课程等132门校本选修微课程，形成了卓越人才培养的课程体系。

3.推动教育科研发展，建设特色学科及科研项目

为突出特色学科和特色项目建设，学校以数学教研组为依托，成

立长春唯一一个"数学学科研究所"，学校也先后被评为"吉林省基础教育科研核心基地""长春市普通高中特色示范校"。

4. 促进教育科研创新，开拓拔尖创新人才培养渠道

为促进拔尖创新人才培养，学校积极主动与知名高校对话，与南开大学开展"物理学科高中基础人才培养与教学基地"工作，加强大学和高中的有效衔接，进一步落实国家"强基计划"政策，打开了培养基础学科拔尖创新人才的新渠道。

5. 打开教育科研视野，组建学校联盟体

为促进教育均衡发展，按照长春市教育局集优化发展的要求，以长春市第二中学为主体，与长春市第二十中学、新解放学校组成的第七联盟体，集聚优质教育资源，开展"三新"背景下的教学研讨、思想交流、德育联盟、影子培训等活动，共同提升办学质量，促进优质教育资源深度融合。与此同时，持续开展教育脱贫工作，帮扶白城实验高中、乾安七中、乾安四中开展"落实核心素养提升教学质量"送教上门同课异构、"基于标准的集体备课交流研讨"等活动，充分发挥示范辐射作用。

（四）提升教育科研内涵，为德育工作构建思想平台

"教书育人，立德为本"，"教育教研，铸魂先行"。长春市第二中学坚持贯彻"大德育"理念，围绕"铸魂立根，润德笃行"的德育理念，积极践行"有根的德育"，培育学生爱国、守法、励志、修德、责任、勤奋、自主、合作、创新、感恩等核心品质，努力达到"会做人、高素质，会学习、高质量，会生活、高品位"的德育目标。

1. 落实教育科研实施，塑造课程思政新形象

寓德育于课程，学校深入推进思政教育改革，以思政课程为核心，以"学科课程、讲坛课程、活动课程"为支撑，形成了"1+N"大课程思政体系，积极把思政教育内化于心、外化于行，逐步实现从"思政课程"

拓展至"课程思政"育人观的转变。

2. 细化教育科研理念，搭建德育主题工作新舞台

寓德育于活动。学校坚持活动主题化、结构化、品牌化、渐进式，细化年级管理主题、内容及措施。高一以"正心"为核心，强化规范养成教育；高二以"立信"为核心，强化责任感恩教育；高三以"善行"为核心，强化理想信念教育。在此基础上，学校创建阳光体育节、读书节、成人节、艺术节、科技节与学科节、社团节六大品牌节日活动，深化养成教育、理想信念教育、责任与感恩教育、诚实守信教育、心理健康教育、生态与法制教育六项品牌主题教育，为学生的成长提供了广阔的舞台，助推学生向卓越迈进。

3. 丰富教育科研内涵，开拓德育内容新领域

寓德育于实践。学校积极开展劳动实践、志愿服务、社会实践等活动，定期开设劳动课程，带领学生赴双阳农村开展植树劳动；开设拓展磨砺课程，带领学生进行净月徒步团建；开设艺术欣赏课程，带领学生到雕塑公园感受艺术的魅力。校团委组织开展学生干部论坛，组织"心星"青年志愿者服务队及"心烛"青年教师志愿者服务队深入社区，利用假期带领学生走进企业、机关、农村等进行社会实践，真正实现"培养三年，沐泽一生"育人境界。

（五）加强教育科研力度，为队伍建设奠定人才基础

教师是教育发展的第一资源，是教育科研的生力军，是支撑一所学校走向辉煌的希望。长春市第二中学坚决贯彻习近平总书记提出的"三个牢固树立""四个相统一""四个引路人""四有好老师"等指示要求，高度重视教师队伍建设，始终把打造高素质专业化教师队伍摆在学校全局工作的重要位置，将其作为落实国家立德树人根本任务的基础工程、作为学校质量提升和品牌建设的生命工程，用心、用情、

用力抓实抓好教师专业发展，努力建设政治素质过硬、业务能力精湛、育人水平高超的高素质专业化教育人才队伍。

1. 注入教育科研生命力，进一步提升教师专业素养

聚焦教师专业与素养提升，学校深度推进"横纵竖"工程，建立"一体双翼三结五级"研究型教师专业发展体系，即以自我提升为主体，以"请进来"名师"传经送宝"和"走出去，零距离对话"为"双翼"，采用校内结对、省内名师结对、专家精准结对的方式，着力打造新秀、骨干、学科带头人、专家型教师、引领型教师五级业务梯队。

2. 注入教育科研新活力，进一步完善教师评价体系

基于落实学科核心素养要求，学校进行"五维高效课堂"评价改革探索，开发评价量表，从日常教学规范、教学大赛活动、教学成绩、学生和家长的满意率四个维度评价教师的教学工作，定期进行满意度测评，增强教师教书育人的责任感、使命感和荣誉感。

3. 注入教育教研源动力，进一步加强教师科研理念

对标"发现反思，优化操作"的科研理念，学校强化"以教科研为先导"的意识，以主导课题"卓越人才培养的实践研究"为切入口，不断优化操作方式，深入推进小课题研究，快速将成果转化为教育教学的实践。至2022年，学校在研课题42项，其中5项为国家重点课题。

4. 注入教育科研发展力，进一步规划教师发展路径

结合教师职业生涯发展规划课程，学校帮助教师客观诊断自身专业的薄弱点，认真分析自身发展的提升点，帮助每个教师制定个人专业发展的生涯规划，积极规划自己的成长路径，定期总结，及时调整，做到一人一案，使各层次教师的专业均获得有序发展。

三、教育科研保障，人才培养成效显著

（一）教师队伍精良

学校现有教师 179 人，其中正高级教师 3 人，特级教师 9 人，高级教师 107 人，获博士、硕士学位者 97 人，另有国务院特殊津贴获得者 2 人，国家级骨干教师 7 人，省学科带头人 15 人，省市骨干教师 92 人，市政府特殊津贴获得者 7 人，市人才库名师 63 人，市教学专家指导委员会和考试评价委员会成员 22 人，获得省市教学精英、十佳教师、科研名师、教学新秀、教学能手、明星教师、优秀班主任、名师工作室主持人等称号百余人次。战丽娜老师被评为 2022 年"长春市我身边好教师"，优秀篮球教练员别林被评为 2022 年第一季度"长春好人"，杨春哲老师被评为 2023 年第一季度"长春好人"。

学校与北京师范大学联合开展"基于名师工作室创建落实学科核心素养的行动研究"合作项目，建立 18 个名师工作室，为教师专业发展搭建高端平台，取得明显成效。

（二）课程开发精品

依据中国学生发展核心素养要求，学校建构了全方位、多元化、种类齐全、选择性强的"CAS"课程体系，包括"PH－STEAM"文化基础类、自主发展类和社会参与类课程，涵盖国家、地方及校本三级课程全部内容。开设 3D 打印、智能机器人、创客空间等科技创新教育课程；开设管乐合奏、学生合唱、DV 摄影、舞蹈、国学、书法等艺术教育课程；开设男子足球、女子篮球、艺术体操、跆拳道等体育拓展课程等。2022 年女篮获省冠军、蝉联三届长春市青少年篮球锦标赛冠军。在 2022 年中国中学生跆拳道总决赛中，马艺畅获得高中女子竞技 52 公斤级第三名（以第三名的成绩挺进全国青年跆拳道锦标赛乙组）、高中女子品势第五名。在 2022 年吉林

省青少年跆拳道锦标赛中，获得 5 金 3 银的优异成绩。

2022 年 10 月开始，我校与南开大学物理科学学院开展物理学科高中基础人才培养与教学基地工作。落实国家"强基计划"政策，全面开发"强基"课程，打破传统教育模式，实现大中有效衔接，为培养基础学科拔尖创新人才打开新渠道。

（三）教育教学精湛

学生学业考试和高考成绩不断实现新突破：全市质量监测各项指标均位于前三名；学业水平考试优秀率和合格率在全市名列前茅；2022 年高考再创辉煌。在全省过 600 分人数大幅减少的情况下，2022 年我校过 600 分的人数 30 人。高分段人数稳居市直第二名。重点本科人数 567 人，重本率达到 65%，其中王建皓、王乔睿两名同学以优异的成绩被北京大学录取。

（四）教育科研精深

学校语文、数学、英语等 6 个学科成为市级优秀学科团队；在长春市骨干教师培训班上，我校多名教师做培训专题讲座；课程开发能力不断提高，基于校情和学情的 20 余种校本教材使用顺畅，部分教师按照市继教办要求提交了培训课程和教学课例；教师科研能力不断提高，2022 年结题课题 11 项，现有在研课题 44 项。

多年来，学校先后获得首批吉林省示范性普通高中、吉林省文明校园、吉林省师德师风研究基地、吉林省精神文明建设先进单位、吉林省教育系统先进集体、吉林省普通高中新课程新教材实施省级示范校等多项称号和殊荣。

四、以深入的教育科研推进"六大工程"品牌建设

未来，学校将立足"三新"改革，持续深入实践"精致教育，追求卓越"的办学理念，以提升教学质量为核心，以落实学科核心素养为主题，以全面优化教学管理为手段，积极推进"五维"高效课堂建设，进一步提升"最优化"教学范式实践水平，积极建设学校发展主要工程，为学校教育教研的可持续有效落实保驾护航。

（一）提升教育科研理念高度，为党建工程夯实思想基础

党建工程具体包括 5 个项目：思想建设上，实施思想铸魂项目；组织建设上，实施堡垒构建项目；作风建设上，实施创先争优项目；队伍建设上，实施队伍淬炼项目；活动载体上，实施实践创新项目。重点围绕"传承红色基因，凝聚磅礴力量"主题，将开展学党史、听党史、讲党史、观党史等多项师生教育活动，学史明理、学史增信、学史崇德、学史力行。

（二）提升教育科研信度，为质量工程夯实实践基础

提升质量工程具体包括 3 个项目：课改推进项目，在课程开发与实施、课堂教学方式变革、新一轮高考改革等方面加强研究与实践；特色发展项目，进一步加强学校男足、女篮、跆拳道、管乐团、科技创新等特色项目，推进"五育并举"，落实立德树人根本任务。环境优化项目，进一步加强学校硬件条件改善和人文环境优化，现代化多功能的图书阅览室全面投入使用，为质量提升提供环境保障。

（三）提升教育教研向度，为名师成长工程提供不竭动力

名师成长工程具体包括 4 个项目：班主任队伍建设项目，打造一支素质过硬、勤劳奉献、热爱学生的优秀班主任队伍；青年教师发展项目，为学校高位可持续发展打造一支富有活力、肯于钻研的青年后备军；骨干教师提升项目，打造 5 ~ 10 名在全市、全省乃至全国有一定影响力和知名度的专家型名师；优秀学科团队创建项目，打造 3 ~ 5 个在省市有较高专业水平、能够发挥辐射带动作用的优秀学科团队和教育教学研究基地。

（四）提升教育科研维度，为学生发展工程提供丰硕成果

学生发展工程具体包括5个项目：价值观引领项目，进一步加强学生思想政治教育；生涯规划与指导项目，为新课改、新考改提供支持，促进学生综合素质提升；品牌活动建设项目，在德育、体育、美育、劳动技术教育等方面，创建品牌活动，促进学生全面而有个性的发展；自主教育与发展项目，增强学生主动发展、健康发展的能动性和内驱力；规范养成项目，加强具有二中特色的常规教育，大力培养长春市第二中学十大核心素养。

（五）提升教育科研效度，为文明校园工程提供发展环境

文明校园工程具体包括3个项目：落实文明校园标准项目。持续落实立德树人的根本任务，扎实推进文明校园创建工作。将始终把握文明校园"六个好"标准，把培育和践行社会主义核心价值观贯穿创建工作始终，积极发动、广泛参与、强化措施、注重实效，营造安静、丰富、有序、和谐的校园氛围。持续深化"有根的德育"理念项目，以"有根的德育"体系，培育学生良好的思想道德品质。持续推进"横纵竖"工程项目，以"横纵竖"工程，持续推进教师队伍专业发展，以丰富多彩的活动持续促进文明校园的优质建设。

（六）提升教育教研广度，为示范辐射工程提供外延动力

具体包括2个项目：联盟体建设项目，加强新课程、新教材的教学研讨活动，进一步提升长春市普通高中第七联盟整体发展水平；与20中协同发展，开展新课程视角下的同课异构教研活动，实现联盟体学校教育质量和办学水平的共同提升。

征程漫漫，唯有奋斗。下一步工作中，长春市第二中学将继续以教育科研为统领，进一步深化教育改革创新，戮力同心，追求卓越，努力办好人民满意教育，为长春教育高质量发展做出新贡献！

（撰稿人：颜圻　彭景茹　姜华　赵明原）

实施自我教育，引领学校内涵式高质量发展

长春市第六中学

校　　训： 脚踏实地、仰望星空

办学理念： 自我教育：帮助学生成为最好的自己

　　长春市第六中学坚持以习近平新时代中国特色社会主义思想为指导，全面贯彻落实"二十大"精神。为实现争创"四个一流"理想学校的目标，全体六中人踔厉奋发、恪尽职守，勇毅前行，着力落实学校"1188"工程，统筹推进各项工作，为实现长春市第六中、学长足发展，踏实坚定地迈出了前进的步伐。

一、办学理念

　　学校始终坚持"砥砺内源、自我教育、奠基人生"的办学思想，秉持"精学启智、内化迁移"的教学理念，践行"脚踏实地、仰望星空"的校训精神，形成了独特的"自我教育"理念和"成就学生最好的自己"的办学特色。学校立足"三新"教育改革，结合71年的办学经验，制定了"1188"发展战略，即坚持一个指导思想、一个现代学校建设体系，树立八项工作目标，实施八项建设工程，提出建设"四个一流"理想学校的发展目标。未来，学校将继续以立德树人为根本，强化学生自我教育、个性发展、全面发展，全面建设现代化、高质量、有影响的区域育人名校，培养德智体美劳全面发展的社会主义建设者和接班人。

二、办学思路及成果

　　（一）党建工程：浸润式党建，打造党建品牌

　　长春市第六中学党委在"自我教育"办学理念的指导下，以"润心"党建提升工程为工作思路，以人才培养为目标，以党员先锋岗建设为载体，以教师队伍建设为基础，以教育教学为核心，以课堂为主阵地，五育优质并举，双减高效落地，扎实党员管理，全面提高党建水平，推动党的建设与学校高质量发展的双飞跃，实现了"党建提升工程"

的既定目标，实现了学校党建工作稳健良性发展的新跨越。

（二）学校文化建设工程：打造长春市第六中学教育名片，让学校成为长春市、吉林省教育名片，打造教育品牌

筹备 70 周年校庆，完善天井、走廊文化，充分挖掘校史和文化。

（三）管理体系建设工程：调结构、明责任、强效益，打造管理品牌

完善学校管理部门，纵向 18 个处室，横向继续完善年级管理制度，形成横纵结合的管理结构。

（四）高质量教育教学体系建设工程：打造教学品牌

完善课程建设，深化教育性教学。一是完善课程体系，二是优化课程实施路径，三是做好生涯规划课程；提炼"1+5+1"课堂教学范式，提高课堂效能，重构课堂模式，提升育人信度；提高精细教学管理水平，坚持过程改进，始终坚持目标引领、过程调控的精细化教学管理。

（五）德育润心工程：立德树人，打造德育品牌

落实"五育并举"方针和我校"五自"理念支撑的自我教育体系的德育理念，统筹德育队伍建设，落实立德树人根本任务；在疫情期间，本着"线上线下，同质同效""隔屏不隔爱"的原则开展线上德育系列活动。

（六）名师工程：加强学习型、研究型、奉献型的教师团队建设，打造名师品牌

强化科研引领教研，丰盈学术视野。在"科研兴校、品牌立校"之路上，规范四级课题管理体系，全面覆盖校本教研，教育成果在各级各类评比中获奖，学校被评为"长春市小课题示范校""科研基地校"。

建设研究性学习型团队，提升自我成长。构建教师队伍建设体系，

规划师培新路径。以青年发展学校系列活动对青年教师进行启航培养；以校内首席教师工作室及系列教学实施等活动实现骨干教师领航示范；搭建校内外交流平台、提升教师学科荣誉感，实现名师远航辐射：学校现有市骨干教师48人，省级骨干教师8人，省市精英教师4人；深度主题教研活动及学科建设等实现学科引领和年级管理的双轮教学驱动；融通"线上线下、同质同效"教学，提炼基于学科本质的教学模式；打造全学科课程思政名师教研共同体，增加信仰价值教育的深度，联合育人，延展信仰教育的广度。

（七）后勤安全保障工程：打造保障品牌

实行民主管理，推进依法治校。全面贯彻学校办学思想，及时反映教职工诉求，做好上下沟通协调工作。完善内控制度、基础设施建设工程、民生工程、暖心工程和安全保障工程，创建平安校园。

（八）智慧校园建设工程：打造智慧校园品牌

进一步做好数字化学习工作，重视现代教育技术与学科的深度融合，探索数字化学习在日常教学的常态化应用。数字化管理建设，为进入新高考提供全面的技术支持。

今天的六中人，在李晓天校长的带领下，以"自强不息，自主创新"的实践精神，坚定地走在教育改革的征程上，取得了多项骄人的成绩。如：荣获2022年吉林省文明校园；荣获吉林省新课程、新教材示范校称号；荣获吉林省教学成果一等奖；荣获长春市基础教育教学成果特等奖。

三、产生的成效

（一）党建工程

坚持政治统领，全面落实主体责任；筑牢思想根基，扎实推进理论学习，召开党委专题会议12次，中心组学习13次，开展党的十九届五中全会精神宣讲及学习研讨13余场，组织系列微团课活动。推进思政教育课程和课程思政建设，重点打造"双带头人"校内支部书记工作室。多次逐级开展学习党的二十大精神座谈会；深化创优争先，推进党建创新工作。以"六个起来"（党徽戴起来，党旗飘起来，党歌唱起来，党章学起来，党员行动起来，党员形象树起来）为指南，持续打造九大先锋岗、党员志愿服务队、开设支部大讲堂等品牌，"以春城文化＋六中文化＋自我教育"打造文化育人新载体，1个项目获评省级思想政治工作精品项目。开展"云"党建活动，落实标准化党支部建设和线上党建理论学习。

（二）学校文化建设工程

筹备七十周年校庆，完成对校史展馆地全面升级改造，对校园文化进行整体设计和改造以及招生宣传和校庆宣传片的制作工作。

（三）管理体系建设工程

增设了学校大教务处、学校学生发展中心（大政教处）、课程处和招生办，全面提高了各部门通力合作和综合管理水平。

（四）高质量教育教学体系建设工程

一是组织编写《学科课程指导手册》，使国家课程高品质落地。二是优化课程实施的"三化"路径：教材大单元结构化，学案设计生本化，学科实践特色化。三是完善《生涯规划指导手册》《选科走班指导手册》，开展"生涯规划""共创成长路"等特色课程。开展校外专家与校内导师相结合的专题培训，形成了"两步选、单元组合小走班"的选科模式，实现学生的个性化选择。

学校被评为新课程、新教材示范校。2022年高考理科、文科最高分分别位列全省334名、391名，200余人考入重点大学，多人考入南京大学、中山大学等 985 名校，实现了中进优出的教育成果。

（五）德育润心工程

开展以月为主题的系列学生德育教育活动，开展系列升旗仪式、道德讲堂、爱国大讲堂等活动。对学生进行家国情怀教育，开展班主任德育论坛，班主任工作能力大赛等活动促进德育工作取得实效，认真帮扶困难学生，组织党员教师热心资助贫困学生，帮助他们完成学业。在疫情期间开展线上德育系列活动；摸排学校困难学生的家庭情况，联系社区为困难学生解决生活物资。

（六）名师工程

规范四级课题管理体系，开展了省、市级课题 66 项，小课题研究 20 余项。

教师公开发表论文著作 40 余篇，教学反思及案例等教育成果 30 余项。

（七）后勤安全保障工程

2023 年我校共召开四次教职工代表大会，涉及奖励性工资发放方案，职称晋档晋级，评优选先等事宜。修改完善学校内控制度，完善岗位职责，进一步规范各项工作。完成了综合楼大厅及会议室改造、综合楼学生教室大白改造、楼宇门室外台阶改造、食堂防水改造等 12 项工程。积极做好老干部工作，关心患病职工，开展丰富的工会活动，实现了学校继续落实常态化疫情防控举措，封闭式管理，实行校级领导审批制度；加强值班值守和门禁管控工作，举行全校性紧急疏散演习及消防演练；定期开展安全教育，学校安全检查；联合属地公安、交警、社区、市场监管部门，实现了平安校园的目标。

（八）智慧校园建设工程

全面落实智慧校园示范校的建设工作；完成智能实验室建设，电子班牌的安装使用工作，完成数字化校园相关硬件建设工作。

四、未来发展规划

（一）指导思想

以习近平新时代中国特色社会主义思想为指导，全面贯彻落实"十九大""二十大"和二十届历届全会精神。在《国务院关于深化考试招生制度改革的实施意见》《深化新时代教育评价改革总体方案》《国务院办公厅关于新时代推进普通高中育人方式改革的指导意见》《教育部关于做好普通高中新课程新教材实施工作的意见》《普通高中学校办学质量评价指南》等文件精神的指导下，根据教育部基础教育司工作要点、长春市教育局 2022 年和 2023 年工作要点，结合长春市第六中学的实际制定三年发展规划。

（二）发展目标

发展目标是一个由八个子体系构成的目标体系。这八个子体系既能各自发挥独特的作用，又能作为一个整体发挥作用。

1. 以党建体系引领学校发展

全面推进党建体系的建设工作，积极探索"党建＋管理"新模式，"党建＋育人"新路径，"党建＋师德"新思路，推进党员先锋岗建设活动，实施"六个起来"，筑牢学校高质量发展的思想根基。

2. 以文化体系涵育学校发展

全面建设学校文化体系，梳理学校办学理念、明确办学定位。梳理总结学校建校七十年的优秀精神和办学经验，丰厚学校的办学底蕴。

3. 以科学管理体系助力学校发展

全面建设学校科学管理体系，提升学校管理水平。实行横纵网格化管理路径，调整学校组织结构，提升工作效率，力争把每一个步骤都做得精心，每一个环节都做得精细，每一项工作都做成精品，逐步形成制度化、流程化、精致化、闭环化的管理体系。

4. 以高质量的教育教学体系推动学校发展

秉持"以研促教"理念，全面建设高质量教学教研体系。完善长春市新课程新教材实施试点校工作，促进新高考下的教育教学体系的不断完善。进一步促进国家课程校本化，校本课程生本化，生本课程多样化。进一步完善教学研修制度，提高学科组、备课组工作实效。进一步推进高效课堂建设，不断提高课堂教学效率。

5. 以高素质名师队伍体系支撑学校发展

全面建设名师队伍体系，推进学习型、研究型教师团队的进一步提升。激发教师提升师德修养和专业发展的内在动力，加速专业成长，实现教师的"自我教育"。

6. 以"五自"德育体系筑基学校发展

全面建设学校"五自"德育体系。通过阶梯式德育发展路径，实施螺旋上升式的系列教育活动，加强学生世界观、人生观、价值观教育，促进行为规范的养成和健全人格的培养，培育出以"三观"为魂、"五自"为骨、具有六中气质的新时代优秀青年。

7. 以规范化后勤安保体系助力学校发展

全面建设后勤、安全保障体系，不断完善学校内控制度。规范资金资产管理，强化落实校园安全管理责任制。

8. 以智慧学校建设体系探索未来学校发展

全面建设数字化校园体系，完善实施设备，提高学校智慧校园建设水平。

（三）未来发展规划

对照八大体系，遵循理论联系实际的原则，协调实施八大子工程，逐步实现三大阶段成果。八大工程的实现以三年为周期，具体包括以下三个阶段。

【第一阶段（2022.6—2023.6）：体系建设阶段】

顶层设计，夯实基础，凝练理念，结构清晰。第一年完成全部工程的基础结构，奠定基础。着力发展和建设 8 大体系。通过加强学校顶层设计，廓清学校愿景，明晰学校定位，发展学校特色。

1. 党建工程：浸润式党建，打造党建品牌

（1）开展九个党员先锋岗创建活动。即党员班主任管理先锋岗、党员教研创新先锋岗、党员管理创新先锋岗、党员后勤服务先锋岗、党员志愿服务先锋岗、党员教育帮扶先锋岗、党史学习教育先锋岗、党员新秀先锋岗、党员特色育人先锋岗，突出"六个起来"活动特色，发挥先锋模范作用。

（2）建立党员管理机制，制定党员绩效考核方案。探索客观评价党员德、能、勤、绩、廉表现的方法路径，不断推动全校党员积极作为、攻坚克难的担当精神。

（3）切实抓好"新时代 e 支部"各项工作，提升各支部党建工作精细化、科学化、规范化水平，整体推进我校"新时代 e 支部"工作向纵深开展。

（4）抓好民主生活会与组织生活会。定期开展校级领导班子成员民主生活会、全体党员的组织生活会。开展中层干部述职测评，党员民主评议，促进党建管理科学化、规范化和制度化。

（5）认真做好党员发展工作。坚持标准、严格程序，要严格遵循发展党员"控制总量、优化结构、提高质量、发挥作用"的十六字方针，坚持标准，严格把关，全面提高发展党员质量。

（6）加强党务资料的归档整理。各支部年度材料装盒存档，开展

党员笔记部署和常规检查，检查结果列入党员绩效考核。

2. 学校文化建设工程：打造长春市第六中学教育名片

（1）梳理办学理念、确立办学定位。办学理念是一所学校发展的方向与原动力。把学校建设成为理想型学校，具有丰富的校园文化、热爱教育的教师、勇于探索的学生、高质量的教学成果。从自主教育升华到自我教育。每一名学生都成为自我教育的模范，其主动性、能动性、自控力得到长足发展。每一名教师成为启迪学生身心发展的指导者与培养者。

（2）完成校庆工作。成立七十年校庆筹备组，校长、书记任组长，所有中层以上干部是成员。收集整理学校发展过程中的故事。对学校校史展室进行充实改造。对学校校园文化进行整体改造。制作学校宣传片，全面展示长春市第六中学的教学成果。

3. 管理体系建设工程：调结构、明责任、强效益，打造管理品牌

完善学校管理部门，纵向一共 18 个处室，成立学校大教务处、学校学生发展中心（大政教处）、课程处和招生办，横向继续完善年级管理制度，形成横纵结合的管理结构。

4. 高质量教育教学体系建设工程：打造教学品牌

（1）课程建设

完善六中课程体系（高中三个年级）。

开展学科实践课程（项目式学习、研究性学习、共创课）。

理化生学科实验课程的系列化实施。

加强校本思政课程的一体化建设。

加强学科组建设。

（2）课程实施：四型课堂下的 1+5+1 教学模式

推进"1+5+1"教学模式的实践应用：创设情境、问题驱动、自主建构、

交流互动（小组活动）、迁移应用＋综合评价。

重塑高效课堂标准：教得精彩、学得轻松、考场得分。

（3）课程评价

高效课堂评价：积极开展学生满意率测评和学校、年级、备课组听课评价。以评促教，提升学校教学质量。

教学过程评价：学校每学期统查教案两次、统管三次学程考试、随机抽查听课记录，年级学程对教案、作业批改检查、辅导答疑及时检查反馈。

教学结果评价：学校对三个年级进行高考和会考的纵向对比，年级对每个班级分单元横向对比。年级内各班大型考试的评价，通过对比优秀率、及格率、贡献率、平均分等关注质量、发展教师和培养学生。

学科组及备课组评价：学校对各学科组教研活动及教师发展进行综合评价，年级对备课组进行过程评价。

5. 德育润心工程：立德树人，打造德育品牌

（1）开展"三观"教育，即世界观、人生观、价值观教育，落实立德树人的根本任务。

（2）实施三化策略，即"德育生活化、德育主题化、德育课程化"三大策略，培养学生做"文明人、正直人、刚强人、有志人、有能人、有为人"，形成了具有长春市第六中学鲜明个性特点和深远影响力的德育模式。

（3）开展"三真"活动，即真诚交流、真情关注、真心帮助，走进学生心灵。

（4）结合"五自"教育和五星班级评比，加强班主任队伍建设，常规性做好量化评比考核，不断提高班主任的自身素质和管理水平。

（5）推进班级文化建设，打造六中校园文化特色，形成德育品牌。

（6）抓好学生心理健康教育、青春期心理教育，杜绝学生重大安全事故、学生意外伤害事故。

（7）强化学校体育、艺术、卫生工作。关注学生体质健康水平，鼓励学生积极参加各类体育、艺术比赛，组织好学生艺体活动。坚持五育并举、全面育人，提升艺体教育水平。

6. 名师工程：加强学习型、研究型、奉献型的教师团队建设，打造名师品牌

（1）构建青年教师培养课程体系：完善青年教师培养体系，通过师徒结对、老学员结业大会、读书论坛活动、"芳草杯"青年教师听评课活动、专家名师讲座、班主任德育工作培训等活动，实施青年教师的师德能力提升课程、教学实践能力提升课程、综合育人能力提升课程和自主发展能力提升课程。

（2）发挥骨干教师的辐射引领作用：通过首席教师论坛、"秋实杯"骨干教师课堂教学展示月活动、A型教师教学主张生成等输出式活动发挥首席教师、A型教师的学科学术引领作用。

（3）发挥大型开放式教研活动的功能：拟举行主题教研活动，全体教师基本能力测试、各学科用心研究学科课程标准和学科本质，初步提炼学科主张。

（4）发挥课题研究引领作用，助推教师科研能力提升：依托首席教师工作室，做好学校的主课题的子课题研究工作，推进学校小课题研究并做好课题研究成果展示工作。

7. 后勤安全保障工程：打造保障品牌

（1）提高依法治校水平。全面贯彻学校的办学思想，反映教职工诉求，做好上下沟通协调工作，通过党委会、学校行政会、教代会，

实行民主管理，推进依法治校。

（2）完善学校内控制度，全面启动分配制度改革工作。按照教育局的考核发放方案，制定三年学校的绩效考核方案，提交教代会通过，从而进一步细化和完善教师考核体系。按中央和省市的新要求，修改完善学校内控制度，修订完善学校的制度手册，完善岗位职责，进一步规范各项工作，尤其是财务、采购等管理的工作流程，推进制度管理与人文管理相互结合，推进现代学校制度建设。

（3）积极组织教职工开展丰富多彩的文体活动、读书活动、岗位竞赛等活动，关心困难教职工的身体、学习和生活，开展送温暖、帮扶活动。做好退休教职工的工作，发挥离退休老同志的余热，做好关工委工作，保障各节假日的福利发放和慰问。

（4）安全工作常抓不懈。强化落实校园安全责任管理制度，建立领导重视、机构健全、责任明确、齐抓共管的学校安全长效机制。充分认识食品安全、消防安全等学校安全的严峻复杂形势，严格落实联防联控机制，严格落实隐患排查机制，抓细抓实安全的每个重要环节，确保师生平安健康，学校安全稳定。

（5）后勤管理规范高效。围绕"为学校发展服务，为教育教学服务，为师生生活服务"的宗旨，进一步提高后勤服务水平。践行"服务即育人"的理念，统筹安排，做好计划，建立管理体系，确定管理流程，提升物业、保安的管理水平和服务水平，达到"后勤不后，服务为先"的境界。加强资金管理，健全资金审批制度。

（6）强化食品安全管理。开学前，对食堂加工设施设备、工具容器、食堂环境、供水设施等进行全面检查、清洁和消毒；对食品原材料的来源及库存进行检查，开学后，组织工会及后勤，对食堂卫生、防疫、价格等进行不定期检查，确保食品安全。

8.智慧校园建设工程：打造智慧校园品牌

（1）进一步做好数字化学习的研究工作，全面启动智慧校园示范校的建设工作；重视现代教育技术与学科的深度融合，探索数字化学习在日常教学的常态化应用。

（2）加强各类资源库建设，为教师提供丰富的教学资源；探讨建设数字化学习工作室，培养骨干教师、锤炼核心团队，推动学校教育信息化的发展。

（3）全面完成电子班牌的安装使用工作，完成数字化校园相关硬件建设工作，为实现教学、德育、管理、科研、后勤、党务、考核、评价等工作全方位提供数字化管理平台，为全面建成数字化校园奠定坚实基础，为进入新高考提供全面的技术支撑。

【第二阶段（2023.6—2024.6）：体系评价阶段】攻坚克难，全面落实，以评促建，反馈提升。通过建立八大工程评价体系，评估和完善第一阶段的八大工程。

1.党建工程：以党建工作作为其他工程的引领和表率

（1）评估党员先锋岗创建活动和日常党组织活动的开展情况及"党员管理机制"和"新时代e支部"的建设水平，肯定优势的同时发现不足。

（2）努力提升常规党务工作、党建工作水平，力争有突破、有创新。

2.学校文化建设工程：多维度促进学校文化的内涵提升

（1）进行学校办学认可度调研，从毕业生、在校生、初中生和学生家长的角度，评估学校的办学成就和办学不足，争取在工程周期内，实现长春市第六中学口碑的跨越式提升。

（2）以七十年校庆为契机，认真梳理办学思想，不断丰厚办学成果，不断深化自我教育改革，不断提升自我教育文化品质，力争在长春市最具影响力高中评比中脱颖而出。

3. 管理干部评价体系建设工程：引入中层领导干部评价制度，群众满意的干部是党的好干部。打破干部能上不能下的惯例，引入干部评价体系，干部要可上可下。

4. 高质量教育教学体系建设工程：教师评价体系建设工程

（1）多元化教师评价体系。教师互评、学生评价、主管领导评价相结合，全面呈现教师的教学水平。

（2）结果性评价和过程性评价相结合。规范教师的课堂行为，做到课前有准备、课中有规矩、课后有反思。

5. 探索德育评价工程：通过表现性评价促进德育的实现

建立健全学生德育表现性评价体系。尝试建立学生发展的档案袋，基本建成学生综合素质评价平台。为学生的发展水平提供更多的支撑材料，为国家基础教育评价改革探索六中经验。

6. 以课题和比赛引领的名师工程

鼓励教师形成教研团队，从而以更灵活的组织形式应对教学中的实际问题。可以以课题组的形式针对教学中的一个微小问题进行研究，然后在教学实践中检验研究成果。在微课题的基础上申报省市各级课题，争取实现承担三到五个省级课题的良好教研局面。鼓励各层次教师参加各级各类比赛。争取在国家级比赛有名次，省内比赛能名列前茅。

7. 保安全、保稳定的后勤安全保障工程

做好常规工作，为各项工程的开展打下良好基础。

8. 智慧校园建设工程：打造智慧校园品牌

初步进行一系列智慧校园建设深化工作。组织实施智慧校园支持下的课堂教学、班级管理、家校合作等实践，探索充分发挥技术力量的教育，争取组织一次省级及以上的研讨会。

【第三阶段（2024.6—2025.6）：体系经验反思总结提升阶段】

反思提升，与时俱进，并立足改革经验，进一步形成能够持续发展的学校发展体系。建立"调研—实践—反思"发展循环。通过八大工程建设，探索适合学校发展的一般规律和一般过程，促进长春市第六中学高质量可持续发展。

（撰稿人：李晓天）

养根育魂，全人教育引领学校高质量发展

长春市第八中学

校　　训：厚德、博学、开拓、进取
办学理念：全人教育，和谐发展

一、学校办学理念的产生及内涵

长春市第八中学的办学理念是"全人教育，和谐发展"。其产生是落实党的教育方针，将培养德智体美劳全面发展的社会主义建设者和接班人，努力办好人民满意的教育具体化；是教育"以人为本"思想的校本化；是学校文化传承、学校发展的时代选择。它的内涵："全人教育"即以人为本，以师生的终身发展为目标，关注全体师生的发展，关注个体师生的全面发展，关注学校整体工作的全面发展；"和谐发展"即以和谐为奋斗目标，关注师生关系的和谐融洽，关注师生个体心理的和谐健康，教育者与受教育者之间互进互助、彼此激励、共同发展，关注学校和谐育人环境的生成与发展。学校办学理念，对内是一面旗帜，把方向、统大局，凝心聚力谋事、做事、成事。对外是学校的品牌，树学校形象，立学校特色。

在此基础上，学校的办学思想体系也有了进一步的完善与提升，形成了长春市第八中学"三风一训一精神"。校风：科学民主勤奋务实；学风：活学善问多思力行；教风：扎实严谨敬业求精；校训：厚德博学开阔进取；八中精神：和谐向上学习超越。

二、办学思路

（一）确立"溯源调结构、结构定功能"改革策略

世殊事异，法与时转。变革是世界发展永恒的主题，人类通过变革来顺应时代的发展，并实现对世界的改造。现代系统理论认为物质的结构和功能是对应的。一方面，结构决定功能；另一方面，功能也制约结构，功能促进结构进化。功能是人们追求的目标，但功能不是人的直接操作对象，因而人类改造世界的变革方式就是寻找物质系统

的结构特征与功能之间的对应关系，通过改变物质结构，以获取人需要的功能。教育要实现某一功能也需要回溯教育本质，聚焦问题核心，以学生核心素养培养为目标，以项目推进为策略，对构成教育环节的数量、成分、时间、生物体以及组织关系进行更为科学的分配、重组，建构更为合理的结构，让教育发生真正的变革。目前课程改革和高考改革，就是通过调整学科结构实现新的育人功能。学校深层次的变革，本质上是在尊重人的本性和遵循教育规律的基础上调整学校教育结构。基于此，长春市第八中学创建了"溯源调结构、结构定功能"的可持续发展的新模式。

（二）建构新时代"全人教育"办学导图

六十余载栉风沐雨，精业笃行。学校始终因势而谋，应势而动，顺应社会对人才培养的需求和对教育事业发展的要求，由"规范化管理"走向"人性化管理"，坚持办人民满意的学校。在几代八中人的共同努力下，学校形成了"全人教育，和谐发展"的办学理念，并建构了新时代"全人教育"办学导图，即"12233446"工作体系。"1"就是引入一个高思维，即"溯源调结构、结构定功能"；第一个"2"是两个发展路径，即"勤奋自强、改革创新"，第二个"2"是两个改革方向，即"调整组织结构和调整教材结构"；第一个"3"是成果目标"三出"，即"学生出人才、队伍出名师、学校出经验"；第二个"3"是三个保障，即"改革都采取项目式推进确保科学，建立师生评价机制确保积极性，建立教育教学民主监督委员会确保工作的基础民意"；第一个"4"是办学目标"四有"，即"学生有情怀、教师有归属、办学有温度，学校有故事"，第二个"4"是工作的路径"四全"，即"全员育人、全面育人、全程育人、全面发展"；"6"是把学校建设成新样态"六和"，即"融合党建、和展治理、和润德育、和怡教学、和雅教师、和美校园"。

努力建设一所可持续发展的"四有"学校。学生有情怀，有情怀的学生爱国、爱家、爱生活，今天能够快乐成长，未来不仅成为"强"的人，更会成为"美"的人；教师有归属，有归属感的教师有对事业、对学校的热爱，有自己精神的家园；学校有温度，有温度的学校尊重教育规律，尊重人性，能让师生拥有由内而外自主生长的力量；办学有故事，一所成功的学校，就是有教师的故事、有学子的故事的学校。

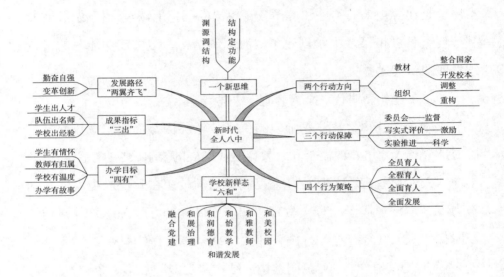

长春市第八中学新时代"全人教育"办学导图

（三）形成"和润德育"2+3工作体系

长春市第八中学新时代"和润德育"2+3工作体系，把培养学生坚毅、担当、自信、好奇心、进取心五个核心品质作为学校落实"立德树人"根本任务的具体培养目标，激发学生成长的内驱力，培养具有家国情怀的学生，用工作体系推动工作开展、用具体课程落实任务，让八中学生成材、成人。

1."2"是两个工作体系，即"四元互动"激励式综合素质评价体系和基于生涯信念的学生发展指导体系。

（1）体系一："四元互动"激励式综合素质评价体系。评价的基础是做事。做事、同伴共情、家长指导、老师指导都是激励孩子成长的有效方式，四元评价相互呼应，程序确保评价真实。四元相互推动，机制确保凝心聚力、激励学生成长。一元评价是学生自己案例写实，学生在记录单上记录的都是对生活和成长有意义的事，要求学生每月至少记录1次参加过的活动，写上活动名称、活动时间、活动组织单位、参与情况和获奖情况等，关注孩子主观意愿及自我责任意识。二元评价是同伴建议，二元评价的时间是每学期末，学校为每一个小组提供一个私享空间，共情小组成员之间互相评价。每个同学客观讲述本学期自己做过的事，同伴给予建议，同伴共情会让建议真诚、真实，同学也容易接受。三元评价是家长指导，期末家长会后，家长组织召开家庭民主生活会，听取孩子写实内容的自述，然后家长给予确认和指导，家长从多角度了解和评价孩子，避免只关注孩子成绩。四元评价是老师指导，教师仔细查看同伴建议和家长的指导记录，再结合学生的日常表现，找学生谈话，发现闪光点，提出改进和努力的方向，完成对学生积极真实的指导。二元评价、三元评价、四元评价都需学生先讲述自己做过的事，自述是反思，是无形的监督，保证事情的真实，通过自述，学生之间可以互相学习，家长可以客观全面了解学生。

（2）体系二：基于生涯信念的学生发展指导体系。基于学生生涯信念就是学生发展指导的目标，是让学生一生都有理想、有抱负，学会自我规划，成就积极人生。第一，实施过程。确立学生生涯规划指导主线，统领学生发展指导的理想、心理、学业、生活。将学生生涯规划指导工作与学校育人体系无痕对接。第二，"4+2"课程的建构。"4"为破冰课、测评课、心理课、学科渗透课。破冰课：动员、指导、安排工作。测试课：对学生进行多元智能测评，MBTI职业性格测试等，科学定位自我。心理课：自我探索、塑造积极品质等方面的内容。学科渗透课：就是通过学科的渗透，来建立学生的生涯信念，通过学科的内涵让学生认知世界、了解相关职业；学科教师对该行业的模范人物介绍，来建构学生积极的品质；通过课程的实践，让学生们能有初步的体验，进而在学习上有所规划，能适应未来的发展。"2"是主题实践课和设计课。主题实践课就是学生励志、体验一切与实践对接的课程。长春市第八中学自主开发的尖毛草课程体就是成系列的主题实践课程。设计课就是学生的生涯即具体规划设计。第三，队伍建设。在学校现有的师资队伍基础之上，再联合我们的家长、校友、社会人士和专家，构建了学校五维一体的师资队伍。我们每一维度的师资队伍，各司其职，落实我校"4+2"课程的具体教育内容。第四，课时管理，完全不需要增加任何课时，在我们现有课时的基础上完成4+2课时。心理课时：心理测评课；班会课时：破冰课、设计课；校内课余、周末、假期：主题实践课；学科课时：学科渗透课。

2."3"是三类课程，即融合课程、主题课程和尖毛草课程。

（1）融合课程：建立大思政格局，思政课程重点在思政队伍建设、思政一体化研究、时政资源开发、思政一体式教学、思政扶学案教学、任务驱动式教学、党史教育、信仰讲堂、红色主题教育、时事政治评说等方面进行开发。课程思政重点在全学科课程思政、提升课程思政能力、挖掘课程思政资源、课程思政与课堂教学结合和融合课程开发等方面进行开展。

（2）主题课程：主要是党校团校、志愿服务、社团活动、班团会、纪念日、节日等专项主题教育。

（3）尖毛草课程：构建了"尖毛草1234"课程体系，即"一个自主、二个五、三个礼、四个会"总体框架，开展课程建设，做"培根铸魂"

的教育。

"1"是一个自主："五彩三杠"自主发展课程。学校借助"五彩三杠"评比，搭建育人平台，把学校、家庭、社会资源整合起来，把校内、校外统筹起来，凝聚五育并举的多方力量，拓展五育并举空间，激发学生五育并举的愿望，建构无形但无处不在的育人课程。五彩：用五种不同的颜色代表学生德、智、体、美、劳五个方面的发展。三杠：代表对学生进行德、智、体、美、劳五个方面评定后所确定的不同级别。"一杠"为班级级别，"二杠"为年级级别，"三杠"为学校级别。对应在单项评比中为"五星、三星、一星"，级别评定后学生佩戴"五彩三杠"徽章、颁发"五彩三杠"单项级别奖状。学校每学期进行"道德之星""智慧之星""健身之星""艺术之星""劳动之星"评定工作。让学生在评定过程中看到目标，看到希望，不断追求晋级、进步，体现评价的激励性作用。

"2"是二个"五"。第一个"五"，即五融合课程，坚持知行合一，达到社会实践、研究性学习、研学旅行、职业体验、劳动教育的有机融合发展，提升学生的实践能力与创新精神。在高一年级开设生涯规划教育课程；利用周六周日时间组织高一、高二年级学生开展职业体验活动，充分利用家长的资源，组织学生进行社会实践和研学旅行；开展劳动教育、推进校园生态园建设，组织学生走出学校参加各种社会实践活动，通过"小体验"去触发自己的"大未来"。第二个"五"，即日、周、月、期、年常规课程。每日时事评说，每周职业体验，每月观影、名人大讲堂和桌椅维修，每学期图书漂流，每年校园达人赛。

"3"是三个礼：即入校礼、毕业礼和成人礼。入校礼课程：为新生准备的一节特殊课程，仪式指向学生的内心，激发学生的"内驱力"，提升学生的责任与担当意识，放飞学生的梦想，厚植学生的家国情怀。毕业礼课程：毕业礼和入校礼属于课程中的"姊妹篇"，在学生成人后、进入大学之前进行，指向学生的未来，输给学生自主生长的动力，树立学生的公德心，为培养奉献国家的高素质人才奠基。成人礼课程：在半个月的时间内，通过"感恩篇""立志篇""反思篇""互助篇""洗礼篇"开展一系列活动。感恩成长，与未来对话，旨在培养学生爱国情操，强化成人意识，引导和帮助学生规划自我人生和发展目标，明确社会责任与义务，使之成为合格的社会主义建设者和接班人。

"4"是四个"会"：即怡心会、健体会、红歌会和音乐会。怡心会：每年的5月组织开展心理"韵"动会；健体会：开展平板支撑PK赛，开展全员座位操赛；红歌会："五四"红歌，坚定信念，每年的"五四"青年节学校都开展"红歌会"；音乐会：每个周末组织艺体广场，使学生珍爱生命、热爱生活，获得"心流"体验、追求自我实现的需要。

（四）"和怡教学""三个五"工作系列

为进一步深化课堂教学改革，高效落实备上批辅考等常规教学环节，在守正创新的基础上持续做好教学教研三个五系列工作。

第一个"五"，落实"五项常规"，重构回归本真的校本教学体系。学校的教学活动，核心内容就是"备上批辅考"，只有这几个环节实现了突破，才有教育教学质量的实质提升。备课：建立"12321"备课新模式。"1"代表"己备"，是自己独立备课，是所有备课的关键；"2"代表"询备"，是随时询问同事备课，是改革的突出点；"3"代表"集备"，是集中备课，是备课的重点。备课要求是"五备、三调、两出"，"五备"是指备课内容包括五项，即备周计划、备课标、备学生、备资源、备重难点。"三调"包括调整核心素养发展的目标，把情感目标放在

122

首位；调整单元或专题复习案，强化思维导图（框架图）和知识点讲解；调整试卷讲评的扶学案设计，强化归类、拓展、应用和规律总结。"两出"是指备课的最终产品，设计出教师使用的扶学案和学生使用的辅学单。授课：实行"先扶后放"教学模式，"教案"升格为"扶学案"，"学案"升格为"辅学单"。学校提出"扶学思想"已有三年时间，"扶学"课堂被中国教师报评为2022年课堂改革十大样本。在"扶学"思想指导下，学校采用了"先扶后放"的教学模式，其具体操作范式可概括为12个字：即"五厚、四扶、三式、两有、一案、一单"。"五厚"指明了扶学的目标，其目的是培育学科核心素养，筑牢学习根基，为学生的可持续学习奠定基础。"四扶"具体指明教师和同伴进行扶学的时间节点，以及学生在扶前与扶后的学习状态。"三式"是指"扶"学的三种主要方式，即"跷跷脚""找帮手""搭支架"。"两有"是指在"扶学"的过程中，生生间和师生间要有辩论、有评价。"一案、一单"提供了扶学的载体，"一案"是指教师使用的"扶学案"，"一单"是指学生使用的"辅学单"。作业与批改：时间控制数量，多元关注实效。作业及作业批改是反馈教学效果、发现存在问题、及时调整教学策略的重要手段。为确保教育部"五项管理"中的"作业管理"真正落地见效，学校提出了"5+1+1"作业批改与管理的新范式，其中"5"是指作业布置与批改的五个明确；两个"1"分别指作业管理方面的一个作业批改记录单和一次作业批改检查。辅导：采取两个推进，即推进"一退四进"课余时间学习模式，推进高位指导。一退是指"预习"这一教学环节退出教学舞台。四进分别指：课程资源准备进入学生课余时间，每个学科作业前的5分钟反思进入课余时间，每个学科20分钟周回顾进入课余时间，年梳理或月梳理进入学生课余时间。推进高位指导，打造权威专题指导名师。打破年级界限，在学校范围内举荐名师，名师自带优势专题，融入高三专题指导。

考核：建立关注过程的激励的评价体系。调整学科分数结构。为引导学生重视学习过程，调整期中和期末考核中的学科分数结构，拿出一定卷面分值作为平时学习考核成绩（此成绩一定与卷面考核无关）。教师采取定性和定量相结合的方式从遵守纪律、积极参与、主动学习、作业认真等方面对学生的平时学习状态进行考核。也鼓励教师探讨更多非卷面考核方式，以考核倒逼学生发展。

第二个"五"：科学实施"五个行动"，让教育高效。学期"三考一赛"，教师"约课"制度，网课应急预案，学科活动周，高三备考六个调整。

第三个"五"：推进"疏研培聘升"教师队伍建设新工程，提升教师幸福指数。教师队伍建设新工程具体包括："疏"是指创建宽松的工作环境，"研"是指教师结合教育教学中的实际问题，开展各级课题研究，以研究促发展，以研究促提升。"培"是指教师培训，是学校教师队伍建设中最常用的方法，包括理论培训、技术培训、实践培训等。"聘"是聘请，通过第三方机构，聘请专业教师，补充学校师资不足。"升"是提升教师待遇，通过绩效工资，大幅提高超工作量教师待遇，体现多劳多得的分配原则。

三、成果成效

（一）办高水平的教育，走上新高度

长春市第八中学"扶学课堂"被中国教师报评为 2022 年全国课堂改革十大样本，此经验在《中国教师报》发表，《中国教育新闻网》等十多家媒体转载。"五彩三杠"评价新工具被评为长春市基础教育成果一等奖。学校的"一个高思维、两个保障、三个新组合、四个新体系"的系统性成果经验，在全国广泛传播。

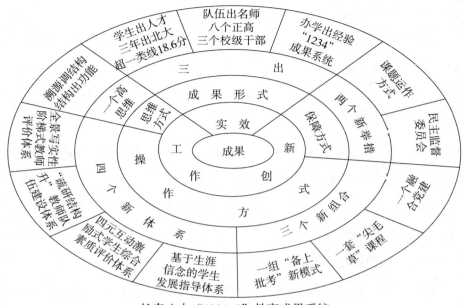

长春八中"1234+3"教育成果系统

（二）办高质量的教育，迎来新突破

学校办学得到社会广泛认可。2021年，我校朱璐彤同学获市直文科最高分，考入北京大学；2022年，特长生李滨州考入北京大学，这一年，八中默默完成了一件让春城人都想不到的事情，那就是，中考录取线701.6分，比肩传统名校，十年的规划，三年见成效；2023年高考，学校考入重点大学人数229人，重点大学入学率高达35%，学校真正走入了"200"时代。

四、对未来发展的设想

长春市第八中学将进一步深化、完善"全人教育理念"，把全人教育的核心确定为培养学生的人文精神，即让学生本体丰满，三观正，人格健全而丰富。按"长春八中新时代办学导图"这一路线图，办人民满意教育，办高质量教育。

（一）强化党建引领

深入学习贯彻党的二十大精神，积极开展学习贯彻习近平新时代中国特色社会主义思想主题教育，全面推进党建"红色领航"行动，持续开展"五大先锋"活动，把党建成果转变成学校发展的强劲动力。

（二）夯实和润德育

在"2+3"德育工作体系中，重点做好"四元互动激励式综合素质评价"，调动各方力量为学生发展助力，扎实用好"五彩三杠"评价工具，推动学生德、智、体、美、劳全面发展，落实好尖毛草课程，把孩子成长的动力真正激发出来。

（三）做好和怡教学

在"556"教学工作体系中，特别是要继续深化"扶学课堂"研究与实践，大力推进"12321"备课模式、"5+1+1"作业管理模式、阶梯式激励性教师综合评价体系。见成果，出经验。

教育是咬定青山不放松，久久为功的事业。长春市第八中学牢牢坚守"为党育人、为国育才"的宗旨，紧紧围绕立德树人的根本任务，办高质量的教育，办人民满意的教育，培养既"强"又"美"的社会主义接班人。

（撰稿人：张洪波　王晶　夏峰）

坚定踏上育人方式变革新征途

长春市十一高中

校　　训： 立德·拓智·健体·尚美

办学理念： 树人固本、和而不同

新课程新教材实施充分体现了强大的国家意志，充分体现了科学的育人规律，这是进入新时代中国高中教育一次深刻的育人方式变革，这是进入"十四五"时期学校一项重大的内涵建设工程。

我们始终认为，新课程新教材实施实质上是学校文化的重构。几年来，按照新时代课程改革的要求，我和我的同事们进一步转变了教育观念，重构了课程体系，重构了育人方式，重构了校园生态，文化高中建设步入崭新境界。

在政治方向上，新课程新教材肩负起了为党育人、为国育才的使命，展现了强大的国家意志。从中我们看到，"双新"建设全面体现了党的领导，全面体现了习近平中国特色社会主义思想，全面体现了"四史"教育，全面体现了社会主义核心价值观，全面体现了马克思主义意识形态，全面体现了信仰教育的基本要求。"双新"建设能够让学生充分认识到中国共产党为什么能，马克思主义为什么行，中国特色社会主义为什么好。能够让学生树立正确的国家观、民族观、文化观、历史观和发展观。

在时代要求上，新课程新教材全面展现了时代特征，是高中学生认识世界、参与社会、对话人生的重大平台，从中我们看到，这个时代是充满挑战的，这个世界是命运与共的，这个国家是值得我们无限自豪的，这个社会是需要正确价值引导的，青年的人生是需要不懈奋斗的。"双新"建设能够引领师生共建整体安全、共同繁荣的世界，共建富强、民主、文明、和谐的国家，共建资源节约型、环境友好型社会；能够引领师生投入到双循环发展格局中，能够让"创新、绿色、生态、共享、开放"的发展理念更加深入人心。

在育人规律上，新课程新教材充分体现了五育并举全面培养的要求。从中我们看到，五育都有着自己独特的育人价值，但往往都是相互融合的，互为背景的，充分体现在每一个学科里，体现在每一张试卷里。在新课程新教材的反复学习、反复培训、反复体悟、反复实践中，我们初步建构了具有十一高中特色的五育价值取向、五育融合目标体系、五育并举课程体系，并形成三个共识：一是五育并举的本质是五育缺一不可，各具特色，重在平衡；二是五育并举折射出来的质量观是促进学生全面而有个性且能自主地发展；三是五育并举之下学生发展取向是创全面发展之优，示个性发展之范，奠自主发展之基，铸多样发展之态。

在实施主线上，新课程新教材充分体现了素养导向，核心素养成为双新建设的理论主线。2017 年初，我们提出一个核心、三个维度、九个方面、十八个要点，形成了学校 13918 人才培养目标体系，这是中国学生发展核心素养的校本化表达，是践行育人为本的新抓手。围绕 13918 人才培养目标体系，我们做了三项重点工作：一是在学科本质中感悟核心素养。2017 年进行了学科高频考点系统解读，在高频考点中凝聚学科本质，在学科本质中对标培养目标。实现了核心素养与学校培养目标的第一次对接。二是明确了核心素养的结构。2018 年上半年和长春六中联合进行了核心素养大讨论，明确了核心素养的基本结构：在价值观念上，主要包括三观和五观；在必备品格上，主要包括家国情怀、责任担当、理想信念、英雄情结；在关键能力上，主要包括逻辑思维能力、批判性思维能力、创造性思维能力；在真实情境上，主要包括生产生活情境和知识探索情境。实现了核心素养与学校培养目标的进一步对接。三是明确了学科核心素养基本内涵。2018 年下半年，我们开展了学科核心素养系列教研活动，明确了各学科核心素养的基本内涵，明确了各学科核心素养应达的层级水平，明确了各层级水平的关键表现，明确了新时代学科教育应该培养什么样的人，实现了学科核心素养与学校培养目标的深度对接，为新课程新教材实施奠定了坚实的理论基础。我们也有效地把教师的教育理念带到了新课程新教材实施的最近发展区内。

在课程建设上，新课程新教材实施是依托单元课程来实现的。我们深深地知道，任何一个核心素养靠单一的、零散的、局部的课程是无法实现的，必须用整体的、连贯的、结构化的课程来支撑。2019 年以来，我们进行了为期两年的大单元系列教研活动，完成了三项任务：一是明确了单元课程的内涵。那就是把一个单元看成一个相对自足的育人整体，在明确的学习目标统领下对学习内容和活动进行系统规划，整体设计，关注联系，关注发展，充分发挥和落实单元学习价值，以清晰的路径促进学生素养的提升。二是规范了单元课程设计方法，那就是要以育人为总抓手，采取要素统领式、课题推进式、任务驱动式、概念聚合式、主题探究式五大方式来建构单元课程。三是明确了每个学科单元课程体系。建构了每个学科高中段课程体系、年段单元课程体系，建构了学科新课程新教材实施平台、高考备考平台、微课平台。四是开展了跨学段课程研究。现在我们正在加强托管学校建设，致力于把十一高中从三年的独立高中变成十五年幼小初高一体化学校，重点就是编制学段单元课程体系，做好学段单元课程对接，形成跨学段整体育人办学格局。

在课堂教学上，如何把承载核心素养的单元课程落实到教学中，一直是我们探索的重大课题。纵观全国在解决这一问题上的进展，可以说单元课程对于教师专业发展起到了巨大的推动作用，但在课堂教学促进学生发展上落实得并不好。经过两年多的研究，我们得出了三条基本结论：一是在课程整合上，我们倡导站位大单元备课，立足小单元教学。我们坚持备课要宏观，要结构化，要整体化。授课要基于主题对单元进行分解，变成小单元，进而变成单课时。高一、高二教学时，要遵循先进行基于单元主题的课时教学，后进行单元教学，循环往复。高三教学时，要遵循先单元教学，后课时教学，再单元教学，循环往复。我们深知，只有在每一节课的局部教学中持续关照单元主题，才能让学生最终形成结构化的知识体系。二是在教学组织上，我们倡导教学评思一体化。我们坚持根据课标、学情和预期学习效果设计目标，根据目标确定应达水平，根据应达水平描述关键表现，根据关键表现恰当选择情境，根据情境设计问题，根据问题设计训练，根据训练结果修正目标，确保导学案逆向设计和循环设计相互支撑，让供需达到平衡，让教学达到一致。三是在教学评价上，我们倡导表现性评价。要关注学生学习的情感表现，关注学生学习的活动表现，关注学生学习的能力表现。要把这些表现转变到每节课的训练和作业中，转变到每个单元验收中，转变到每个学程考试中，转变到每个实验中，真正把核心素养从隐性挖掘成显性，从认知要求提高到行为自觉，真正实现教考一致，让师生充分认识到，只有上好每一节课，才能考好每一次试。一年来，我们带领同事们深入研究课堂教学，坚持青年教师每日一课，骨干教师每周双课，每一节课前，大家认真研究教学设计；每一节课时，大家认真进行课堂观察；每一节课后，大家认真进行评课。虽然很苦很累，但是我们看到了诗和远方。

在创新素养培育上，我们将其视为新课程新教材实施最核心的目标，将其视为新时代国家对基础教育的重大期待。在创新视野上，我们强调要跨学科、跨文化、跨学段；在创新思维上，我们强调要整体思维、辩证思维、高阶思维和发散聚合思维；在创新人格上，我们强调要无功利、有信仰、有能力；在创新基础上，我们强调要重点培养学生的阅读能力、逻辑思维能力、批判性思维能力。阅读能力能让我们迅速走进问题，逻辑思维能力能让我们迅速得到答案，批判性思维能力能让我们迅速得到更好的答案，创新思维能力能让我们迅速得到与众不同的答案，前三个能力培养到位，第四个能力就能水到渠成。在教学方式上，我们始终如一地认为，教学的过程是学生在教师指导下自主学习的过程。经验告诉我们，北大清华的学生不是老师教出来的，不是学生刷题练出来的，而是学生自主悟出来的。教师苦口婆心讲十道题，不如学生自主内动做一道题；教师讲的越多，越封闭学生的创新思维，造成学生对教师的过度依赖。真正的质量在于教师没有讲过的题，学生也能做上；教的最高境界是把握好度，学的最高境界是追求悟。只有学生悟的精彩，才是教学真正的精彩；只有学生悟的深入持久，创新才能在课堂呈现万道霞光。我和老师们反复强调，这是育人方式变革中最深刻、最具革命意义的教育实践。我们高兴地看到，慢的节奏、长的思维、悟的韧劲、融的舒缓、问的开放、答的深刻等这些鲜明的创新特征已经在十一高中的课堂教学中尤其是领航班的教学中落地生花。特别让我们高兴的是，2023年高考我们领航班有18个学生，数学、物理压轴题全都做上了，有的答案比高考给出的标准答案还要精彩。

在思政建设上，我们提出高考抓不好，我们对不起一届学生，思政抓不好，我们将对不起整个国家和民族，有负党和人民的殷切期待。一直以来，我们坚持新课程新教材实施和学校德育主题教育相互支撑，相互融合。2016年我们致力于家国情怀主题教育，号召师生爱国又爱家；2017年我们致力于理想信念主题教育，在学生心灵深处点燃一团永不熄灭的火焰；2018年我们进行了英雄教育，让师生们懂得生活中真正的英雄是那些为了梦想不懈奋斗的人们；2019年市局提出信仰教育，我们用理想信念为信仰教育领航，用国家情怀为信仰教育铸体，用英雄情结为信仰教育塑形，提出了坚定跟党走的政治信仰、发展素质教育的教育信仰、与人为善的人生信仰、严谨自律的职业信仰，信仰教育体系初步形成；2020年学校围绕学生发展标准开展了系列大讨论，学生树立了正确的国家观、民族观、文化观、历史观和发展观。经过4年的努力，以三大教育、四大信仰、五大观念为核心的思政教育体系全面形成。特别让我们高兴的是，每年高考结束，孩子们都讲，学校平时做的思政课都是他们答题的鲜活素材，思政教育和高考已经同向而行，教学和德育已经深度融合。

两年来，在推进新课程新教材实施的征途上，我们进一步统一了教育思想，建构了思政范式、课程范式、教学方式、评价范式、学生发展指导范式，唤起了教师的变革热情，带动了五所托管学校进行了同步改革，和九所同盟校共享了改革经验。可以自豪地讲，十一高中教育体系所展现出来的文化已经和新时代教育的要求同向同行，同频共振。面向未来，我们将深度推进新课程新教材实施与高考改革有机结合，深度探索育人方式变革新路径，全面建设具有学校特色、长春气质、中国灵魂、世界水平的文化高中。

（撰稿人：杨天笑）

深耕内涵发展，聚焦质量提升

长春市第十七中学

校　　训： 现在不作为　将来无作为

办学理念： 成长教育

一、学校办学理念

长春市第十七中学始建于 1956 年，是吉林省政府批准认定的省重点中学，是长春市教育局直属公办独立高中。在办学发展历程中，长春市第十七中学确立了"成长教育"的办学理念，历任校长接续奋斗，不断挖掘和丰富成长教育的内涵，使学校成长教育体系逐渐得以完善。近年来，成长教育的文化特色和魅力充分彰显，把"成长教育"建设成长春市乃至吉林省的特色学校品牌已成为全体十七中人努力追求的共同愿景。

成长教育是使人的素质和智慧不断发展的教育形式。不仅包括人的知识技能的成长，也包括全面人格的成长，更包括人成长的历程。学校的成长教育定位是"体验成长的幸福"。其中体验是过程，成长是目标，幸福是目的，三者是有机的统一体。成长教育归根到底是提升生命的价值，体验成长的幸福，为学生充分创造自由、自主的成长空间和平台，让生命得以舒展，让潜能得到释放，让身心滋润生长，让灵魂永远明亮。"成长教育"的核心价值观是关注个体生命的成长，实现方式是自主成长，即自主规划、自主学习、自主发展；渠道是多元化成长，即创造条件为每一个学生设计适合的成长路径。成长教育五条实施途径是：人文宽和的管理、崇德爱生的队伍、润心内动的德育、导学探究的课堂、个性特色的课程、引领成长的活动。

二、办学思路和办学成果

（一）学校管理坚强有力，党建品牌引领发展

1. 和谐文化浸润品质提升，实现现代学校治理体系

文化是一种共同的价值追求，一种生活方式。需要长期浸润濡染，

才能内化于心，外化于行，渗透到每个人的言行中。文化既是无形的也是有形的，不仅包括有形的物态文化、制度文化，也包括无形的精神文化和价值文化。当今时代最大的特征是多元性，人与人之间的协作文化将越来越起到"黏合剂"的作用，让不同背景甚至价值观的人因为同一个目标彼此包容，彼此协作，志同道合。在梳理学校几十年文化根脉的基础上，学校提出了创建新时期"和谐·家"文化的主张。"和谐·家"文化的内涵是每个人之间接受彼此的不同，尊重相互的差异。其本质是以人为本，彼此包容协作，和而不同，和谐发展。学校发展要倾听来自各方的声音：教师、家长、学生关于教育教学、学生成长的声音，教师关于学校管理的声音，社区关于学校发展的声音，未来关于人才需求的声音，等等，最终目的是实现现代学校治理体系和治理能力现代化。让人人成为大家庭一员，成为学校的主人，让学校成为每一个十七中人的精神家园。人人为学校和谐发展助力，为学校高质量发展献策。这是学校"和谐·家"文化的最终价值追求。

2. 加强班子自身建设，提升和谐奋进向心力

学校以"成长教育"为办学理念，落实"十四五"发展规划，学校班子转作风，树形象，以真抓实干推动学校高质量发展，带领全体教职员工勇担责任，攻坚克难，圆满完成了各项目标任务。坚持定期进行"三会一课"，坚持理论中心组集中学习、"每月一课"学习，定期开展"成长教育·红色先锋第一课堂"活动。对于发生的应急险重、突发事件，学校班子处理有效、应对稳妥，打造了一支高素质、讲奉献、能力强、有担当的坚强队伍。

3. 推进党建品牌建设，发挥基层组织引领力

为突出政治建设，强化理论武装，校级班子带头学党史、讲党课。成立了专题读书班和党史学习教育宣讲团，组织全体党员、全体教师

137

线上线下政治理论学习。通过党员领导干部观看警示教育纪录片、撰写心得体会，凝聚砥砺奋进力量，守住拒腐防变底线，营造育人正能量和和谐氛围。在选拔任用上，坚持选拔任用政治坚定、敢于担当、善作善成的年轻干部。建立健全组织管理架构，明确部门分工，细化工作职责，成立学校管理"十中心"，通过每周例会、每学期中层计划会、总结会，每年的中层干部述职考核测评等制度，积极按要求及程序选人用人，加强对中层干部的考核，接受师生的监督及评议。

4.后勤管理安全保障，创建温馨幸福校园

学校完善了1468安全管理体系，做到了安全疏散演练、管制刀具检查、周边乱象整治常态化；校园安全检查，学生安全辅导，安全教育讲座，保安保洁食堂人员培训，领导陪餐制度化。通过"人—技—物"三防突出防疫安全、施工安全、交通安全、用电安全、人身安全、食品安全、消防安全等安全保障工作。加强食堂保洁管理，提高餐饮管理水平，进一步提升服务质量。学校严格规范财务管理，按照规定和标准使用教育经费。进一步完善了财务制度、资产管理制度，制定廉政风险防范措施，严格执行公用经费预算，规范管理与使用公用经费。

（二）强化教育教学工作，提高教育教学质量

1.梯度课程助力教师专业成长

学校之大，大在教师。教师是学校发展的关键所在，学校千方百计地促进教师专业发展，让持续性专业发展成为教师的立身之本、学校的兴校之基。学校立足于"成长教育"办学理念，构建了有效促进教师专业发展的系列课程——教师成长课程体系，形成了教育教学与教育科研之间的双向纽带，为教师专业发展提供有力的专业支撑。教师成长课程体系由两部分构成：教研课程五级体系和科研课题研究课程。教研课程自上而下划分为国家、省、市、校际、校本五个层级，

校本课程包含五类：通识普及类、卓越教师类、骨干教师类、青年教师类和管理者类课程。教研科研深度融合后形成的五级五类梯度课程，让不同发展阶段的教师都有了提升的适切平台和路径，有效促进了学校教师队伍建设，为学校高质量可持续发展提供重要软件支撑。

2.立足课堂突显特色教学文化

课堂是学生成长和发展的主阵地，是培养学生学科核心素养、思维能力、学习品质的主渠道。十七中的课堂遵循"以学生成长为本"的教学价值观和"精教致学，当堂内化"的教学原则，形成了"学案导学·自主探究"的课堂教学特色。精教，即要求教师在备教批辅考评等教学常规过程中，做到精通教材，精研课标，精悉学生，精制学案；精心设疑，精深挖掘，精当点拨，精炼总结；精湛讲授，精典训练；精心批改，精确反馈；精心包保，精心辅导；精密命题，精准评价。致学，即要求学生在学习全过程中有目标、有计划；有内容、有方法；有兴趣、有动力；有深度、有效能；有反思、有总结；能自主、能合作、能探究、能展示；能运用、能综合、能思辨、能创新。其本质就是培养学生学习的自主性。当堂内化，即要求教师科学、合理、系统、全面地设计每节课的教学目标、教学活动和评价任务，坚持当堂目标当堂达成，坚持通过知识的学习和运用过程内化为学生的学科素养、学习能力和思维品质，坚持当堂事当堂毕、当日事当日毕、当周事当周毕，实现堂堂清、日日清、周周清、月月清的总目标。"学案导学·自主探究"的课堂要求教师精心设计和编制学案，学生以学案为学习的方案和路线图，在学案的引导下去发现问题、分析问题、解决问题、生成问题。教师教学过程中以学案为载体，根据教学内容的特点，精心设计教学活动，提供学生探究的平台和空间，激发学生探究的兴趣，让学生体验探究过程及收获的快乐，从而有效地培养和提高学生的自主学习能力、合作探究能力、交流展示能力、高阶思维能力，努力打造自主课堂、高效课堂、思维课堂、文化课堂。

3.课程重构满足时代育人需求

课程是学校育人的渠道和路径。学校之中无处不教育，无事不课程。在成长教育理念指引下，本着以人为本、以成长为脉的原则，学校不断加强课程建设，培育课程文化。在顺应学生发展需求、统整学校课程资源的基础上，形成了以主体性课程为核心，以规划性课程为引领，以发展性课程为载体，以内动性课程为动力，以保障性课程为支持的丰富多彩、自主选择的"3545"成长教育课程体系，即三类主题性课程、五类内动性课程、四类发展性课程、五类保障性课程。丰富的课程资源配置为学生的兴趣、特长、综合能力和自主发展提供了广阔的空间。学校的白鸽志愿者、声声不息校园广播站、心海扬帆心理社、经纬织梦社、静澜文轩社、知行墨香社、辩论脱口秀、阳光礼仪社等社团深受学生喜爱，已成为学校延续多年的精品社团课程。心理健康教育相关经验做法曾在中央电视台《焦点访谈》节目中播出。学校创新推出的线上读书与家校合作学习项目——"阅读者"和"指尖上的家长学校"已成为影响广泛的社会公益性课程，被评为吉林省和长春市"终身学习活动品牌项目"。

（三）扎实推进德育工作，滋养学子生命成长

1.构建"3663"德育管理体系

党的十八大明确提出，立德树人是教育的根本任务，而且德为"五育"之首。十七中学的德育工作正是以立德树人为导向，提出了"铸魂立根，润心内动"的德育理念，构建了"3663"德育管理体系。两个"3"分别指三类发展性评价体系和三大年级德育观。以"班团队目标自主管理"为德育模式，以培育学生十种品质：文明、阳光、自强、梦想，

创新、爱心、责任、尊重、诚信、感恩为德育目标，践行六大主题教育：养成教育、健康教育、责任教育、体验教育、诚信教育、梦想教育，六大节日活动：读书节、体育节、艺术节、成人节、社团节、科技节。丰富的德育活动载体，为加强学生品质教育，提升学生核心素养，促进学生成熟、成长、成人、成才助力赋能。

2. 加强心理、生涯发展的指导

学校被遴选为吉林省政府民生实事项目实施单位，省民生项目为每所学校投入 15 万元（市直属学校仅有 2 所），重点建设中小学心理辅导室，开展青少年心理健康行动。学校对心理健康各功能室进行了统一规划，建立生涯心理中心，购置齐备先进的心理设备，进一步有针对性地发挥心理健康教育作用。学校配备多名专兼职心理教师，每年进行一次全员心理健康普查，定期开展个体及团体心理辅导。同时重点开设学生心理课、生涯指导课，引导学生关注心理健康，做好人生规划。

3. 丰富全方位育人的活动方式

创建线上精品课程"信仰讲堂""传统文化讲堂""阅读者"，重温党的光辉历史，赓续红色基因。我校已组织第十六届读书节系列活动，让师生对话大师，致敬经典。充分利用民族传统节日、重大事件纪念日开展主题教育，如组织纪念一二·九运动主题团课，传承革命精神，激发学生爱国情操。加强学生仪式感教育，重点开展了开学典礼、主题升旗、高三启动仪式、百日誓师大会等活动。学校的线上主题升旗和读书节系列活动受到了守望都市和今日头条的关注并进行了报道。

4. 增强家校合作的育人效果

在"成长教育"理念引领下，我校创新家校合作载体，合力提高育人实效，为学生成长发展助力。学校建立了以校长为家长学校校长的领导机制，各部门副校长任家长学校副校长，实行校级、年级、班级三级管理方式。学校创新工作方法，拓宽家校工作途径，每学期根据实际情况，举办线上线下家长学校活动。打造家庭教育特色品牌，助推学校高质量发展，学校持续高质量推送吉林省终身学习品牌项目"指尖上的家长学校"，共推送 109 期。学校荣获吉林省家庭教育创新实践基地，被评为第二批全国家校社协同育人基地，是吉林省唯一获此殊荣的学校。协同育人是系统工程，我们将始终坚守立德树人宗旨，以协同育人为目标，继续在家校共育的道路上不断探索，促进学生健康全面发展。

三、产生的成效

历经多年的探索和实践，我校以立德树人为根本任务，切实发挥教育科研核心示范基地校在长春基础教育领域的示范、引领和辐射作用，取得了显著的育人成效，有效落实全员育人、全过程育人、全方位育人的"三全育人"理念，五育并举，五育融合，实现了新时代立德树人目标。

1. 教师全身心投入课程建设，成果丰硕成绩斐然

在立德树人教育目标和学校"成长教育"办学理念的引领下，我校形成了有效促进教师专业发展的教师成长课程体系，为教师专业发展提供有力的专业支撑。学校以课题研究为抓手，引领全校教师做真科研，研究真问题，解决真问题，积极参与课题研究、课程建设、论文写作，有效推进我校课程群建设，助推学校高质量可持续发展。近年来，学校已结题一百余项各级各类课题，参与教师一百余人，发表论文二百余篇，涵盖所有部门和学科，形成了"人人有课题""人人真研究"的良好科研氛围。我校的课题研究形成了大量优秀成果，助

力学校课程体系不断完善，全面推进学校课程建设和学生的多样化发展。教育科研为教师赋能，为课程助力，为学校提质，让学校课程建设走上一条健康向上的持续发展之路。

2. 课程全方位激发学生兴趣，助力学生全面发展

立足学生核心素养发展，采用"主课堂+"立体教学模式，围绕主课堂教育教学目标，科学合理进行课程设置，助力学生全方位成长、成熟、成人、成才。通过设置五大关键领域课程群为学生的兴趣、特长、综合能力和自主发展提供了广阔的空间，充分发挥学生的主观能动性，促进学生全面而个性的发展。融合五育，构建以学校教育为主，社区、家庭和社会共同参与的发展指导模式，形成了"家—校—社"共育的良好局面。多项课程已持续开设十余年，其中，阳光体育、心理健康教育、家校合作、书香校园等已成为亮点纷呈、享誉春城的特色品牌。体育项目成绩优异，在国家级、省、市比赛中均取得佳绩，先后荣获全国三对三篮球比赛冠军、吉林省青少年篮球锦标赛第二名、长春市中学生运动会田径甲组第四名等。心理健康教育特色鲜明，学校以第一名的成绩获评长春市中小学心理健康教育特色学校，承办了国家卫生健康委员会、联合国儿童基金会合作开展的"青少年健康与发展项目"——吉林省"青少年健康周末营"，受到国家、省、市多家媒体关注，与会专家和领导给予学校高度评价。线上精品课程"指尖上的家长学校"和"阅读者"受益群体近6万人次，得到了许多兄弟学校以及社会各界的关注和认可，很多单位前来我校学习与交流，该课程荣获吉林省和长春市"终身学习品牌项目"。

3. 成果在校内外产生重要影响，获得各级重要奖励

经过多年的教育教学实践，学校以学生发展为根本，着眼综合性、复合型人才培养，积极迎接新课程、新教材、新高考带来的挑战，彰

显了"成长教育"的办学特色。学校曾荣获首届吉林省文明校园、全国国防教育特色学校、全国青少年校园篮球特色学校、吉林省教育系统先进单位、吉林省"巾帼建功"先进集体、吉林省三八红旗集体、吉林省体育项目传统学校、长春市示范党组织、长春市教育科研核心示范基地校、长春市心理健康教育特色学校、第二批全国家校社协同育人实践基地、吉林省家庭教育创新实践基地。荣获 2022 年长春基础教育"教学成果奖"一等奖和"吉林省教学成果奖"三等奖。省级核心期刊《吉林教育》全封面报道了学校的办学成果，《长春教育》对我校进行了专题介绍，荣获长春市督导评估一等奖。

四、未来发展设想

（一）党建品牌引领工程

加强领导班子和干部队伍建设，打造一支高素质、讲奉献、能力强、有担当的干部队伍；强化党支部规范化建设，发挥好党组织的战斗堡垒作用，发挥好党员的先锋模范带头作用；进一步落实"双培养"计划；推进职代会换届改选工作，做好统战工作和群团工作，尤其是工会组织的吸引力、凝聚力和战斗力，协同体育中心，为每一位十七中人身心健康、精神愉悦服务；加强学校文化宣传，打造并彰显学校品牌，在促进学校和谐发展和文化底蕴提升中发挥引领作用；全面加强学生组织、团组织和党校建设，激发团员使命担当，培养好党的红色接班人。

通过树立先进典型，让典型引路，落实党风廉政建设责任制，切实加强师德师风建设，提高教师职业道德水平，多种渠道引导教师热爱教育事业、奉献教育事业，做"四有"好老师；把业务骨干吸纳进入党组织，把党员培养成业务尖子，壮大党员队伍；提升教职工职业获得感、归属感和幸福感。

（二）教学质量跃升工程

推动学科教学与信息技术深度融合，改进和创新教学方式，积极探索私人定制式的混合学习方式，促进学生自主、合作、探究学习。以智慧班（致远、崇文）为依托，借力因材施教、个性化教育试点校试点工作；积极探索选课走班教学新校态，寻找校本策略。新高一年级在高二的经验之上在生物、化学、政治、地理四科继续探索走班教学试点，在体育学科探索分项选课走班试验。加强走班管理、积累经验，寻求走班教学新的增长点；立足新课程改革大趋势，积极推进教学评一体化、备讲评一体化的课程教学评价和教研特色，切实发挥评价的育人功能；坚持"备、上、批、辅、考、评"各常规教学环节的落实落细，向课堂教学要效益、要质量，实现新一轮课改中弯道超车的目标；立足单元教学，引入真实情境，精心设计和编制学案。学生的学习以学案为路线图，在学案的引导下去发现问题、提出问题、分析问题、解决问题，实现深度学习；教师的教学以学案为载体，根据教学内容的特点，精心设计教学活动，提供学生探究的平台和空间，激发学生探究的兴趣；加强教学指导和监督，尤其是集体备课要落到实处。对不同层次的班级和学生，要依据学情设计教学内容和分层次作业，继续实施听评课制度，通过深度教研不断改进教学，形成学科特色和风格。深入研究新课标、新教材、新高考，稳步提升教学质量。充分整合利用教学资源及大数据分析，助力教育教学质量提高和教学改进。让学生体验探究过程及收获的快乐，从而有效地培养和提高学生的自主学习能力、合作探究能力、交流展示能力、高阶思维能力，切实促进学生真正意义上的成长。

（三）课程体系重构工程

推动国家课程校本化、校本课程精品化进程，重构关键领域课程体系；制订校本课程开设计划与实施方案，加强课程建设与管理，建立学分认定制度。重点可以在心理健康、生涯规划、社团活动、德育课程、劳动课程、书法课程、艺术特色课程、体育特色课程、综合实践课程等校本特色课程上先行尝试；充分利用学校资源和家长、社区、社会资源，补充和完善学校课程的缺口和不足，满足学生多样化发展的需求；探索线上线下融合课程、跨学科融合课程等新的课程形态，为学生全面发展提供强大支撑；开发特色校本课程，形成具有校本特色的精品课程，逐步完善学校成长课程体系。推进研究成果精品化，从吉林省基础教育重难点和关键领域问题入手，开展综合研究或专项研究。深化分层走班，分类实施课程，实现从学科育人到课程育人，对国家课程、地方课程的创造性、校本化以及校本课程的高质量、精品化实施研究。开展核心素养框架下跨学科主题课程及课程群研究，产生一批成效突出、特色鲜明、具有前瞻性的研究成果。

（四）学生发展指导工程

坚持以"铸魂立根，润心内动"为理念，以"班团队目标自主管理"为模式，加强学生理想、心理、生活、生涯规划等方面的指导；把思想道德、身心健康、艺术素养、劳动与社会实践作为主要评价内容，注重学生全面发展和个性发展的评价；建立健全全员导师制、三生（学习、生活、心理）包保制，全方位指导学生成长、成熟、成人、成才；探索综合素质评价校本操作，充分发挥学生的主观能动性和自主性，培育先进学生组织；以《学生成长手册》为抓手，形成校本学生综合素质评价方案；促进学生自我成长、自主发展、个性发展、创新发展。

（五）德育品牌打造工程

德育与教学深度融合，不断挖掘各学科德育功能，充分发挥课程的思政功能和思政课程的德育功能；五育有机融合，让德育工作成为成长教育的关键要素；加强德育队伍建设，通过培训、激励等机制培育一支具有教育情怀、奉献精神，业务精湛、管理见长的德育队伍，提升教师的育人能力；加强德育科研，让德育工作更有理论高度，更有实践价值、更有现实意义；落实全员育人、全过程育人、全方位育人的"三全育人"要求，形成家—校—社共育的良好局面，延续发展德育经典活动课程，不断丰富有品质的经典学生活动，形成特色德育课程群。

（六）教师素养提升工程

制定学校教师专业发展规划，健全校本教研、教师全方位培训机制，加强教研组、备课组专业建设和团队建设；以科研课题为切入点，深入培训学习，实现教师队伍素质整体优化。建立课题分级管理制度；依据教学专业标准要求，逐步形成校本教师发展标准、校本考核评价机制和校本分层培训课程；为教师发展提供平台和路径，围绕学校和部门课题、教研组课题，设置备课组课题、个人课题，做到人人有课题，以问题为导向设立小课题，将课题研究与学科教研相融合，不断凝练教学风格、创建优质课程；实现卓越教师、骨干教师、青年教师梯队建设；让教师在教学科研成果中、在读书学习中、在专业成长中获得成就感和职业幸福感，实现科研兴教、科研兴校的发展目标。建立良好的教育科研机制，针对学校存在的突出问题，围绕学生发展的关键能力，优化并完善富有特色的学校课程体系，让教育科研成为学校贯彻教育方针、把握教育教学规律和特点的重要抓手。

（七）学校文化浸润工程

丰富学校精神文化，完善学校制度文化，优化学校物质文化，明确学校校风、教风、学风、校训、办学理念等精神文化，加强学科文化建设；完善学校章程、学校奖励制度、职称评聘制度、考勤管理制度、内控制度、教学管理制度、工作量认定制度、绩效发放制度、班主任认定制度等；优化硬件设施、廊道文化、教室文化、办公室文化、功能教室、实验室文化等。

（八）后勤安全保障工程

进一步改善办学条件，改善教师办公和学生学习环境，提升环境育人新境界；建设生涯心理中心、科技长廊、校史长廊等主题育人空间，为心理健康教育、生涯规划教育、创新精神培养提供硬件保障；通过人—技—物三防突出防疫安全、施工安全、交通安全、用电安全、人身安全、食品安全、消防安全等安全保障工作；加强食堂保洁管理，提高餐饮管理水平。努力完成校园绿化项目、改造项目，建设市内先进的生涯心理中心，实现生命至上、安全第一的工作目标。

昨天，一代代十七中人的共同拼搏奋斗赢得了春城百姓的认可。今天，学校站在了新的发展起点上，学校高质量有品位可持续发展是我们追求的目标。未来，十七中学将持续深入挖掘"成长教育"的丰富内涵，加快内涵式发展步伐，不断提升学校整体办学水平，建设好融智慧、书香、平安、文明、生态校园于一体的十七和谐家园，打造"学生热爱、社会认可、人民满意"的优质学校。十七中学这艘底蕴深厚、充满生机的航船必将载着十七中人的梦想，乘风破浪，勇往直前，努力培养中国特色社会主义现代化事业的建设者和接班人，助力长春现代化都市圈建设，为实现新时代吉林全面振兴贡献力量！

（撰稿人：孙莹）

厚积薄发，科研引领百年名校高质量创新发展

长春市第一实验小学

校　　训：明德　博学
办学理念：尊重个性，育人为本

长春市第一实验小学始建于 1935 年，至今已有近 90 年的历史，是一所历史悠久，融实验性与示范性于一体的现代化全日制小学。多年来，学校以"高质量、有特色、现代化、示范全省、享誉全国"为办学目标，坚定不移地贯彻党的教育方针，全面实施素质教育，科研引领创新发展，深入开展教育教学综合改革，取得丰硕成果。

一、文化建设彰显办学理念，科研引领助力改革创新

学校始终以"以德为纲、以人为本、依法治校、科研兴校"为办学思想，以"高质量、有特色、现代化、示范全省、享誉全国"为办学目标，秉承"明德、博学"的校训，"诚信、友善、求真、尚美"的校风，"传道、授渔、激趣、导行"的教风，"乐学、博学、勤学、善学"的学风，始终以学生发展为本，走在长春市基础教育最前沿。

学校持续推进以教育科研为引领，以教学、科研一体化为模式的教学综合改革实践研究。近五年来，在省市科研院所的关怀与指导下，学校以课题"核心素养发展与个性化教学综合改革行动研究"为统领，以"大单元统整教学"为研究方向，通过组建机构、完善制度、强化培训、优化管理、打造特色、协同创新等措施，扎实开展课题研究，大力推进教学综合改革，充分发挥示范引领作用，为长春教育优质均衡发展贡献了一小智慧。

学校构建五育并举夯实育人目标，以培养学生核心素养为重点，以德育课程、学科课程、学生文化和实践活动"四位一体"协同发展的学校德育体系，形成五育并举、各学段贯通、校家社合作、评价机制健全的一体化德育格局，推进学生道德认知、行为养成、实践体悟一体化活动体系的建立，形成全员、全程、全方位整体育人格局。

二、德育、科研、教学并进，办学理念成果卓著

（一）立德树人，个性发展，促进德育有形发展

多年来，学校已经构筑起"一纲、二目、三遵循、四坚持、五构建、六完善、七务必、八大教育、九大主题教育活动、十学会"系列化、规范化的德育框架。结合中国教育梦的时代要求，学校进一步明确立德树人价值导向定位：以未成年人思想道德建设为引领，以核心素养和社会主义核心价值观为重点，以一小 80 多年历史文化积淀为依托，集学校、社会、家庭教育资源为合力，集中华传统文化与诗书礼乐之融合。在这一价值导向引领下，学校探索出"一本四维"模式，为涵养根基，奠基学生生命底色形成了一小鲜明的文化德育特色。

1. "一本""四维"文化构建

学校课程蕴含着丰富的博大精深的德育内容，在课堂教学中主动融入、有意渗透是落实未成年人思想道德的有效载体。日复一日的滋养与浸润，让课堂成为浸润未成年人思想道德的主渠道。

第一维度——融于精神文化建设中

"明德博学"的校训，"以德为先个性发展"的育人理念，"诚信友善求真尚美"的校风，"乐学勤学博学善学"的学风，"小学生一日守则的规范""长春市第一实验小学教师行为规范"等都诠释着学校对立德树人内核的理解。解读学校文化基因，知晓"三风"建设内涵，都已化作一小师生的气质与风范，并内化于心，外显于行。

第二维度——融于校园环境文化建设中

以境养心、校园内尊师石、成长林、空中操场……教学楼内绿意盎然、班班宣传栏各有特色、图书角品书香悦分享……让走廊"说话"，让墙壁"育人"，营造"一声一语芳香沁人，一角一落育才无声"的和谐、

文明的校园文化氛围。

第三维度——融于学生道德文化建设中

让文化行为自觉化，让文化行动规范化，让文化体验过程化，让文化教育自主化，让文化资源整合化，让文化行为可视化。

第四维度——融于课堂教学活动中

学校持续开展的"核心素养与个性化教学改革实践研究"是长春市重大研究课题，在面向全体、尊重差异的基础上，关注学科核心素养的挖掘与培养，使科研、教学与培养人、塑造人紧密结合。

2. 集结创新，合作共赢，创建"4+"新模式

创建文明校园是学校、家庭和社会的共同事业，学校树立了"大教育"理念，集结社会资源，推动教育集成创新，完善了家庭学校社会三位一体德育推进体系，形成了多方力量同向同行的强大正能量效应，学校创建"4+模式"助推文明风尚扎实推进，"4+"模式即"学校＋家庭＋社会＋互联网"模式。

（1）家长讲师团课程主题鲜明，紧扣时代脉搏。

（2）书香家庭、文化家庭建设涵养根基，衍生文明。

（3）引进社会资源扩展体验场域，丰富学生社会实践。

（4）网络平台实现资源共享，建立教育大传播体系。

（二）课题引领，科研先行，促进科研落地生根

为了把《国家中长期教育改革和发展纲要（2010—2020）》提出的"关注学生不同特点和个性差异，发展每一个学生的优势潜能"要求落到实处，充分发挥课程与教学在人才培养中的核心作用，实现"有教无类，因材施教，终身学习，人人成才"的教育梦，学校于 2014 年开启"基于学生核心素养发展的小学大单元开发行动研究"课题研究，坚持走教科研一体化道路，使个性化教学得到有效实施和推广，切实

改变传统划一性教学的倾向，促进学生全面发展和个性发展。课题深入研究了"大单元开发"的内涵，理清其与促进教师课程观、教学观、评价观转变和学生"核心素养"发展之间的关系，从根本上改变现有教材单元"以知识内容为导向""划一性"的教学现状，探索出以发展学生核心素养为目标，"以学为中心""差异性"单元学习新模式。目前已形成了系统的实施方案和操作策略，即单元方案设计模式、单元方案撰写"七步法"、单元板块优化模式、大单元开发"三五三"优化模式。

新课改强调的由"教教材"向"用教材教"的转变，赋予了学校和教师校本研发的自主性和创造性。培养学生的核心素养需要将"同质化教材"转化为"个性化学材"，进行大单元开发是我校此项教学改革的创新点。

1. 决策驱动，为课题领航

课题研究初期，我校制订个性化教学行动规划，搭建单元学习协同创新课题研究框架。

2. 管理推动，为科研护航

学校分别成立了课题研究领导小组和工作小组，采取"一把手负责制"，凝心聚力，形成深化改革的强大合力。建立以教科研部门为统领、教导处组织实施、各学科委员会自主管理的上下互动、左右联动的协同创新推进机制。将教学改革实施状况纳入学校督导评估范畴；将量化考核制度与课题研究挂钩；将教师表彰制度与课题联合，充分激发和调动全校教师投身改革的积极性和创造性。

3. 培训引路，夯实研究基础

（1）建立"学研"共同体，提高培训效能：建立了基于骨干教师为主的校内学研共同体；建立了基于学科组为主的校内学研共同体；

建立了基于校际协作的学研共同体。作为市级主导课题的龙头学校，我校与其他课题试验校开展联动，共同进行课例研究、分学科培训。学校先后派十余名教师到兄弟实验校进行讲座及经验交流60余次，引领课改思想，推广前期成果，实现了 1+1 > 2 的改变。

（2）多种研修形式灵活整合，满足不同层级教师需求。学校充分发挥多种研修形式在提升教师育人能力中的作用，体现了学校"开放办学、集结资源、组合力量、兼容并进"的理念。"送出去"与"请进来"相结合。线上与线下学习相结合。信息技术与学科培训相结合。

（3）教研、科研一体化，让课题研究落地生根。教研是实践，科研是引领。学校将教学工作与科研工作有机整合。科研工作统领教学研究工作；科研工作计划指导教研工作计划；单元方案发布会取代集体备课展示会；组内实验课取代组内教研课；优秀试验汇报课取代校内优秀教研汇报课；对外课题发布会取代对外公开教学；研究纪要、日志、论文取代优秀教学设计、教学反思。

4. 行动研究，建构个性化课堂教学模式

（1）整体谋划，依次推进。

（2）优化操作，重点突破。本着以核心素养发展为目标，依据义务教育课程标准，尊重个性差异的原则，着力进行了"三个优化"，一是从宏观层面上优化课程结构，二是从中观层面优化教材结构，三是从微观层面上优化课堂结构，它们相互支撑，缺一不可。

（3）创新课堂教学形式，构建互动生成课堂。课时设置灵活多变。课堂教学组织形式多样化。在班级授课制背景下，将各种教学组织形式统整起来发挥各自的优势，尝试通过"个别教学→小组教学→全班教学"的过程展开课堂教学。

（4）构建学生多元化学习评价体系。培养学生的核心素养，必须建构相应的评价机制。我校把核心素养所包括的九大素养内容融合在个性化教学评价体系中。通过学生自我评价、小组评价、教师评价，关注学生的进步和成长，注重学生的潜能发展。

（5）强化过程记载，注重研究资料的收集整理。

5. 成果的主要内容

基于教师团队研究、单元结构优化、课程与课堂改革、课堂评价标准等方面总结出一个方法、两个框架、四个模式、六 ×2 种策略。

（1）一个方法——单元开发方案撰写七步法。

第一步：通读课标和单元教材，通过集体备课初步确定单元核心目标和设计思路。

第二步：组员分工合作，写出单元内每一课的教学设计，围绕单元核心目标的着力点展开设计。

第三步：二次备课，调整单元核心目标，依目标各自修改自己的教学设计。

第四步，通览本单元，优化单元教学内容与教学结构，使之具有统整性、递进性。

第五步，重新设计每一课的教学方案。

第六步，研讨第五步，重点审视教学内容、教学结构的优化。

第七步，第五次集体备课，分工合作，撰写出完整的单元开发方案。

（2）两个绝对性评价操作框架：教学单元评价标准框架和学生学习情况评价框架。

（3）四个模式——单元行动研究方案撰写模式，单元板块优化模式，"三五三"课改模式。

第一个"三"指改革内容：以单元为突破口，确立了宏观、中观、微观三个层面的"优化"。

"五"指的是五种学习工具：学习任务卡、学习指南卡、学习资源卡、学习评价卡、学习检测卡。

第二个"三"指学习方式发生了变革，即个别学习、小组学习、集体学习三种学习方式的有机融合。

三个"4+"共同体模式：

①"专家＋骨干＋研究教师＋家长"的校内"4+"共同体模式。

②"教研室＋科研工作＋教导处＋教学工作"的校内"4+"共同体模式。

③"科研部门＋专家＋龙头校＋试验校"的校际"4+"共同体模式。

（4）六 ×2 种策略。

I. 教师面对开放课堂推进学生课程资源的六种策略

①针对学生的点状思维，引导学生结构化，采用整合策略。

②针对学生多向思维，引导学生建立标准、分类，采用分类策略。

③针对学生偏差或错误，引导学生在比较中聚焦，采用比较策略。

④针对思维困惑或矛盾之处，反向追问学生，深化思考，采用质疑策略。

⑤针对学生具体思维，帮助学生抽象概括，达到新水平，采取提升策略。

⑥针对亮点，引导全班学生都来思考碰撞、生成，采取放大策略。

II. 教师在教学中关注学生差异的六种策略：异质分组、目标分层、问题分层、练习分层、作业分层、评价分层。

（三）课堂变革，教学创新，促进教育教学变革

新课改后，课堂教学要求师生互动。课堂教学针对"满堂灌、满堂问"的课堂教学割裂了知识与思维的内在联系，忽视了学生发现知识的体验过程，以及学生探究知识的思维过程。要改变这种现状我们

就要构建"互动生成式"的新型课堂。这种新型课堂追求"有向开放""互动生成"的"生长性"推进过程。教师和学生是教学过程的共同创生者，使课堂教学充满生命活力，从而为学生的幸福人生奠基。

个性化教学综合改革行动研究的主要任务：

1.着力推进小班化和小组学习

进一步缩小办学规模，提升教学质量，促进教育公平。从 2015 年秋季起，学校每年招收 6 个班，每班控制在 36 人左右。通过小班化教学，进一步探索小组合作学习质量与效果，每个小组白 4 人组成，实行异质分组，促进不同个性的学生相互学习、共享差异。进一步优化集体学习、小组学习、个别学习三种教学组织形式，促进课堂教学组织结构、时间结构的优化，有效促进学生的个性化、社会性、认知性的发展。

2.切实优化课程教材教法

本着"育人为本、德育为先、能力为重、全面发展"的素质教育发展目标，依据义务教育课程标准，尊重个性差异的原则，促进"三个优化"。

3.改进学科教学的育人功能

全面落实育人为本、尊重个性的教育理念，各学科年组要认真组织开展育人思想和方法学习研讨活动，将教育教学的行为统一到育人目标上来。要在发挥各学科独特育人功能的基础上，充分发挥学科间综合育人功能，开展跨学科主题教育教学活动，将相关学科的教育内容有机整合，提高学生综合分析问题、解决问题能力。根据学生的个性差异、学科规律和特点，积极探索个性化教学实践模式，适应学生个性化学习需求。深化综合实践活动课程改革，建立一批满足社会实践活动的实践基地，培养学生创新意识和实践能力。

4. 推进个性化教学与信息技术的深度融合

以信息化驱动个性化教学变革，加强信息化环境建设，使课堂成为云教育环境，能够支持以学为主的、互动式、研讨式个性化教学的需要。提升学校信息化的领导力，加大对教师信息技术应用能力的培训，加强信息技术与个性化教学方式、学科内容的融合，激励和调动教师参与整个教学资源的重组、建设和应用，着力研发多样化、个性化、集成度高的电子课本和电子资源。培养一批适应个性化教学需要的数字教师。

5. 完善个性化教学评价标准

为了有效推进个性化教学改革试验，使教师具有明确方向和依据，根据学生的个性发展特点和三维教学目标，立足教学设计与实施、教师表现与学生表现等方面，研究和制订个性化教学课堂评价标准，使评价标准简便易行，更具有可操作性和指导性。

三、深入开展教育教学改革，成效显著，成果丰硕

学校全面实施素质教育，深入开展教育教学综合改革，并取得丰硕成果，先后获得全国文明校园、全国教育系统先进集体、全国未成年人保护工作先进集体、全国优秀少先队集体、全国消防安全教育示范学校、全国示范家长学校、吉林省精神文明建设工作先进单位、吉林省未成年人思想道德建设先进学校、吉林省教育系统"五五"普法先进学校、吉林省优秀家长学校、长春市人民满意学校、长春市最具魅力学校等百余项殊荣。

"基于学生核心素养发展的小学大单元开发行动研究"课题持续研究中，目前已形成了系统的实施方案和操作策略，经过实践探索与检验，目前本成果已在 25 所小学得到推广与应用（含本校），并取得良好效果。

（一）有效提升了教师的课程意识，培养了一批协同创新种子团队

通过课题研究，教师们突破了以往"课程就是教材，就是教学计划，教材是唯一的课程资源"的狭义理解，深刻认识到，在单元学习中，应该重视课程资源的开发和利用，加强课程内容与学生生活及现代社会和科技发展的联系，把培养学生的核心素养始终作为我们育人的终极目标。

（二）有效促进了课堂教学面貌的变化，发展学生的学科素养

变化一：教学时间弹性化。根据教学内容、学生的个性差异、学科特点、活动规律，以 15 分钟为时间尺度，灵活、弹性地分配教学与活动时间，课堂时间调整为 30 分钟至 60 分钟，甚至更长。

变化二：学习方式层次化。改变以往整齐划一式教学的束缚。以个性差异作为教学的基础、起点和资源，通过学习任务卡片所提出的问题，支撑学习方式的变革。独立学习、小组学习、集体指导学习有机结合的教学范式，有效地推进了课堂面貌的改变。

变化三：教学评价多元化。根据学生发展的过程，进行单元过程的绝对性评价，关注每个学生成长进步的状况，同时将自我评价、他人评价有机结合起来。

变化四：教学目标素养化。改变"重知轻能"的传统目标指向，关注学生做人的品质、做学问的态度及解决实际问题的方法和能力，掌握自主、合作、探究的学习方式，让学生核心素养的发展在课堂教学中落地。

（三）有效地促进了学校课程教学创新，发挥了引领示范实验作用

长春市第一实验小学作为课题试验校的龙头校，将资源毫无保留地共享。从 2015 年 5 月至今，成功召开了三届发布会。试验校由原来的 17 所学校发展到了 25 所学校，推动了课题研究的深入开展，有力地

推进了整个课题协作体及我市教育教学改革的研究步伐，也为长春教育的均衡发展做出了贡献。2017 年确立为吉林省重点规划课题，2018 年获得吉林省基础教育成果一等奖。课题组 140 余项成果获得全国、省、市级优秀成果奖，走基层讲座 60 余场。课题组会继续攻坚克难，以优异的成果回馈学生，回馈教育。

四、高质量教育科研引领创新发展，推进学校未来发展宏图

（一）拓展德育资源，创新德育校本课程，扎实推进社会主义核心价值观培育践行

弘扬"明德博学"校训精神，提炼"明德教育"内涵，启动学科德育精品课程建设，拓展和丰富德育教育课程资源，建构"以红养正"的课程体系，推动德育课题研究。力争学科德育精品校本教材覆盖所有学科，同时制作德育精品课程电子资源，确保学科德育精品校本教材的实时共享，为打造"明礼雅行"的德育品牌奠基。大力开展爱国主义教育，引导少年儿童以坚定的信念、真挚的情感，把爱国之情转化为报国之行。

推进少先队"红领巾争章"教育活动。融合中华传统文化，提升学生人文素养。繁荣校园文化，丰富学生精神文化生活，发挥文化育人功能。建设书香校园，培育书香环境文化，开发阅读校本课程，开展古诗文诵读活动。

（二）开展知行合一劳动实践教育活动，深化课后服务文体社团活动改革，创建校家社三结合协同教育有效机制

加强劳动实践教育，培养学生尊重劳动、热爱劳动的良好品质。认真贯彻"健康第一"的思想，积极开展阳光体育活动，保证学生每天参加一小时的体育活动。开展好体育特色校活动，切实提高学生的

体质和健康水平。推进个性化社团活动改革，有效利用社会教育资源，加强特色班队活动建设和社团活动开发，努力使课后服务课程化、规范化、系列化、特色化。创办"家长学校"、搭设"成长52"家庭教育"空中家长课堂"、建立"全国家庭教育创新实践基地"，为家长提供家庭教育在线课程，使家庭教育学习跨越时间、空间的限制，开辟出一条高效、共享的家庭优质教育资源新途径。

（三）走教研、科研一体化之路，持续推进课题深入研究及有效转化

持续坚持教研、科研一体化，让课题研究落地生根。持续有序推进个性化课题深入研究，基于发展学科素养的小学单元学习协同创新实践探索，深入研究学习工具使用，推进学科融合，促进学生核心素养发展和个性发展。在四个"优化"上着力。

（四）推进个性化教学综合改革，进一步探索多种学习方式的有效实施，继续完善个性化教学评价标准

坚持系统设计、整体规划，整合利用各种资源，统筹协调各方力量。本着"统筹规划、分步实施、先行先试、重在实效"的基本原则，深入推进个性化教学改革，继续充分发挥课题龙头校的示范作用，引领全市联盟学校共同推进，切实改变传统划一性教学的倾向，培养学生的创新意识和实践能力，促进学生全面发展和个性发展。

（五）切实优化课程教材教法，强化课堂教学实践行动研究，切实提高教学质量

以国家课程校本化实施为重点，以义务教育国家课标为指导，以现有教材为蓝本，依据个性化教学理念，继续通过三个层面上的"优化"，推进个性化教学改革与信息技术的深度融合，重点指导教师学习研究共同体对"教材单元"优化与设计、"教材单元"课程实施的行动研究，

逐步形成校本课程，促进教师专业成长，促进学生个性发展。

坚持以科研为学校发展动力，坚持"问题即课题、教研为科研"，勇于教育创新，提高教育质量，提高办学效益。

（1）积极开展课题研究，重点在课堂教学和校园文化建设上进行深入研究，形成学校教育特色。

（2）探索有效课堂教学方式，深入研究多种学习方式相适应的课堂教学方式、方法。

（3）加强教研活动课主题化建设，围绕课题，突出主题，优化单元结构，进行常规教研活动，实现教中研、研中教。

（4）继续以课堂为实验阵地，以"单元开发及个性化教学研究为主导"积极推进课题研究。

全校上下将强化质量意识，转变教育观念，改革教学方法，改善教学手段，革新教育模式。以课程改革为重点，以课堂教学模式改革为中心，构建符合素质教育的新型教学模式，本着"夯实基础，突显个性；因材施教，分层要求；发展智力，培养能力"的原则，力争经过五年的努力，在教学质量上独树一帜，有一个大的提高。

实践证明，高质量教育科研引领创新发展在学校特色发展过程中发挥着促进和推动作用。我校教育科研工作在学校总体办学目标和办学理念的引导下，坚持走"教研科研一体化"之路，以教育教学中遇到的实际问题为依托，构建了学校科研课题体系，有针对性地解决教育教学中的实际问题，从而走出了一条扎实稳健的教育科研之路，有效促进了学校教育教学质量的全面提高，并引领百年名校迸发出新的活力，推动学校高质量创新发展。

（撰稿人：邵成文　王建勋　任洲仪　赵晶）

助推教育高质量发展，谱写义务教育新篇章

长春市第一实验银河小学

校　　训： 明德　博学

办学理念： 以德为先，以人为本，依法治校，科研兴校

一、办学理念

党的二十大报告指出：坚持以人民为中心发展教育，加快建设高质量教育体系，发展素质教育，促进教育公平。义务教育质量关乎亿万少年儿童健康成长，关乎国家发展，关乎民族未来。以人民为中心，扎根中国大地、放眼国际视域办教育是义务教育阶段学校矢志不渝的追寻。

以习近平新时代中国特色社会主义思想为指导，全面贯彻党的教育方针，遵循教育教学规律，落实立德树人的根本任务，发展素质教育是长春市第一实验银河小学深入根基的信念。银河小学积极响应教育时代新要求，推动教育高质量发展，落实"双减"，激发学生核心素养，培育具有创新精神、实践能力和国际视野的未来人才。

（一）打造人文环境——学生中心

长春市第一实验银河小学始建于 1997 年，是一所享誉春城的名牌优质学校，多彩的校园文化建设，良好的学术氛围和文化氛围，激发了学生的学习兴趣和文化自觉。我们尊重学生的个性差异和多元发展，采用启发式、项目式教学，鼓励学生积极参与课堂讨论和实践活动，培养学生的自主学习和创新能力，为学生提供多样化的学习和发展机会。在银河，每一颗"星"都闪亮！

银河小学始终秉持着"五育并举、人人德育"的德育目标，坚持"一个中心""两项支撑""三种渠道""四级课题"四个工程进行全员德育，开展多彩的学生活动、优化多维学生评价模式，全力打造"习惯好、有特长、能力强、敢担当"的活力少年，为社会输送全面发展可持续发展的人。

（二）开发活力教育——课程中心

银河小学的活力教育体系通过涵养儿童的精神世界，培养儿童的

164

核心素养。秉纲而目自张，在新课标的统领下，教育者转变教学方法，以课堂活动为载体，通过激发和促进儿童"内在活力"的发挥，使个体能够按照生命的规律获得自然、自由且向上的发展。执本而末自从，秉承活力教育的思想整合自然性与文化性，激发儿童兴趣，引导其主动建构知识，进而培养能力；鼓励儿童创新创造，进而释放个性潜能；教会学生迁移知识，进而活跃思维。课程关注培养学生的综合素质，通过多样化的课程设置和实践活动，提高学生的知识水平、思想道德、审美情趣、实践能力和社会责任感。注重培养学生的团队合作精神和领导能力，通过课程调动学生参与社会服务和实践项目，以提升学生的综合素质和社会适应能力。

（三）注重多元评价——发展中心

银河小学注重学生的品德修养教育，通过课堂教学、德育课程和实践活动等多种形式，培养学生的良好品德和道德素养，在教会学生自我管理和自我约束的过程中，引导学生树立正确的人生观和价值观，使学生成为具有良好道德品质的人。

为实现对学生能力的培养，银河小学为学生提供多元文化的教育和交流机会；鼓励学生了解和探索不同的文化和思维方式，拓展学生的国际视野和跨文化交流能力；注重与国际教育理念的合作和交流，为师生提供更广阔的发展和学习机会。

银河小学强调实践操作的重要，通过在校内外加强实验、实践等教学环节，提高学生的实践能力和动手能力，使学生在实践中掌握专业知识和技能。

（四）注重赋能提质——科研中心

银河小学始终秉承"科研兴校，质量立校，德育强校"，注重培养学生的创新意识和创新能力，鼓励学生积极探索、独立思考和勇于尝试。通过设置创新性的课程和实践项目，激发学生的创新思维和创造力，让学生在实践中学习和发展。

与此同时，不断提升教师的科研能力和专业水平，由"经验型"向"研究型""专家型""学者型"转变，科研兴师、师兴科研，不断推动学校办学水平的螺旋式攀升。

二、办学成果

（一）聚焦学生，发展核心素养

1. 综合素质攀升

银河小学不仅在课程中为学生输入学习方法与技巧，帮助学生形成有效的学习法和学习力，通过以赛促学、"星级评定"激发学生内驱力，学生的身体素质、道德情操、实践能力和社会责任感等方面的表现，同样是学校关注学生全面发展的具体体现。学校坚持德育为先，提升智育水平，加强体育美育，落实劳动教育，通过扎实且丰富的课程设置和主题学习，提升学生的综合素质。

2. 个性向上生长

在义务教育阶段，发掘和激活学生的内在潜力是学校的重要任务之一。银河小学通过开设多样化的艺术、体育、科技等课程，为学生提供广阔的发展空间。班级基础活动：出彩（五）班人、唱班歌、两操比赛，打造凝聚力；年级特色活动：亲子跳绳、课桌舞、课本剧、非遗空竹、动力圈、毕业季活动，锻炼合作意识；校级校节活动：艺术节——民族文化传承，特色体育节——学生体质监测，科技节——创新能力培养，读书文化节——听说读写能力提升，玩大赛——传统游戏的玩法传承；省市级大型比赛：千童之声合唱、舞蹈大赛、诵读中国比赛、科创大赛都锻炼学生大德育观、核心素养。星娃研究范围广泛，从基础理论研究到应用技术开发，在各类科学、人文、竞技和艺术领域的比赛中表现出色，获得了一系列奖项和荣誉。

多元评价体系成为银河星娃个性生长的助推力。通过银河币对学生的习惯、思想品质、学业、实践能力等多方面进行奖励；探索出以培养学生观察、合作、动手、语言表达、分析总结、创新思维等学科能力的综合"蜘蛛网状"自信力评价标准；通过校级的"红领巾—星章"评价体系对个人和集体进行综合性激励。

3. 社会能力增强

银河小学组织学生参与校内外实践活动。通过校园内外积极的志愿服务、社区建设等社会活动观摩、实践、探索，学生将理论知识应用于实际，为社会做出贡献。在得到社会各界的认可和赞扬中，实现自我价值的最大化，增强社会责任感和公民意识。通过参与国际交流活动，拓宽视野，了解不同文化和思想，获得了更广阔的视野和跨文化交流的能力。

（二）开发课程，形成"活力"体系

银河小学因"生"制宜研发校本课程、站位文化开展研学活动、巧思细琢组织综合实践，在不断积累、革新、反思中形成具有银河小学特色的"活力教育"体系。

1. 校本课程的研发

银河小学基于课题研究成果进行课程性质、基本理念、设计思路的深度思考，制定课程目标体系，架构课程内容，拟定教学建议和评价维度，在教学材料编写和课程实施过程中不断深化研究，促使学校的教育科研品质获得更大程度的提升。

如：语文学科率先打破教材边界，沿袭长春市第一实验小学校本教材《古诗文启蒙》的同时，创编符合各学年学生年龄特点的语文诵读课程体系。内容涵盖《三字经》《弟子规》《笠翁对韵》《声律启蒙》"四书五经"等古代名篇佳句，及唐诗宋词、经典古文。如今 1~12 册的校本诵读课程正在每天的晨诵时间发挥积极作用。英语学科创造性地整合现有教材，研发编制了节日体验课程。课程内容涉及国际民俗、节日模拟、我行我秀等板块，圣诞节、复活节、圣帕克里克节等欧美节日民俗活动已深入银河学子心中。在此基础上，学校开发了元宵、清明、端午、中秋、春节等系列节日课程，引导学生在活动中感受节日民俗和中华传统文化。体育学科致力于学生的终身发展，创编了以技能发展为主题的校本课程。课程内容覆盖轮滑、排球、足球、篮球、乒乓球、健美操等技能的培养，为孩子未来的全能发展奠定基础。"快乐厨房"综合实践体验课程，是学校为孩子们研究美食文化而专门设置的特色课程。不同年段的学生在老师和食堂叔叔阿姨的指导下自主选择课程内容，包饺子、做拼盘、烤蛋糕……

2. 特色课程的打造

银河小学挖掘"内在路径"，优化科技课程成特色。我校金字塔式科研教师团队不断创新研究，将初具规模的"五以（以儿童生涯涵养奠基为中心，以课堂为原点，以课程为支撑、以创新成长为路径、以学生活动为载体）"无边界教育升级为"活力教育"。近三年来重点建构"面向未来的活力教育"及其六大体系，而科学教育通过内容整合与课程重组并行的活力三阶课程："三阶"指三种课程模式，即普及性国家课程（基础型的科技课堂），选择性校本课程（拓展型的科技社团）和探究性特色课程（拔尖型的科技实践综合体）。针对三阶课程，我校采取三种教学方式，即问题探究式、实践体验式和项目驱动式。

（1）以"问题探究式、自信力评价"为基石的科技课堂。在科技课堂教学中创设科学合理的问题情境具有重要的意义，采取同桌、小组合作和全班集体探究等形式，能够激发学生不断探究的火花，从而培养学生科学素养。我校以"优质问题、主题活动、嵌入评价"为关键点，开展"问题探究式"科技课堂教学，教学模式共分六步：提出问题——猜想假设——制定方案——实施探究——展示交流——拓展创新，这六步为问题的探究和解决播下进阶思考的种子。而课堂中，老师探索出以培养学生观察、合作、动手、语言表达、分析总结、创新思维等学科能力的综合"蜘蛛网状"评价标准，多层、多维、多元提升学生的自信力，符合培养学生的核心素养目标和方向，为今后的科技创新打好基础。

（2）以"项目驱动式"为推进器的科技实践综合体。我校探究性特色课程分为四大类，主打"项目式学习或主题式探索"，科学教育的项目式课程是重中之重。说起项目式主题融合课程是"活力教育"体系下的"活力课程"之一，关注学生个性化、多样化的学习和发展需求，创造有生命力的科学教育。本学期开学初，学校便确定了"风筝项目式主题融合课程"这个项目，创设真实情境，以科学为圆心，启发学生综合应用美术、语文、数学、体育等其他学科知识，以小组合作的方式，共同完成制作、放飞风筝的目标任务，满足学生个性化、多样化的学习和发展需求，更有效地提升学生的观察能力、创新能力、动手实践能力。

本课程以"风筝"项目学习为统领，进行多学科融合、跨学科整合的全课程探索。星娃们通过了解发展历史、探究飞行原理、设计搭建骨架、绘制传统纹样、学习放飞技巧等系列课程。选题自下而上，研发自上而下，长春市风筝协会的专家给予丰富的实践指导，保障了课程开展的有序、有效。"一次趣谈""一项制作""一支画笔""一场追逐""一篇文章""一处美好""一个节日"，"七个一"课程的开发让教师真正成为课程的研究者和开发者，也让学生全方位地和风筝亲密接触，成为课程的受益者。在全过程中，感受传承之趣、制作之美、放飞之乐，并由此提升学生的审美能力、观察能力、创新能力、协作能力和动手实践能力……此时融合的不仅限于学科，还包括人的融合，家校社的协同育人通过项目式课程得以实现，一举多得。

项目式课程宗旨以培养学生的核心素养为目的，从学生的真实需求出发，感受艺术魅力，体验科学原理，培养民族情怀。我校将"项目驱动式"的模式深入到科学教育实践中，让学生全方位感受科学的力量，多元化研究型综合体的成立使得创新型少年的进阶模式不断内化。

3. 德育课程的助推

班会、主题升旗、少先队大队委的协同管理是实施基础型德育课程的根本途径。"以赛促学"系列教育、21天习惯养成记等主题式德育课程是长期实践与反思过程中总结出的德育实施有效途径。而"德智合作课程"之传统文化课程、非遗主题课程、社团课程的合作探究已经成为银河小学的特色德育课程。

4. 劳育课程的落实

劳动教育课程内容规划是实现劳动教育课程目标的重要支撑，也是劳动教育课程有效实施与推进的基础与前提。银河小学遵循新课标要求，同时结合学校整体课程设计和劳动教育开展的实际情况，构建了"一核三课五明"劳动课程体系（"1个核心"是指劳动教育课程体系坚持立德树人，以培养学生劳动素养为核心；"3个内容"是指劳动课程分为基础课程、拓展课程、综合课具体课程；"5个目标"分别指的是要以劳辅德、以劳增智、以劳强体、以劳益美、以劳养心为劳动教育课程的育人目标。）打造具有学校特色的劳动教育体系课程，促进学生全面、健康发展，实现劳动教育的育人价值。教师运用情境创设法、问题引导法、小组合作法等多种教学方法，使劳动资源动态化，让学生获得真实的劳动。

5. 研学活动的开展

几年来，银河小学不仅多次组织"探索丛林秘境，遇见神奇自然——趣玩·趣野·趣蜕变！"等主题各异的市内三天两夜研学活动，也先后带领学生到祖国各地去研学。孔孟之乡山东、魔都上海、人间天堂杭州、首都北京、十三朝古都西安、改革前沿广东等地方，都留下了我校学生研学的足迹与身影。祖国厚重的历史文化，丰富多彩的民风民俗，日新月异的发展变化，让孩子们在研学活动中获取成长养分，更加快乐、更加充实。学校也已出版校本学生"研学手册"60本。

在日新月异的教育追求中，银河小学的研学训练营更加突出特色。为了使科技教育更深入人心，使科技教育的形式变化多样，从2017年开始，有思想、能创新、会操作的教师们在学校组织冬（夏）令营活动，而科学教育、人工智能成为主流。STEM课程、人工智能编程、木工实践、科技馆的综合体验都成为我们编撰的课程，是孩子们喜闻乐见的项目，也都能成为研学课程的亮点之一。

6. 综合实践的组织

校内综合实践活动，如土地拍卖。学生们以班级为单位，利用平日优秀表现所积攒的校园唯一流通货币——银河币，在每学期的土地拍卖活动中竞拍校内"百草园"中自己中意的土地。学生亲自种植、管理，亲眼发现，亲历成长，实现了自然课堂下真实经验的主动获得，由此学生们也更加热爱自然、热爱劳动，这也是我校践行劳动教育的一项重要举措。

每年春秋两季，学校都会组织学生参加综合实践活动。去长春公园、南湖公园、北湖公园或净月潭国家森林公园，走进春天、寻找春天，让孩子在大自然中，在春光里，尽情观察、寻找、嬉戏、玩耍，与大自然融为一体。每年九月中下旬，学校又会组织学生们走进农场、生态园，认识本地常见的农作物，摘葡萄、掰玉米、挖土豆、拔萝卜、穿辣椒……与马、牛、羊、狗、鸡、鸭、鹅等家畜家禽亲密接触，培养对乡村的感情，对田园的热爱。

除此之外，多彩科技实践活动贯通我校的科技教学。以课程为入口，以活动为出口，每学期科学教育团队都会组织"科学求真馆""动植物观测记录""科技博览会""天地共育一粒种""未来生活"等科技实践活动，促使学生在活动中以实践为主导，以体验为目的，充分激发学生的学习内驱力。每年，我校还组织大型校节——"科技节"，从实验到发明、从准备到发掘、从讲解到展示……每个活动和环节让学生在实际中动手实践，尝试将想法变为现实，从中评选出的作品代表参赛，改变学生科学思想，提升实践技能和创新能力。

7."活力教育"的体系

现在，我校重点建构活力教育六大体系，即活力学校文化体系、活力课程体系、活力课堂体系、活力教师体系、活力教育评价体系、活力家庭教育体系。

（三）落实"双减"，教育提质增效

党的二十大报告指出，"我们要坚持教育优先发展、科技自立自强、人才引领驱动，加快建设教育强国、科技强国、人才强国，坚持为党育人、为国育才，全面提高人才自主培养质量，着力造就拔尖创新人才，聚天下英才而用之。"习近平总书记在二十届中共中央政治局第三次集体学习时的重要讲话及《关于进一步减轻义务教育阶段学生作业负担和校外培训负担的意见》《关于新时代进一步加强科学技术普及工作的意见》《全民科学素质行动规划纲要（2021—2035 年）》等提出要求：着力在教育"双减"中做好科学教育加法，一体化推进教育、科技、人才高质量发展。

为更好落实"双减"，满足学生多样化、个性化的学习需求，我校利用课后延时服务时间，基于"学校特色、教师特长、学生特点"，开展了 105 个花样社团：如体会中国传统文化的语言类社团、指向思维发展游戏的思维类社团、"巧手趣约会"社团、鼓号队、银河电声乐队、星星合唱班......

同时，银河小学在科技课程、科技活动的基础上，开展了以"实践体验式"为核心的科技社团近 50 个，如："3D 建模""人工智能""少儿编程""航模制作""科学实验"……这些丰富多彩的科技社团，以学生为中心，以项目为驱动，将学生的活动置于特定的实际环境中，将学生的兴趣点燃，特长分类，帮助学生掌握学科知识，有助于培养学生的综合思维能力。科学教育教师利用课后服务的有效时间实施教学，以科技小组为研究单位，"实践体验式"教学模式逐步形成，促进学生自主学习能力和创新能力的发展，助力"双减"，提升"效能"。

缤纷的社团为孩子们搭建逐梦舞台，在社团活动中，孩子们增长了知识，开阔了眼界，提高了本领，锻炼了思维。学校出版社团特色课程一套共 36 本。

（四）不断提升，推动教育改革

1.坚持"党建引领"，确立长远规划促发展

银河小学以"一个引领、四个建设"的党建工作模式，优选五星级党建单位，全体教师作风优良并厚植"科技强国"的家国情怀，加强有部署、系统化的战略规划，落实保障经费投入，优化制度管理，保障科技教育成果稳步增长。

2.重视"专业成长"，打造科教团队升品质

"以人为本"的教育是以教师发展为根本，以学生发展为根本。

学校重视教师队伍发展，确信内在生长的力量，将"面向全体、培养青年、发展骨干、推出名师"作为教师培养的工作思路，以课题研究为引领，以体系化、课题式"研究员"的"融合型专业人才"为培养模式，打造科学教育团队专业品质提升。

如，"无边界教育"课题成果有效地作用在绿园区的协作校，对课程内容的设置和学生的多元评价具有指导性和操作性，市教科所与我校于2019年至2022年派多人次参加国内外线上线下各项科研交流。

3. 坚持"反思总结"，形成优质教法合集

以劳动课程为例，银河小学坚持"反思总结"，形成优质教法合集。

银河小学以立德树人为根本目标，以提升学生劳动素养、培养学生核心素养发展为教育目的，构建以劳动教育理念、劳动教育保障、劳动教育载体、劳动教育课程与劳动教育评价为主要内容的"五维一体"教育模式；更新教育理念，构建了"两性一度"——"知识高阶性""思维创新性""应用挑战度"的劳动理念维度。对学生的劳动知识与能力提出了更高的要求，同时也让学生开始追求"创新与创造""高知与高能"，以激发自己的劳动潜能，全方位地调动了学生的劳动内驱力。

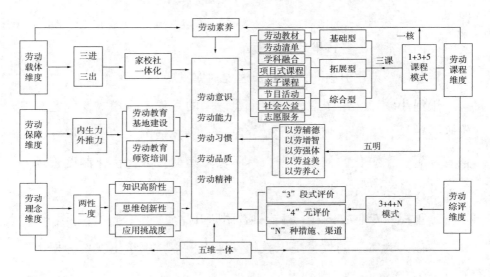

开展劳动教育实践活动，要调动家庭、学校和整个社会的积极性，共同推动劳动教育实践活动的深入开展，构建家、校、社一体化劳动育人环境。为此银河小学构建了"三进三出"的劳动教育特色项目，即劳动教育"走进校园、走进家庭、走进社会""走出校园、走出家庭、走出社会"，打开劳动教育新样式，充分发挥家校社协同共育作用，相互协调、密切配合，使劳动最光荣、劳动最伟大的理念深入学生的意识和观念。使得劳动教育从理论落实到实践，从制度体系发展成为学生自觉意识，从而达到素质教育最终目标的战略途径。

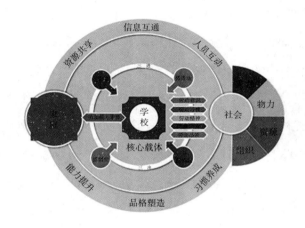

（五）科研兴校，形成区域辐射

1. 深耕笃行，科研领域展硕果

科研课题示范引领有型、有果、有效。2016年立项"聚焦核心素养 构建无边界教育"课题，从课堂教学、校本课程、学科活动、校家合作等方面，打破教育对象、空间、内容、资源、形式的壁垒，突破多重界限，围绕"一个目标"——培养"全面发展的可持续发展的人"，"三个面向"——面向学生、教师、学校，探索出"以儿童生涯涵养奠基为中心，以课堂为原点，以课程为支撑，以创新成长为路径，以学生活动为载体"的"五以"无边界教育模式，形成"立体教育"的内核和特色。

2018 年，我校被评长春市校本小课题研究实验校。2019 年，我校获评长春市教师专业发展型学校示范校，同年，获评长春市小学英语学科教研基地校。2020 年，获评全国名校联盟示范学校。2021 年，我校在教科研建设方面表现突出，被评为长春市教育科研示范基地校。我校致力于创建创新型实验校，先后被教育行政部门授予全国创新名校联盟成员单位、全国十佳创新名校、吉林省知识产权教育示范校、吉林省首届青少年发明创造大赛优秀组织单位、吉林省青少年科技创新大赛优秀组织单位、吉林省人工智能特色单位、长春市首批科技型校园、长春市中小学知识产权教育试点学校、中国专利周系列活动优秀组织单位、长春市中小学知识产权教育试点学校发明展优秀组织单位。

每年，我校都根据当前研究热点与师生发展需求融合，研究主导性课题，并架构各级子课题，形成了金字塔型的课题研究蓝图。近五年来，有近 10 名教师出版了教育教学著作，350 余篇教育教学论文在国家级、省级、市级教育教学刊物上发表，近百项科研成果获奖。

2018 年以来，学校共有近 200 个国家级、省级和市级科研课题立项，200 余个校级课题、小课题正在按计划，扎实有序地开展研究。其中半数在 2021 年底以前已经顺利结题。2018 年 12 月，田娟校长为主持人的国家级课题"增强家庭教育有效性的方法研究"顺利结题。2023 年 8 月，我校选送的"聚焦核心素养，构建无边界教育"课题，被市教育局评为市基础教育教育教学优秀成果奖。2022 年，我校田娟校长和王海瑞校长在吉林省教科院成功申报两项课题，其中田娟校长的课题还被立为吉林省重点课题。

近几年来，我校坚持科研引领，已经形成由"吉林省科研骨干校长""市科研名校长""市科研名教师""省市科研骨干教师""校级科研骨干教师"组成的强大科研梯队，这些科研骨干教师在学校教育教学科研培训等方面发挥着积极的引领示范作用。此外，我校还有近50人次的教师组织、主持市区级的专题讲座、培训活动，彰显着我校骄人的教研科研成绩。我校教师的科研能力也逐年增强，主要体现在科研课题申报量逐年增加，500余篇论文、课例、案例、报告发表在各级各类教育教学刊物上。

2017年至2024年8月，学校师生在国际、国家、省市级科技竞赛中共荣获各类奖项365个，其中国际级奖项11个，国家级奖项5个，省级奖项329个，市级奖项20个。学校科技工作也得到高度认可，曾荣获全国青少年人工智能教育示范基地、宋庆龄少年儿童发明奖科技发明先进单位、全国青少年人工智能教育示范基地、全国青少年人工智能活动特色单位、全国科技活动周及重大示范活动先进单位等荣誉。

值得一提的是，2022年在第36届吉林省青少年科技创新大赛中，我校获奖作品共计116项，各类奖项获奖人数均位居全省第一，并将学生创新项目80项申请专利；2023年，第37届吉林省青少年科技创新大赛展示交流活动中，我校共有35件作品获奖，获奖项目总数占全省参赛总数的12.46%，位居全省第一！

科技教师团队以"课题式研究"为项目组，由组长申报与活力教育、科学教育相关的课题，组员分工制、课题责任制、成果应用制的方式，为科学教育教师探寻可持续发展的成长路径。银河小学已有国家级课题1项，省市级专项课题7项，"小学科学课中培养学生提出科学问题能力的研究""STEM教育理念下的科学学科教学策略的研究""无人机科普教育对促进中小学生创新能力培养的研究"……共有6个具体的研究方向，11位老师专业获奖，长春市骨干教师、吉林省教学新秀——龚丽娜，长春市教学新秀——张毓、王彬、石蕾，全国宋庆龄少年儿童发明奖指导教师——龚丽娜、王彬、李悦，长春市青少年机器人竞赛最佳科技辅导员——吕洋，中国国际科技促进会人工智能编程技术四级教师——赵春成……

当下，学校主导"面向未来的活力教育体系建设研究"课题被确立为吉林省教育科学院规划重点课题，现有 27 个子课题成功立项。学校以陶行知先生的生活教育论、创造教育思想为指导，按照"培训体系化——成长可视化——科研践行化——团队践行化"体系策略，为科学教育教师提供专业化的成长。

2. 盘活"家校社"，形成合力资源活利用

学校提供平台，开展亲子活动，开辟了更多的社会教育资源供学生去学习：科技专家走进校园普及海底知识；带领学生深入走进博物馆、科技馆参透自然奥秘；与吉林一号空间站合作参观；等等。这使得实践课程有的放矢，亲子关系不断促进；使得学生的科学视野不断被打开，强国梦想不断缔造使得社会资源有效利用，学习地点更加灵活。

3. 延伸"内核力量"，创造辐射行为展价值

我校以国家及地方教育部门重要指示为指导，以实践为根基，探索形成了自己的科学教育特色：在"五以"无边界教育及"活力教育"的理念下，以培养输送优秀人才为导向，以优化学生科技课程为目标，以拓宽科学教育活动为准则，形成有效的可操作实施体系和科学教育领头的发展之路。

（1）同学科专业辐射。教师的专业技能、学科视野、科创素养不断地内化和提升，并将所得毫无保留地分享各地，辐射引领同学科教师的专业成长。我校科学教师已有两位硕士研究生，所有科学教师曾多次在国家以及省市教材培训会上做培训讲座：2023 年组织或参与国家课程标准教材的试教工作，2022 年在吉林省小学作业设计与评价改

进专题研讨会上作讲座，2021年进行长春市秋季教材培训，2019年在教科版小学科学新教材全国培训会上作报告……这样的专业辐射得到同行的认可和喜爱。

（2）跨学科综合应用。科学教育对于我们来说，不仅仅是一个学科叫科学，而是语数英政史地生等等学科的综合运用，是综合这些科学的应用。所以由科学延展的人工智能社团交流、科学求真馆、3D创意设计、C++编程、AI创客秀场……在不同的学科中进行融合，以科学的视角进行解读与教育。"项目式学习"是我们研究的最适合科学教育的延展，除"风筝"主题式项目学习外，传统节日"端午节""中秋节"或"校节"也有项目式整合，将语文、地理、历史、数学进行科学教育的综合使用，跨界应用有的放矢。

（3）大区域协同发展。2018—2023年为雷锋学区做24节示范课，送课32节到协作校，带领协作校共进；每年的科技节、科技活动展示时，都会邀请兄弟校来学习参观，整合资源研讨、辩课；2023年整合省内同类优质学校，建立工作室和共同体，召开科技论坛现场会……至此形成特色、星级联创，实现共同发展。

三、未来发展

银河小学将延续打破传统学校边界和限制的思维，以学生的全面发展和个性化教育为核心，以创新和合作为主题，以信息技术为支撑，实现教育资源的共享和优化配置，促进学校与社会的互动和交流，推进教育的现代化进程，实现数字化转型，打造新型学校形态。

（一）可持续教学

行稳致远，银河小学将继续着眼教育的发展性和持久性，致力教育资源的可持续发展。加强对教师的培训，提高教师的教学水平和能力，确保教育质量的持续提升。设计具有可持续发展理念的课程，注重培养学生的创新精神和实践能力，提高教育的持久性。开发具有可持续发展理念的教材，注重教材的内容质量和可读性，提高教育的可发展性。

（二）数字化转型

通过不断实现教育资源、教学平台、教学评估的数字化，优化教育资源的配置，完善校园信息化建设，形成学校网络资源库，提高教育效率和质量，促进教育资源可持续发展。

（三）合作共享

坚持以人为本、推进素质教育是学校改革与发展的战略主题。教育资源的共享和合作是银河小学在引领示范、区域辐射、带动一方教育的发展过程中不懈的追求、责任与担当。

在未来日新月异的发展征程中，银河小学将继续不断加强校际合作，共享教育资源，促进教育资源的优化配置。加强与行业、企业等社会力量的跨界合作，共同开发教育资源，提高教育资源的多样性和实用性。

科研兴校致强，踔厉奋发致远。我校将坚定不移打造特色基础教育品牌，以科研为引领，以改革为动力，以管理为抓手，以质量为中心，形成"人人会研究，处处有研究，时时在研究"的科研氛围，在教育这片沃土上精耕细作，继续探索教育科研新路径，开拓教育科研新格局！行胜于言，而成于思。教育前行的道路是漫长而艰难的，但我们终将紧密一心，披荆斩棘，共同迎来繁花硕果。

（撰稿人：田娟　康志红）

深化办学理念　铸造品牌灵魂

长春南湖实验中海小学

校　　训：明德　博学

办学理念：有才而性缓，专注而幸福

一、办学理念

（一）办学理念

长春南湖实验中海小学（原长春市第一实验中海小学）是吉林省亿达教育集团旗下的一所全日制民办小学。自2006年建校以来，我校注重用最好的理念和最好的师资打造最好的环境，做最好的教育。学校兼具着传统特质和区域特色，秉承着长春市第一实验小学近百年的文化理念，以"有才而性缓，专注而幸福"的办学理念为根本，以高度的责任心与使命感践行"明德博学"的校训，秉持"幸福的中海、创新的中海、奔跑的中海、我们的中海"的中海精神，致力于培养现代化高素质人才。

（二）办学理念解读

"有才而性缓"——"有才而性缓，定属大才。有智而气和，斯为大智。"出自清代金缨的《格言联璧·存养类》。解释为"有才能而性情舒缓的人一定是大人才；有智慧而心气平和的人方称之大智慧。"

"专注而幸福"——懂得保持专注是一种智慧。培养持久专注力，静得下心、持之以恒，终有一天会在不断精进中迎来收获。幸福其实很简单，摒除杂念，方能不为外物所累；专注所爱，就会离梦想的远方越来越近。一个人做事越专注，越容易感受到幸福；一所学校做教育越专注，也同样越容易感受到幸福。

二、办学理念指导下的办学思路和取得的成果

（一）德育为先，异彩纷呈——办学理念指导下的德育工作

我校的德育工作全面贯彻《中共中央关于进一步加强和改进学校德育工作的若干意见》及《德育大纲》《少先队活动课程指导纲要》

的要求。以"四坚持六育人"的模式融合为德育体系之根本途径，自上而下、自下而上着力构建方向正确、内容完善、学段衔接、载体丰富、常态开展的符合中海校园实际的德育工作体系。创新德育活动形式，力求活动实效，树立经历即成长，多元发展促进思维发展的育人理念。

在全国首批"一校一案"《中小学德育工作指南》典型案例中，我校申报的《成德于行，润德于心》案例成功入围全国 50 佳。先后获得吉林省文明校园、吉林省美育示范校、长春市禁毒示范校、长春市绿色校园等。

注重学生社会主义核心价值观培育和爱国主义情怀塑造，推动思想道德建设工作在学校生根发芽、开花结果。我校共青团支部、少先队连续多次被评为长春市优秀共青团支部、长春市少先队优秀红旗大队、长春市红领巾宣讲团联盟校。我校现有 56 个中队，40% 以上的中队、中队辅导员先后获得国家级、省级、市级"优秀中队""优秀中队辅导员""特色小队"荣誉称号，2 名教师获得长春市德育学科教学新秀称号，12 名班主任在长春市班主任基本功大赛中分获一等奖、二等奖，2 名教师在长春市"五师"型技能大赛中获得一等奖。

不断完善学校现有的德育工作制度，保证各项制度能适应形势发展和学生具体特点，并建设相应的执行、督促、评估体系，保证各项制度的落实。以"中海学生画像"为导向，构建学生的自我教育体系。开展传承红色基因教育主题活动，"二礼四节"（开学典礼、毕业典礼、科技节、艺术节、体育节、文化节），"王者荣耀"评比、"生活小能人"活动、"中海农场"土地拍卖、果实收获节、"玩大赛"等特色活动，使学生内化于心、外化于行，努力把学生培养成为符合新时代思想道德要求的建设者和接班人；坚持学校教育与家庭教育、社会教育相结合，作为全国家校合作示范校和引领校，学校深耕校家合作，成立"家长讲师团"，正式聘任 200 余名家长讲师，促进学生和谐成长，打造无缝对接的德育网络。

近年来，我校学生在科技、文学、艺术、体育等赛事中取得优异成绩。

荣获各级各类奖项：在中国科学院科学传播局举办的"天地共播一粒种"活动中，8 个作品分别荣获科学微视频卓越作品奖、科学手绘优秀作品奖和观察日志优秀日志奖，获奖作品 3 次被央视新闻等国家级媒体采用并在全国范围内进行直播报道；7 名学生在全国三维数字化创新设计大赛中获奖；21 名学生在全国少年儿童世界"我们心手相连"绘画比赛中获奖。4 名学生获得省级"红领巾四星奖章"；12 名学生获得吉林省"优秀少先队队员"称号；10 名学生获得吉林省"新时代好少年"称号；8 名学生获得市级"红领巾三星奖章"；15 名同学荣获"长春市优秀少先队员"称号；21 名同学荣获"长春市优秀少先中队干部"称号。24 名学生在长春市首届编程大赛中获奖。连续几届吉林省青少年科学影像节中，36 个作品荣获奖项，其中 15 个以上作品入围"国家级"评选；63 名学生在吉林省青少年创意编程与智能设计大赛中获奖。

（二）以人为本，强化质量——办学理念指导下的教学工作

1.依托课标，赋能课程建设

（1）课程体系的多轮迭代。我校"四美课程"从 2018 年启动，经历了从"4+1"到"四美"的迭代升级。2022 年，课程成果代表吉林省推向国家评选，但我校并未停下探索的脚步，在新旧交叉地带构建课程新样态，统整学校三级课程内容逻辑框架，为学校持续内涵发展厘清脉络。

2023 年，学校兼顾国家课程、地方课程和校本课程，融合社团课程、选修课程、劳动课程和实践课程，充分挖掘校园资源、广泛利用社区资源，基于学生不同成长阶段的特点和需求，以立德树人为核心，

形成了"与生长同步，与生命同行，与生活同频"三个生态课程群组成的课程体系。

（2）实施 1+1 > 2 的单元整体化教学。学校围绕新课标出台，通过主题研讨与常规教学相结合的方式，以"主题—探究—表达"的单元整体设计，打破课时局限，以单元整体化视角优化教学，避免仅聚焦局部知识而无法获得结构化思维与素养，实现 1+1 > 2 的学习效果，为学生生态课程的学习筑牢知识与素养基础。

（3）开展多学科联动的跨学科主题学习。以"四美课程"为核心，将各学科内容进行有效统整，创设真实情境，以任务为驱动，通过主题学习和项目式学习等方式，联结学生的已有知识和生活经验，帮助学生建立跨学科、跨领域的思维结构。

开发了以传统文化为主线的"传统节日课程""二十四节气主题课程"；以科学探秘为主线的"小鸡孵化项目式学习""菜生菜系列项目化学系""STEM 课程"；以开阔国际视野为主线的"英语跨学科学习"；以解决问题为主线的学科系列综合与实践课程；以感受自然为主题的"寻找春天""走进秋天""感受自然""冰雪课程"等超学科课程，激发学生的好奇心和兴趣，提高学生的综合素养，培养学生的想象力和创新意识，让学生学有所思、学以致用。

通过"土地拍卖""农场竞标""跳蚤市场""蛋生蛋行动"以及"中海农场种植""观察日记"等丰富多彩的活动，极力打通课程和课堂、知识和能力、动手和实践、自然和社会、学校和家庭等之间的链接。

（4）形成"3+4"劳动课程体系。学校梳理了劳动课程结构（"3"：三个劳动课程培养目标；"4"：四种劳动课程样态），即校园劳动课程、家务劳动课程、农耕劳动课程、社区劳动课程四类课程。在学校中开展整理、摆放、清扫等日常劳动；以劳动清单方式在家里完成内务整理、烹饪、清扫、使用或维修工具等内容，实现劳动技能的递进式发展；学校充分利用校内资源，在小农场找寻、辨认成熟的果实并学习采摘方法，在菜园里采摘萝卜、白菜、辣椒等作物；利用综合实践课程资源，在伊通河畔捡垃圾，体会劳动对环境的影响，发展劳动意识。

2. 依托课程，教学硕果累累

（1）我校教师被评为各级骨干。学校现有区级骨干23人、市级骨干48人、省级骨干21人、省级学科带头人5人、国家级骨干教师1人，各级骨干占全校教师数的57.44%。

（2）在各级比赛中斩获佳绩。我校有26位教师获省"精英"、省"新秀"称号，省精英获奖人数约占长春市获奖总数的50%，占省里获奖总数的20%；55位教师获市"精英"、市"新秀"称号，人数与排名均遥遥领先。最强战绩是派出的所有参赛教师包揽六大学科现场授课第一名。

（3）培训送教，发挥示范作用。我校教师多次为国家级、省市各级骨干教师培训项目、校长培训、长春市集体备课、长春市统编教材培训、东北师范大学基础教研沙龙、长春市新上岗教师培训等做讲座、上示范课，为多所学校送课（2022年共计71次，2023年至2024年8月11次），为提升区域教学质量贡献了中海力量。

（三）科研引领，赋能提质——办学理念指导下的管理工作

1. 强化机制，建立健全制度建设

我校注重制度建设，建立健全相关制度和机制，树立以人为本、强化服务的意识，并大胆探索与推动发展新的领导方式、工作方法和工作作风。通过制度建设，在校内创设教师间相互关爱、相互帮助、相互切磋交流的学校文化氛围，增强学校的凝聚力。

2. 思政为先，加强教师思政建设

教师是人类灵魂的工程师，担负着党和人民赋予的光荣使命。近

几年来，我校通过一系列活动，加强教师思政建设，为教师成长提供有力保障。建立健全政治业务学习制度，定期召开全体教职工会议，进行党的教育方针、政策和形势教育，帮助教师树立忠诚党的教育事业的坚定信心，端正教育思想，转变教育观念。进行职业道德教育，树立教师的责任心、事业心、进取心，提高教师的思想修养和道德水平。

3. 科研兴教，加强教师队伍建设

我校一直将教育科研工作摆在学校发展的先导位置，在学校办学理念的指导下，形成了"科研兴师、科研兴教、科研兴校"的办学战略，坚持以教育科研为教育宏观的决策服务。

（1）全员科研。自建校以来，我校就成立了专门的课题研究领导小组，引领全体教师参与到主导课题的研究中。截止到2024年8月，我校共有8项国家级课题、14项省级课题、54项市级课题成功结题。在研的60项课题中包括国家级课题1项、省级课题16项、市级课题43项。近年来，我校教师获得众多各级各类科研荣誉：全国民办教育先进工作者、全国立德树人实践先进个人、吉林省科研先进校长、长春市教育科研名校长、吉林省科研先进个人、长春市教育科研名教师、吉林省科研骨干教师、长春市课题研究先进个人、全国首批"STEM教育种子教师"、长春市科研骨干教师等。

（2）全程科研。我校课题运行的过程遵循"实践、研究、摸索、再实践、再研究、再探讨、再梳理和总结"的研究规律。每一个课题从立项到结题，都是一个饱满的、动态的、不断提升的研究过程。扎实的实践与研究，提升了课题研究质量与水平，也丰实了研究成果。近几年来，我校教师公开发表论文200余篇，其中国家级81篇、省级74篇、市级51篇；科研成果获奖200余项，其中国家级24项、省级51项、市级159项。

（3）全新科研。我们以科研的视角定位和解读教育教学问题，确立内容丰富多元、角度新颖独特的研究课题，而且科研课题的研究涉及面广，切入点和落脚点精准，提升了教育教学的经验，丰盈了理论思想的深度与厚度。多年来，基于科研引领，视角不断创新，我校获得了各项荣誉：2019 年，被评为全国首批"中国 STEM 教育 2029 创新行动计划领航学校"、长春市教科文工会系统先进职工之家、长春师范高等专科学校合作基地、长春市青少年科普教育基地、长春市小学科学学科教研基地校、长春净月高新技术产业开发区大学区研训基地；2020 年，获职业技能竞赛"优秀组织单位"奖、吉林教育学会工作先进集体、净月高新区乡村教育现代化发展共同体研学基地、吉林省未成年人思想道德建设工作先进集体、全国第三批新样态实验校；2021 年，被评为市教育科研核心示范基地校、"十三五"长春市教育科研先进集体；2022 年，我校获长春市基础教育教学成果一等奖、吉林省基础教育教学成果二等奖。

（4）全域科研。为发挥我校科研优势，提高学术水平，促进学术交流，扩大社会影响，近几年来我校承办、开展了各级培训、竞赛、科研现场会 20 余次，我校教师在各级科研活动中交流经验 108 人次，开展"送课下乡""送培到校"39 人次。多种活动的承办和开展，营造了学校浓郁的学术氛围，提高了学校的知名度和认可度，为区域内教师的专业能力提升搭建了交流与展示的平台，增强了长春市、吉林省学术交流的品牌效应。

三、产生的成效

（一）特色办学，培养了全面发展的优秀人才

我校注重素质教育，以生为本全面发展，多元服务学生成长成才，

始终把立德树人、人才培养质量和效果作为检验一切工作的根本标准。在过去的几年中，我校学生在各类比赛中频繁获奖：在德国纽伦堡青少年国际发明创造大赛中，荣获 7 金 10 银 3 铜的优异成绩；在第十四届全国青少年冰心文学活动中，32 名学生荣获金奖；在第十五届宋庆龄少年儿童发明奖中获奖，我校学生是吉林省唯一入围国家级比赛的选手；在吉林省 2019 年青少年发明创造大赛中，2 名学生在全省近 600 个参赛作品评选中分别荣获金奖和银奖，其中我校获得优秀组织单位奖；在吉林省第四届机器人比赛中，4 名学生荣获趣味编程项目一等奖。

（二）团队协作，打造了专业精深的教师队伍

我校注重培养一个"人"，提升一个"团队"，重视每一位教师的学习与培养。建设教师实践共同体，实现教师队伍联动，是我校在办学理念指导下促进教师发展的重要策略。各教师实践共同体通过相互学习、相互交流，实现教育效益最大化、教育资源最优化。十几年来，我校打造了一支师德高尚、业务精湛、勇于实践的教师队伍，其中在读博士 1 人，研究生学历 47 人，本科学历 132 人，教师学历合格率达到 100%，任职教师专业合理，满足任教学科需求。

（三）协同区域，彰显了民办学校的硬核力量

我校以改革创新为动力，以创新未来学校为愿景，走集优化发展道路，深度推进五育融合，坚持传承创新，提升品牌质量，推进整体变革，成为长春市、净月区教育中兼具生长力、竞争力和影响力的优质学校。经过几年的探索，我校总结了"四美课程"校本课程体系可效仿、值得借鉴的经验，将优秀课程方案汇编成册，整理编辑学校课程宣传手册，梳理提炼优秀案例及论文在、杂志上发表，形成系列优质课程等研究成果；将成型经验与校本课程成果以讲座、优秀课例、视频、公众号等方式进行发布传播。作为"净月高新区乡村教育现代化发展共同体"

和"净月高新区项目驱动式大学区发展计划"的研训引领基地校，我们以校际共赢为目标，发挥各校优势互补作用，通过"四美课程"特色项目实施与推进，向兄弟校传递可借鉴的经验与模式，促进各校教育质量的均衡提升，形成共同发展、协同促进的教育新样态。我校的优质师资为城乡协调发展和乡村联盟校的教师团队建设，提供强而有力的专家智库和专业保障。通过经验交流、主题培训、跟岗研修等方式，快速提升联盟校教师的专业化成长，打造互联互通的帮扶新模式，加大教育资源开放的力度，搭建教育协作发展与创新的平台，形成各乡村联盟校的发展新动能。

四、对学校未来发展的设想

（一）指导思想

以习近平新时代中国特色社会主义思想为指导，全面贯彻党的教育方针，坚持以人为本、立德树人、依法治教、优质发展，紧扣时代脉搏，把握教育本质，以问题为导向，以目标为核心，以改革为动力，着力解决好人民群众关注的教育热点和难点问题，回归育人初心，回归教育常识，以凝聚创造未来教育的共识，全力打造符合新时代"优质、开放、创新、多元"发展的"智慧学校、赋能学校、共育学校、慢学校"。

（二）总体目标

我校着眼国家教育现代化总体战略，立足民办教育发展的目标和新要求，以立德树人为核心，以高质量发展为引领，持续推进学校教育现代化建设，深化学校管理的体制机制创新，持续增强学校办学实力，创新发展模式，改革育人方式，统筹办学资源，努力构建独特的中海校园文化。

近年来，我校稳步践行高质量发展的民办教育办学模型，实现"为每个学生个性发展、终身发展、可持续发展"的办学宗旨，努力实现"未来学校"的整体建设，全面提升学校教育服务经济社会发展的能力，努力建设成为全市树样板、全省高水平、全国有影响的现代化优质民办学校。

1. 发展支持个性化学习和合作学习的"智慧学校"

世界变化虽快，未来并非不可预期。信息技术推动学校变革的进程虽相对缓慢，但趋势已势不可挡；社会公众对教育日趋迫切的新期待新要求，渐渐成为学校变革的强大动力。现代信息技术应用于教育领域，基础设施建设、平台建设、学习终端配备、软件硬件开发，推动着学习资源、教学过程、学习评估、教学管理的数字化。支持个性化学习和合作学习是教育技术革命的核心价值，应通过流程再造，借助软件，改变以教师为中心、以课本为中心、以课堂为中心的教学，围绕不同学生的认知水平、认知特点组织学习。

2. 打造满足学生多样需求与综合发展的"赋能学校"

每一个孩子都是家庭的希望、祖国的未来，但并不是每个孩子都会成为精英，大多数注定成为普通人。时代变迁，如今相当一部分家长很难接受自己的孩子变成一个"普通"人，学校教育中"精英主义"的竞争和选拔也无处不在。中海小学将打造有"根"的学校，提供"活"的教育，帮助大多数学生拥有一颗"普通人"的平常心，为"普通人"赋能充电。"赋能学校"为孩子撑起一方自由、健康、快乐发展的天地，教育者应该呵护生命的尊严，耐心等待孩子成长，点亮孩子内心的火种，帮助他们找到人生方向、实现理想。

3. 成立三位一体、协同育人的"共育学校"

作为中国教育学会"学校、家庭、社会三位一体，协调联动，助力学生和谐发展"重点课题研究实验校，我校将不断依托课题研究、项目推进等多种方式提升三位一体、协同育人的实效性。形成"科学动态"最佳效能的教育体系，探索"协调联动"和谐共进的教育模式，构建"三位一体"全面育人的目标环境，搭设动态连贯的合作平台，形成各司其职、优势互补的格局。切实遵循"学校、家庭、社会相结合"的教育理论规律，探索一种学校教育制度化、系统化、科学化、规范化、网络化的新模式。

4. 构建从容温暖、合作激励的"慢学校"

每个孩子就像一棵幼苗，需要和风细雨、浸润培植。温暖的氛围、从容的节奏是学校该有的模样。学校需要"慢"下来，教师才能安心育人，家长才能减轻焦虑。中海小学努力构建"高合作、高激励"和"低评价、低竞争"的"慢学校"。"高合作、高激励"是指鼓励不同学科和不同年级教师合作备课、合作教研、共同开展文体活动、增加日常交流的机会，学生合作学习、合作研究、合作开展社团活动和校外实践等，以无处不在的正向激励为师生加油。"低评价、低竞争"是指减少竞争性评价和考试，用好增值性评价，用科学的学生发展诊断、教学诊断保证教学质量，把淡化竞争作为学校管理改革的重要目标。

（三）基本思路

学校在总结十几年来办学经验的基础上，结合当前教育改革与发展形势，在物联网和互联网融合的当下，在"以德为先，五育并举"的国家教育方针和"自觉教育"思想引领下，根据教育局、教育集团整体工作部署和全面指导，根据义务教育学校管理标准评估细则、长期委托管理督导评估各项维度和明细指标，根据学校发展的需要，构建中海小学"八维"生态教育管理系统与学习系统，探索"自觉人才"培养模式，培养"爱生活、求真理、会共处"的适应未来社会发展的优秀中海学子。围绕"文化建设、课程改革、教学管理、队伍建设、教育科研、学生发展、行政服务、社会支持"八大核心发展要素，制定相应的八大提升策略，促进学校全面优质高效可持续发展，努力实现文化立校、文化育人的良好教育生态。

1. 课程建设方面

对标统整与特色，实现"全面＋个性"，构建具有鲜活生命力的多元课程体系，实现课程统领学校发展的目标，打造中海品牌课程，赋予学生生长的力量，促进学生可持续发展。

2. 教学管理方面

对标过程与实效，实现"扎实＋优质"，构建人文性与科学性兼备的管理体系，建设"网格化管理系统"，打造高质量课堂，全面助推学校高品质发展。

3. 教师队伍方面

对标指导与共生，实现"内生＋外辅"，构建具有生长性的教师团队，建设"教师共同体"，打造名师品牌，带动教师队伍群体发展。

4. 教育科研方面

对标研究与提升，实现"协同＋共享"，注重科研团队建设，创新教科研工作机制，构建"科研＋教研＋培训"三维一体教师素养提升体系。

5. 党建师德方面

切实增强做好"党建＋师德工作"，从"双线融合"的高度，组织党建系列工作，相互融合、相互促进的推进机制，把办学思想与党组织政治核心工作完美结合起来，为学校的健康发展指引方向。

6. 道德教育方面

对标纲领与体系，坚持以德治校和依法治校相结合报抓德育常规工作，注重观念更新，不断创新德育方式，形成德育特色，完善德育体系，打造德育品牌。

7. 后勤管理方面

提升服务水平，提高服务意识，岗位职责明晰，完善制度建设。做好基础设施不断优化改造，完善学校相关配套。打造标准化的后勤管理模式。

未来，我校将继续走"内强素质、外树形象、打造品牌、高位发展"的办学之路，实现优质教育资源的整合与放大，办学质量将实现新的突破与飞跃，实现学校的快速发展、科学发展和可持续发展。通过加强质量建设、建强师资队伍、深化教育改革、加大教育投入等途径，办好人民满意的教育。

（撰稿人：杨波　周丽艳）

以自主之光，绽放生命之彩

——"自主教育个性发展"办学理念探索与实践

长春市第一实验东光学校

校　　训：明德博学　报效祖国

办学理念：自主教育　个性发展

新时代呼唤新教育，新教育当有新作为。为了培养新的历史背景下适应新时代发展需求的新型人才，长春市第一实验东光学校提出"自主教育、个性发展"的命题加以研究、探索，促进学生德、智、体、美、劳全面发展。实施自主教育，是一场教育革命，是一场走出书本中心、走进学生发展的革命，是一场挑战传统教育的革命，是创造适合学生发展的教育认识、教育思想转变的革命。只有认真研究、成功实施自主教育，才能完成培养实现中华民族伟大复兴的建设者和接班人的历史使命。

一、以立德树人为根本，明确办学理念新内涵

"自主"指自己主动，不受别人支配，自主教育从生命个体"人"的内在成长与发展出发，在给定环境下关注个体在成长与发展的过程中尊重个体差异、培养个性思维，是促进个人或团体自主生活、自主管理、自主发展，追求自强自立的教育体系或教育理念的过程。

个性亦称"人格"，指个人的精神面貌或心理面貌，是个体独有的并与其他个体区别开来的整体特性。个性发展是指在个人的生理素质基础上，在一定社会和历史条件下通过实践活动获得人格的形成与发展的过程，也是中小学生获得全面发展的过程。

"自主教育、个性发展"指通过自主教育策略促进学生发展自己，完善自己，成为有尊严的人，在德、智、体、美、劳全面发展的基础上，进一步激发其创造力和个性潜能，进而实现个性发展，让每个学生都成为最好的自己。

二、以自主教育为引领的办学思路及实践探索

（一）厘清高质量发展新方向

学校在充分调研的基础上，着眼于顶层设计，实施高位引领，确

立了"自主教育、个性发展"办学理念，实施"1234567"行动，并以此为行动指南，推动学校课题研究工作扎实有效开展。

一种精神：担当有为、团结向上。

两个一致：理想信念与党中央保持一致；教育教学与教育方针保持一致。

三个策略：集体领导，分兵作战；提前规划，分期落实；关注细节，分步实施。

四项目标：高质量、有特色、开放式、国际化。

五维文化建设：建高雅的开放文化；建致雅的环境文化；建静雅的课堂文化；建和雅的交往文化；建博雅的育人文化。

六个意识：全局意识；合作意识；精品意识；服务意识；节约意识；未来意识。

七项工程：党的建设品牌化工程；教学质量优质化工程；德育活动特色化工程；队伍建设未来化工程；科研引领前瞻化工程；护蕾社团精品化工程；后勤服务精细化工程。

（二）深耕高质量课程改革新沃土

1. 推进队伍建设，构筑实践探索保障

（1）健全机制，以制度建设强化科研保障。成立新科研发展组织机构，形成四级科研管理网络，营造浓厚的科研氛围。在学校原有课题研究制度的基础上，修订完善了《教师业务学习制度》《教学调课制度》《信息技术应用与管理制度》等规范教师研究行为。实施科研考核机制，激发教师研究热情，持续推动教育科研向纵深发展。

（2）锤炼技能，以队伍建设集聚科研底蕴。学术引领，组建研究共同体。组建由校级领导、中层干部和各级骨干教师为团队的研究共同体。通过线上与线下相结合的方式定期组织学习交流活动，开阔视野，更新理念，为打造研究型教师队伍提供学术支持。

多措并举，开展科研培训活动。"进出"一体化培训。"十三五"期间，学校投入二百多万元用于开展教师培训、建设功能室、增加器材、订购图书等，先后派出200多人次到北京、上海、南京等全国各地学习先进的科研理论和经验。同时，邀请多名省内外专家来我校进行专题讲座，提升教师科研素养。校内专业化引领。发挥校内专家优势，开展系列科研论坛，以专业引领辐射校本、组本专业发展。校长、主任及骨干教师定期进行经验分享，提炼教学主张。葛岩校长做了题为"研以为尚，秋以为期"专题讲座，为学校课程建设、课堂教学及德育实践的深入探索提供了丰富的理论及实践指导。教师自主化研修。定期开展阅读报告会，分享阅读收获。为老师们购买图书，为专业发展蓄能。观看《大师》，唤醒教育热情，助推教师专业成长。每周开展网络论坛，校级领导、中层干部、教研组长、年级组长、骨干教师轮流担任主持人，自主搜集论坛主题，发布到教师工作群供大家学习交流，激活教育智慧，升华教育理解。开展"两字"基本功训练，全员练写钢笔和粉笔书法，采取日练笔、周展示、月总结、年展评的形式，让翰墨之香飘溢校园。定期举行书法比赛，邀请书法专家讲座指导，提升书法水平。开展教育写作活动，要求教师每学期撰写一篇教育文章，表达教育教学观点、策略和主张，以专业写作促进专业发展理性提升。

2. 聚力课题研究，探索课改实施路径

学校采取行政推动—部门联动—师生主动的"三动"策略，以"大课题引领—子课题牵动—小课题落实"的"三题"方式，实施项目推进，全面铺开，全员参与。

（1）主课题定标领航。从"完善自主文化、实施课题培训、创新德育途径、打造生本课堂、加强队伍建设、推进家校合作"六个方面预设具体研究方向。

（2）子课题细化实施。围绕学校主导课题，各职能部门负责确立子课题："中小学生养成教育的行动研究""中小学生自主教育课堂建设行动研究""中小学生自主活动的行动研究""促进中小学生自主发展的课程建设研究""促进教师自主发展的课程建设研究""中小学生自主评价的行动研究""创新管理机制保障自主教育实施的行动研究""信息技术背景下以智慧教育培养学生创造力的行动研究"。

（3）三项行动夯基固本。

①课程建设行动。基于学生全面发展和学校内涵发展的需要，依托国家课程和师生发展实际，探索适合学生自主发展的特色课程体系，以晨读、阳光大课间、护蕾行动、劳动教育为载体，多措并举，助力学生全面发展。

②课堂建设行动。实施深度课改新样态必须扎根课堂。在共同体学习研究的基础上，确定课改思路，以常规教研为载体，利用"调课"实施教研一体化活动，开展"借助导学案、学习任务单提高学生自主学习有效性的研究"，重点凸显学生自主学习能力培养，引领学生自主预习、自主思考、自发探究、自信表达、自主成长。利用青年教师大赛课、优秀教师研讨课、骨干教师观摩课活动锤炼教师课堂实践能力，利用送课下乡、各级大赛展示课改研究收获。

③德育实践行动。围绕"一切为了学生的自主发展"指导原则，实施体验式德育建设行动。历经深入学习、提高认识——找准定位、制定规划——深入创建、总结提升三个阶段。通过个性化的社团活动建设、富有特色的校家合作模式及联合社会优势资源，最大限度地为学生自主成长搭建平台，发展学生个性潜能。具体实施过程中重点培养学生"十自"习惯，突出德育活动的实践性、开放性、自主性、生成性。

3. 梳理实践成果，赋能生命自主成长

（1）学业更新，打造课程建设新体系。学校构建了"三位一体"的"一本三性"课程体系，即将学校、家庭、社会三个教育载体进行有机融合，构筑以学校教育为主渠道、以家庭教育为重要阵地、以社会教育为重要辅助途径的教育网络。

"一本三性"即以学生发展为本，开发普及性、选择性、探究性校本课程。普及性校本课程面向全体、全员参与，依托晨诵、午读、仪式、节日、阳光大课间、家庭亲子教育等活动，传承文化，强健体魄，培养科学精神与学会学习的能力；选择性校本课程以"护蕾计划"为载体，开设语言与文化、数学与思维、艺术博览、体育与健康、科技创新五大类社团课程，尊重自主选择，着力发展学生个性；探究性校本课程主要开展劳动实践、主题参观和项目学习，借助学校自建的劳动基地、创客空间、省博物院等校内外资源，为学生提供体验和探究的平台，培养责任担当精神和实践创新能力。

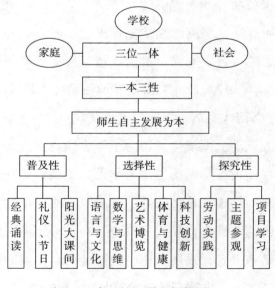

"一本三性"课程框架图

（2）学科深耕，生成自主课堂新模式。打造"三五三"自主课堂模式，让课堂充满生命的灵动，为其终身学习奠定坚实的基础。

"三五三"教学模式解读：

三：三个教学组成部分——课前自主预习、课中自主探究和课后自主拓展。

五：五个"课中自主探究"环节，明确任务，预习反馈——自学完善，诊断指导——交流探究，启发引领——整理汇报，评价总结——检测达标，解决问题。

三：三种学习方式，自主预习、小组合作、巩固拓展。

"三五三"课堂教学流程：

①课前自主预习：课前教师依据课标和教学目标，基于学习需要设计导学案；学生基于导学案完成教学资源的查找、整理，记录疑惑，完成课前自主预习，实现先学后教。

②课中自主探究：采取合作学习形式，通过讨论、质疑、实验、辩论解决问题，实现自主学习、自主发展。

明确任务，预习反馈：教师课前检查前置性作业，对学生预习情况及时做好记录，上课伊始，对学生预习情况进行总结，同时根据学生的预习情况确定本节课目标。

自学完善，诊断指导：学生根据预习中存在的问题，重新修正自己的预习笔记，进行修改、完善，教师给予指导。

交流探究，启发引领：学生通过自学，对新知有了自己的认识和看法，然后在小组内交流，分享自己的学习所得，再不断完善自己的预习内容。如果有分歧，继续进行深入探究，直到达成一致。如果未能达成共识，把问题记好，倾听其他小组的汇报或老师给予点拨指导。

整理汇报，评价总结：小组同学在全班汇报探究成果，教师巡视、记录发现的问题，选取有代表性的小组先汇报，引发全班同学思考辩论，教师适时调控，运用多元手段实施评价，把握探究的深度和广度，引导学生对知识点进行总结、提炼和适度拓展，帮助学生加深理解。

检测达标，解决问题：教师根据教学目标和教学重难点，拟定测试题，当堂检测学习效果，及时反馈问题，及时解决，必要时进行专项训练，使问题得以真正解决，提高教学效率和效果。

③课后自主拓展：采取适合的形式巩固拓展学习内容。巩固性作业：围绕目标、重点内容布置作业，加强对新知的理解和掌握。拓展性作业：根据所学内容进行拓展练习，扩大知识的外延，拓展学生的思维。达到课虽终，但思考仍在延续的效果。

借助信息技术提升课堂实效。云端资源是学生开展自主学习的有效载体。借助国家、省、市教育资源云平台和网络学习空间，在课前、课中、课后引入恰当资源，助力学生自主、合作、探究学习行为的发生。同时，利用学校智慧教室引入电子书包，将信息技术与学科教学深度融合，丰富学生学习资源，提高生本课堂实效。

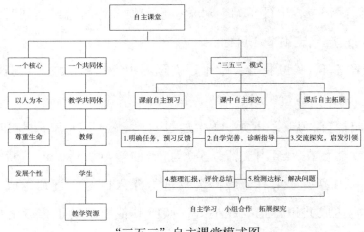

"三五三"自主课堂模式图

（3）管理精进，架构德育活动新方向。

以培养"全面发展的人"为出发点和落脚点，构建"王维素养"生态德育，达成"有品行、有智慧、有体魄、有美感、有底蕴"的教育目标，促进"雅气质、宽胸怀、勇担当、会思考、善合作、富创意、乐生活"个性品质的形成。锤炼"跳绳、唱歌、吟诵"三项技能，打造"阳光、明礼、立志"三张名片。

I. 抓重点，筑人文德育之基。

①科学规划，形成策略。构建科学的管理策略——一点三线。由德育校长牵头的德育管理队伍，以此为点，形成三线：学生发展处和团队整体安排学校德育工作；年级组长和班主任是德育管理工作的中坚力量；学生会干部和大队委构建学生自主管理及服务体系。

②立足常规，关注细节。学生德育工作以学生养成教育为主线，贯穿于教育教学活动的每一个环节、细节中。学校狠抓常规管理，要求教室做到"五净二齐一无三一样"。五净：即地面净、门窗净、墙壁净、桌面净，走廊过道净。二齐：即桌椅摆放整齐、物品摆放整齐。一无：即无脏乱杂物。三一样：即上午下午一个样、室内室外一个样、有无检查一个样。

③树立典型，见贤思贤。在多元文化的社会背景下，我们倡导主流文化，并将其作为旗帜予以彰显和推崇。校外，引导学生向劳动模范进行学习；校内，每周对先进班级授予流动红旗班的称号，反复宣传典型事例。

④课程保障，营造环境。我校构建了具有学校特色的八大德育课程：人物品读、品读节气、我们的节日、非物质文化遗产、我的家风故事、仪式教育、法治与安全、科技教育。定时间、定内容、定负责人，确保德育课程实效，润育学生言行。

Ⅱ. 展亮点，提生态德育实效。

①体验载体多元化。开发了三类德育课程——校内多彩实践课程、"社会大课堂"场馆课程、示范性综合实践教育基地课程。以"体验式"德育活动为载体，增强德育工作的针对性和实效性。通过社团活动和研学活动，尊重学生个性差异，在体验中促进学生个性发展，培养学生创新精神和实践能力。以重大节日活动为依托，利用升旗仪式、班团队会等形式开展丰富多彩的活动，进行理想信念教育。开展读书漂流活动，建设书香校园。

②教育网络一体化。完善学校、家庭、社会三位一体的教育网络，形成教育合力。学校采取线上与线下相结合的方式开展家校沟通，指导家长科学开展家庭教育，家校融合促进学生全面成长。利用长春理工大学、心语协会等校外优势资源，为学生提供科技、心理辅导等主题体验，增强学生的自主沟通和交往能力。

Ⅲ. 秀特色，谱书香德育新篇。

①诗书礼乐进校园。我校结合市教育局"诗书礼乐"进校园活动，将打造书香东光作为我校德育品牌。开展"七个一"活动，班级四个一：清晨诵诗一首，课间合唱一曲，午后日读一页，放学习字一法。学校三个一：每日一句，每周一诗，每月一礼。丰富多彩的活动为学生搭建了彰显个性的平台，生命潜能在个性发展中绽放。

②"八礼课程"育言行。将"八礼"课程——仪表之礼、餐饮之礼、仪式之礼、言谈之礼、待人之礼、行走之礼、观赏之礼、游览之礼纳入教育常态，紧紧围绕学生的认知特点和日常需求，为学生量体裁衣，习惯养成、自主管理润物无声般融入有声有色的日常德育教育。

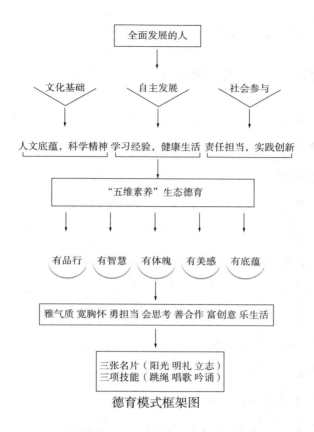

德育模式框架图

三、以品质提升为目标，铸就学校发展新篇章

几年来，学校不断提升科研工作内涵，营造了"问题即课题，工作即研究，成长即成果"的浓厚科研氛围，全面提高了教师的科研能力，促进了学生的可持续发展。学校先后被评为国家级课题实验校、吉林省校本科研基地校、吉林省文明单位、长春市教育科研先进校、长春市教师专业发展型学校示范校等 20 多项荣誉。编撰了《自主教育》校刊、校本教材、科研成果集 20 多册。十三五期间，60% 以上的教师在各类大赛中获奖，50 多篇科研文章在各类刊物上发表，培养科研名校长、名师和骨干 35 名。在各类书法、阅读、艺术大赛中，获奖率达到参赛学生的 70% 以上。在教育科研引领下，"自主教育个性发展"办学理

念充分彰显，学生综合能力全面提高，教育教学质量显著提升。

四、锚定高质量发展，学校未来建设的新设想

"中小学生'自主教育、个性发展'的行动研究"是当下教育实践探索的热点话题，学校实施此项课题研究强力推进了学校特色发展。在自主教育的前行之路上，学校积累了一些经验，也引发了诸多反思，如"自主教育"与"他主教育"的协调实施，自主教育特色定位与"五育并举"及国家"双减"政策的高度契合，学校自主教育文化的高度凝练及自主教育评价，都是学校下一步研究的重要主题。展望"十四五"，长春市第一实验东光学校将本着传承与发展、拓展与提升的原则，谋先度远，闻道笃行，持续探索，求实创新，朝着"高质量有特色开放式国际化"办学目标不断迈进。

（一）多维共进，有效落实全面育人新理念

1. 落实立德树人根本任务

构建中小一体化的思政工作体系，形成以思政课为主，各类课程与思政课共同育人的新格局。建设"三全育人"体系，不断拓宽育人渠道，改善育人环境，提升育人能力。加强社会主义核心价值观教育，将社会主义核心价值观融入教书育人全过程。推进文化传承和文化育人，让学校成为优秀文化传承的重要阵地和思想文化创新的重要源泉。

2. 促进学生身心健康

树立健康第一的教育理念。扎实做好学校卫生与健康教育，逐步完善隐患排查、监测预警、应急处置等传染病防控工作机制。全面加强学校体育改革，促进学校体育均衡发展。完善学校心理健康服务体系，推进心理健康教育特色学校建设，促进学生身心和谐可持续发展。开展学校家庭社会协同育人活动，促进学生德智体美劳全面发展。

3. 提升学生审美能力

厚植学生文化底蕴。开展全民读书活动，感受中华五千年文化的博大精深，增强学生的爱国情怀。开展大练书法活动，陶冶学生性情，培养学生审美意识和情趣，丰富学生的课余文化生活。通过全面构建劳动教育体系，开展知行合一多元化劳动实践，培养学生良好劳动品质。

（二）多思博想，精心谋划学校高质量发展新举措

1. 推进教育教学改革，促进教育教学质量稳步提升

加强课程建设，完善课程体系，培养学生特长，促进学生全面健康发展。丰富多元评价体系，推进教育信息化进程。强化教学常规管理。有效落实国家"五项管理"和"双减"工作要求。严格落实义务教育入学政策。完善招生管理办法，建立招生范围、招生计划和招生结果公示制度。

2. 创新德育工作模式，增强学校德育管理工作实效

《国家中长期教育改革和发展规划纲要》中明确提出，坚持德育为先、坚持能力为重、坚持全面发展。因此，学校通过"三个创新"推进"养成教育""德育课程"和"德育管理"三大体系构建，促进学生的道德认知、行为养成、人格发展、心理健康、情感态度的全面发展。一是创新教育内容，规范养成教育。二是创新育人途径，规范德育课程。三是创新工作机制，规范德育管理。

3. 落实科研兴校策略，引领学校快速实现内涵发展

科研是对学校管理和教育教学工作的引领和推进，是日常工作的积累，也是客观的观察，是理性的分析，更是反思后的实践。建立由教师发展处牵头，各有关部门共同参与的教科研领导机构，主要通过对四项着力点的研究推进，提升学校的工作实效。一是着力于师生双主体发展，推进人人科研导向。二是着力于提高科研理念，全力推进

科研培训。三是着力于教师科研能力，全面推进校本研究。四是着力于成果共享，全方位推进科研交流。

（三）多措并举，大力激发学校改革创新新活力

1.加强学校文化引领，充分提升学校前行文化品位

校园文化建设是学校培养适应时代要求的高素质人才的内在需要，也是学校个性魅力、办学特色和综合水平的重要体现，学校以"适合＋自主"为文化的主旋律，重点从内部和外部两个方面入手积极营建校园文化。重点采取以下三项策略：厚植文化的"体"，落实文化的"形"，提升文化的"魂"。

2.加快激励机制建设，充分激发师生工作学习热情

好的激励机制，对于调动和激发师生的工作与学习积极性至关重要。一是建立教职员工激励机制，二是建立学生激励机制。以机制建设激发师生自主发展动能。

3.加大队伍建设力度，充分提高教师队伍整体水平

学校将加强干部、教师、班主任三支队伍建设，促进学校教师队伍整体水平明显提升。干部队伍建设策略。一是对干部队伍进行角色定位，二是干部素质要一专多能，三是干部管理要一体多维，四是干部任用要周期竞聘。教师队伍建设策略。围绕"一个核心"，即以发展教师综合素养为核心。明确"两大任务"，即一方面借助全员参与的校本研究制度与氛围，建立学习型组织，一方面依托新一轮课程改革，促进研究性教师的培养。具体落实"六推进"行动：推进师德师风建设，推进师生共同阅读，推进骨干教师引领，推进教学实践提升，推进教师信息素养提高，推进身心健康保障。班主任队伍建设策略：以四个"强化"提升班主任队伍整体水平。一是强化责任主体，二是强化择优选拔，三是强化常态培训，四是强化德育研究。

（四）多方联动，努力跃升学校治理现代化新台阶

1. 健全各项管理机制，实现依法治校工作完善升级

全面加强党的建设，坚持用党的政治建设统领学校党的建设工作。全面加强思想建设，坚持把学习贯彻习近平新时代中国特色社会主义思想作为首要政治任务。全面推进依法治校，加快学校章程建设，健全章程执行、监督及评价机制建设。

2. 推进智慧校园建设，努力营造智慧教育新环境

全面推进智慧校园建设。凭借长春市 5G、人工智能、云计算、物联网、大数据、区块链等新一代技术基建工程的实施，学校先行先试，争做首批"智慧校园"试点校。加强智慧校园管理与服务。

3. 加强校园安全管理，完善"平安校园"能力建设

强化应对重大突发事件措施，抓好应对重大卫生事件的体制机制建设，建立健全"一案、三库、五制、一评估"为核心的学校突发公共卫生事件的应急机制。

4. 推动学校自主管理，提升学校治理现代化水平

有效把握学校办学自主权。尊重教育发展规律，把握学校办学自主权。提升学校办学改革内生动力，增强学校办学内生动力。

（撰稿人：葛岩　何国军）

砥砺奋进九十载　同心筑梦谱新篇

长春市第二实验小学

校　　训：乐学·明礼
办学理念：生动活泼　全面发展

长春市第二实验小学始建于 1935 年，目前学校拥有净月和本部 2 个校区，79 个教学班，3000 余名师生。多年来，学校传承"责任·向上"的学校精神，坚持"生动活泼，全面发展"的办学理念，以"乐学·明礼"为校训，以"快乐教育·筑梦成长"为美好愿景，不断向"高质量、有特色、现代化"的办学目标迈进，先后获得全国文明校园、全国名校联盟示范校、全国群众体育先进集体、全国红旗大队、首届新样态学校等多项殊荣。

九十载的风雨流逝，美丽的校园从历史长河中走来，"责任向上"的力量是二小人代代传承的凝聚。二小历史上有刘靖慧、曹魁珍等这些闪亮的名片，二小精神就在这样的接力中传承。今天的二小以改革发展为动力，在立德树人的创新中看核心素养的落地，在教书育人的实践中看师德师风的养成，在对标高位的追赶中看质量品牌的影像，在面向未来的谋划中实现老牌名校的振兴，力争在长春教育事业高质量发展的建设中，成为综合改革的成功范式学校。

一、为有源头活水来——学校办学理念的形成

早在 20 世纪 90 年代，中央电视台、《人民日报》海外版、《中国教育报》等部门对学校的素质教育工作进行了宣传报道。1994 年，原国家教委主任朱开轩、副主任柳斌到校视察工作后，对我校素质教育的落实给予高度评价，柳斌当场欣然题字——生动活泼，全面发展，既对我校工作做出了评价，也为我校的发展指明了方向。

生动活泼的内涵：渗透于学校各项工作中。在德育工作中，学校开设音乐、科技、外语、书法、田径、计算机等多个社团小组，通过丰富多彩的形式，不断增加活动的文化内涵，以情激情，让学生在活动的创新里走进自然赏风景，走进社会见世面。在校园文化建设中，

让校园文化对学生道德素质、心理素质的形成起到潜移默化的作用。营造良好的氛围，开展多种有益于学生身心发展的、学术的、文娱的、体育的活动，使学生受到良好的校园文化的熏陶，培养他们健康的心理。在教学中，根据学生的心理特点、年龄特征、情感特点，注重创设一种愉悦、宽松、平等的课堂氛围，创造灵活多样的教学方法，充分发扬民主，引进现代化的教学手段，培养学生的求知兴趣，运用多种艺术化的手段，从而引发思维，将掌握知识、发展技能、陶冶情操的教育目标落到实处，力求使学生情智和谐发展。

全面发展的内涵：使全体学生在德、智、体、美、劳诸方面全面、主动发展，使学生成为有理想、有道德、有文化、有纪律的社会主义建设者和接班人，形成合理的包含思想道德、知识技能、身体心理诸方面要求的素质结构。以学生为核心，促进每个个体与社会发展目标和谐一致，主动开发个人潜能，争取个性的最佳发展。

二者关系："生动活泼"轻负担，"全面发展"育人才。"生动活泼，全面发展"既体现一种教育思想，又表现为一种实践模式。让学生在愉悦和谐的环境中，积极主动、全面发展。"愉悦和谐"是基础，"积极主动"是核心，"全面发展"是目的。使学生不仅长知识，而且长智慧，不仅学文化，而且会做人。在国家教育方针的指导下，从学生身心发展的不同特点出发，着眼于教育教学全过程的各个环节，德智体美劳五育并举，促进学生生动活泼地全面发展，使学生真正成为有理想、有道德、有文化、有纪律、高素质的、适应社会主义新时代发展要求的合格人才。

二、绝知此事要躬行——办学理念的实践与探索

（一）强党建之基，筑育人先锋之魂

习近平总书记强调：培养什么人、怎样培养人、为谁培养人是教

213

育的根本问题。学校始终以习近平新时代中国特色社会主义思想为指导，全面贯彻党的教育方针，以立德树人为根本任务、以提高教育教学质量为中心任务、以深化师德师风建设为重点任务，努力构建学校党建工作新格局。

一在深化"学"字上下功夫，增强理想信念。开展"英雄讲堂""红烛讲堂"活动，老师、学生、家长都是活动中的主讲者和宣传者，通过贴近心声地讲解、感人至深的故事、纯正的红色基因等为学校营造良好氛围和打造思想过硬的教师队伍奠定基础。二在深化"做"字上下功夫，落实育人铸魂。打造"党建＋德育""党建＋教学""党建＋教研"模式，实现课程育人、文化育人、主题教育育人、品牌活动育人、特色课程育人新体系。三在深化"建"字上下功夫，内推工作效率。通过"三会一课"，开展座谈会、宣讲会、书写党章、高唱红歌等形式，营造党建氛围，倾力打造大党建格局。四在深化"廉"字上下功夫，永葆党员本色。完善师德建设，打造师德高尚教师队伍；加强环境建设，深入创建良好廉政氛围；坚持校务公开，凝心聚力促发展；强化标本兼治，抓好全面从严治党。

（二）以真诚做奉献，建科学人文管理文化

二实验小学学校文化的核心是在长期的办学过程中形成的，全体教职员工对"生动活泼，全面发展"这一办学理念高度认同，并由此不断生长出学校发展的强大动力。

随着办学规模、硬件设施、校园物质环境达到现代化的水准，学校管理逐渐走向精细化，由追求量的扩增转向追求内涵的发展。我们重新审视学校管理文化，并在探索中开始建设。着眼于学校的内涵发展，进行愿景管理，愿景的清晰使学校管理成了教师精神的引领，个人发展的方向和路径随之明了。全体教师在共同的发展愿望中自觉行动，收获成长。我们还将不断赋予管理以智慧，不断张扬管理人性，创立管理特色。

（三）坚持立德树人为根，多元浸润助力成长

1.德育管理精细化

学校以《德育目标化建设活动课程标准》为指导，实施和完善"13923"德育工程体系，即：

一个中心——明礼

三条轴线——知礼（积累知识）、尚礼（形成观念）、有礼（化为行动）

九大领域——"讲团结会交往、讲文明学礼仪、讲节约惜资源、讲安全会自护、讲孝道爱父母、爱祖国有责任、爱集体守规则、爱学校护环境、爱学习惜时间"

两大途径——活动引领与榜样激励

三级管理——由德育副校长、德育主任和后勤主任、值周教师和班主任组成三级管理体制。

2.学生评价立体化

在实践中，我们摸索出了学生行为评价的基本流程：个体自我评价→伙伴团体评价→家庭、邻里成员评价→教师评价→个体第二次评价。通过校园吉祥物"多多"和延伸出来的11种"多多币"（明礼、聪慧、健康、才艺、勤劳、互助、诚信、友善、公益、快乐、梦想），实现对学生的全面评价，激励学生形成乐于助人、努力上进、勤奋好学等美好品质，让学校的教育不仅有意义，更充满趣味。

3.课后服务多元化

为践行"双减"政策，落实五育并举，助力学生的全面发展，学校不断优化课后服务的形式和内容，以满足学生的个性化需求，使课后服务延伸的不仅仅是时间，更是学生成长的多彩舞台，目前学校基

本上实现全员托管。

（1）静态课后服务。我校以学生"不懂就问"，老师"有问必答"的方式，采取作业分层设计、面批面改、个别辅导等方法，注重对学有困难的学生加强帮扶，对学有余力的学生给予指导。并结合学科属性设计并开展学科特色活动，同时根据学生年龄特点，将课程分解细化为年级小课程。以此激活学生学习的自主能动性，充分调动多种感官体验，发展思维，全面提升学生的学科核心素养和综合素养。

（2）动态课后服务。学校坚持以人为本的育人理念，依据学生身心发展特点和兴趣爱好，共成立了36个特色社团，课程内容涵盖了国学、体育、艺术、劳动、科技等领域，全力为学生配齐配优"好吃又有营养"的成长菜单。

学校课后服务动态社团一览表

一年级	二年级	三年级	四年级	五六年级	
书法社团	手工彩泥	小杜鹃合唱团	跆拳道社团	篮球社团	创意动手做社团
羽毛球社团	身体素质社团	快乐天使体适能	足球社团	趣味古诗文	快乐理科社团
科创天地	以棋会友社团	花样跳绳	书法社团	漫画	钢琴与视唱练耳
生动折纸	童趣童做	舞蹈社团	图形化编程社团	跆拳道社团	魔幻沙画
流行街舞	水墨画	诗词中的传统节日	趣玩科学	传统纸艺	
身体素质社团	国学经典小课堂	美术乐园	心灵体验工坊		
	羽毛球社团	编程机器人	流行街舞		

经过几年的实践，我校先后荣获"优秀少儿美育教育示范基地""歌咏活动先进单位""长春市中小学艺术节活动优秀组织单位"等称号，

曾获"千童之声"合唱大赛、器乐大赛、集体舞蹈大赛一等奖，2023年长春市中小学羽毛球比赛4~6学年单打冠亚军，全国青少年羽毛球体育俱乐部联赛冠亚军，篮球社团、羽毛球社团被长春市教育局评为长春市优秀社团。

（四）教学科研同步一体，提升教学质量

1. 构建"五育并举"校本课程体系

课程是学校教育的根，树无根而不生。学校依据国家《义务教育课程实施方案》，本着面向全体学生，提高学生核心素养的课程理念，严格按照国家课程标准和计划开齐、开足国家、地方、学校三级课程。经多年的不懈探索，现已形成体育、艺术、科技2+1+1课程体系，悦读课、教育戏剧课、篮球课、旱地冰球课、足球课等特色校本课程，为学生提供了丰富多样的课程资源。学校获得首批"吉林省科技示范校""全国青少年校园篮球特色学校""全国旱地冰球实验学校""儿童戏剧进校园实验校"等多项荣誉。我校学生宫晨祎在"悦读+"课程浸润下成功登上"中国诗词大会"总决赛舞台，获得佳绩。

2. 推进以人为本实践创新

近年来，学校坚持以"学科+"主题年会的方式，推进团队研修、成果转化和经验推介。从承办长春市"新思维+"小学数学年会提炼《心中有"数"》《且行且思》，到承办长春市"悦读+"小学语文年会生成《源头》《看见》《种子在说话》，再到承办长春市"WE+"英语年会捧出学生英语作品集《天天向上》、教师文集《一树花开》，每次年会都呈现出学科主题下师生向下扎根、向上生长的力量。

3. 建设促教育均衡学习共同体

自2018年始，二小召集吉林省20所实验学校成立了"学习共同体"发展联盟，加入长春市教育局津长两地姊妹学校结对计划，入选教育部"国培计划"中小学名师领航班并建立领航工程吉林省唯一的小学名师工作室。几年间，不断参与全国百所名校联盟体教研活动，加强区域校际交流，推动重点项目合作，为全省基础教育发出"实验校"声音，切实发挥了"一校实验，带动一方"的辐射作用。

4.打造"两横三纵"培训模式

教师是学校发展的核心和生命。学校搭建了形式丰富化、内容定制化、学习常态化的教师培训平台，形成了团队横向协作，同伴横向助力，专家纵向引领，网络纵向延伸，自身纵向研磨的"两横三纵"研修模式，基于名师工作室、学校主导课题、优秀学科团队等，开发出《杏坛》《师说》《学记》等系列培训课程，架起教师专业成长快速路。学校给教师搭建了"台"——学校平台，"云"——数字云端，"体"——学习共同体，"场"——智慧的磁场，力求让教师团队共享互促，协同提升教育科研水平。

5.探索"五育并举"评价体系

学校以五育融合为出发点和落脚点，建立科学多维、导向明确的评价指标体系，多方参与、考核激励、整改提升的评价制度体系，强化评价结果的运用。

（1）多元作业全覆盖。"双减"政策下，我们全面关注语、数、外以及其他综合学科的多元作业设计。学校对所有学科的作业布置进行整体规划：基础作业、提高作业、选做作业，从根本上规范了作业体例。我校形成了语文学科"悦读"系列作业之大考官，英语学科"一班一国家，一校一世界"的假期作业，数学学科利用十一黄金周的"旅游中的数学""一起玩、益起来、洋溢爱"的科学作业超市等有特色的作业形式。学校通过作业变革来激发学生的学习兴趣，为"双减"工作落地助力。

（2）趣考乐评助成长。基于学科属性，结合学段儿童身心发展特点，学校不断完善一、二年级无纸笔测试的内容与形式。将校训"乐学·明礼"中的"乐"与"明"二字形象化、人物化，创新生成了一年级"乐乐游学"、二年级"明明游学"的期末无纸笔评价方式。通过"语"你共进（词海拾贝、美文共读、过目成诵、能说会道）、"数"你最棒（稳操胜券、数一数二、争分夺秒、确定方位）、"英"你精彩（全能运动场、词汇加油站、美文图书馆、演说剧场）等学生喜闻乐见的测试形式，助力学生全面发展和个性化成长，让学生真正成为"双减"政策受益者，起到了良好的育人成效。

6. 探索科研引领学校发展

学校要求老师将教育教学中的问题随时转化成课题，并加强课题研究的实效性和有效性，寻找课题研究落地的力量。在学校快乐教育理念的引领下，学校开展了主导课题"构建学校快乐教育体系实践研究"，在学校高质量发展路径中，我们放眼未来教育，瞄准未来学校建设，开展了"未来学校教师发展中心建设的实践研究"，参与了长春市教育科学规划课题"核心素养发展与个性化教学综合改革行动研究""小学学科融合的校本实践研究""小学跨学科学习设计与实施研究"等。我校作为中国教育科学研究院基础教育研究所"首届新样态学校"实验校，积极参与了"中国新样态学校联盟"实验校基地各项研究工作。通过各类课题研究，营造了校内外学科团队共读共学共写共讲共思氛围，助推了教师队伍素养提升，为更好地培养未来人才服务。

三、桃李芬芳笑春风——办学取得的成效

"生动活泼，全面发展""快乐教育，筑梦成长"，学校用梦想引领梦想，用快乐激发快乐，构建快乐的学校，打造快乐的课堂。为

每一个孩子构筑快乐的童年，奠定美好的人生，是我们乐之以行、乐见其成的快乐梦想。坚持以人为本，德育为首，教学为中心，科研为先导，后勤做保障，通过全体教师的共同努力，各项工作都取得了喜人的成绩，走出了一条具有长春市第二实验小学特色的发展之路。

目前在王洪亮校长的领导下，学校已全面进入教科研引领发展的办学阶段，进入以科研引领来落实理念，构建学校文化的内涵发展时期。以"数字新时代为引领"，推动学校管理向数字化、智能化发展，让学校管理全面提质增效。培养和造就"专家型管理团队""专业型教学团队""研究型辅导团队""服务型保障团队"。以"五育融合"为出发点和落脚点，推进跨学科教学融合，构建"五育"评价体系，打造学校特色课程。

育苗有志闲逸少，润物无声辛劳多。春华秋实，二实验小学经历了近一个世纪的风雨历程，培养出国家级新课程培训专家1人，国家级骨干教师3人，特级教师十几名，省学科带头人十余人，五十余人荣获省市骨干教师称号，市级科研型教师三十余人，承担国家、省、市课题百余项，学校获得全国首届文明校园、少先队全国红旗大队、全国群众体育工作先进单位、吉林省文明单位、吉林省艺术教育传统学校、吉林省电化教育示范校、长春市一级一类示范校、长春市先进党组织等。学校连续多年被评为长春市教育系统德育、教学和党务先进单位。国家教育部主要领导、省委省政府和市委市政府主要领导以及市教育局领导曾先后莅临学校指导工作，对学校发展予以高度评价。国家和省市媒体多次做相关报道。

四、直挂云帆济沧海——学校未来发展设想

学校将继续以习近平新时代中国特色社会主义思想为指导，全面贯彻党的教育方针，深入贯彻新发展理念。坚持"生动活泼，全面发展"的理念，坚持传承创新发展，共享快乐教育，提升品牌质量，推进整体变革，面向未来发展，实现高质量、有特色、现代化、国际化的大梦想愿景，让学校拥有二小气质、大家风范、中国品味、世界格局。

按照长春市教育事业"1688"奋进计划的总体部署，以"补短板、抓提升、强管理"为总体思路，以体系建设为重点，精细化管理为保障，不断改善办学条件、优化师资结构、丰富教育载体、完善评价机制、提炼教育品牌，用一流的质量，一流的队伍，一流的管理，实现实验品牌化、课程多样化、治理智能化、开放国际化，按照1大目标、4大体系、4大路径、4大保障的"1444"发展思路，逐步实现学校高质量、可持续发展。

实现1大目标。到2025年，基本建成学校高质量、特色化教育体系，在长春基础教育高质量发展的宏伟蓝图中起到示范、引领作用。

构建4大体系。

——方向性的组织体系：在党的全面领导下，系统、创造性地落实长春市教育事业"1688"奋进计划，为学校发展护航。

——现代化的管理体系：以"数字新时代为引领"，探索数字化为支撑的教育管理体系，推动学校管理向网络化、数字化、智能化发展，让学校管理全面提质增效。

——专业化的队伍体系：以中层干部、学年组长、教师三支队伍为抓手，推进师道师德师风行动计划，逐步优化教师结构，做到教师专业发展"敏思笃行"，培养和造就出"专家型"管理团队、"专业型"教学团队、"研究型"辅导团队、"服务型"保障团队。

——特色化的课程体系：以五育融合为出发点和落脚点，推进跨学科教学融合，突出"家校合作""快乐教育""个性化教学""德育目标阶段化"等行动研究。

落实4大保障。强化落实制度保障、管理保障、人员保障、经费保障。

（一）数字引领，智慧发展，构建现代管理新体系，在"教育高质量发展中"夯基础，促提升

1. 逐步构建"数字二小"云平台

加快建设深度融合的教育信息体系，实施"智慧学校、智慧课堂"建设行动计划，将教育教学、教育管理、教育数据治理等方面的应用融入其中，为学校管理者、师生提供个性化应用空间。

2. 探索、实践高效课堂的建设与评价体系

以"五育"融合为出发点和落脚点，建立科学多元、导向明确的教育质量评价指标体系和多方参与、考核激励、整改提升的评价制度体系，强化评价结果的运用。

（二）个性发展，人才强教，构建专业化的队伍体系，在"人才强教工程"中，炼队伍、育名师

1. 加强师德建设

加强教师职业理想和职业道德教育，增强广大教师教书育人的责任感和使命感。将师德表现作为教师考核、聘任（聘用）和评价的首要内容。通过签订《师德保证书》等措施，建立长效机制，形成良好道德和风气。

2. 关注教师成长

一是请进走出。加大对外交流渠道，选送教师外出培训学习。每学期不定期邀请专家学者来校讲学，及时补充新的教学信息、接触新的教育理念。二是专业培训。利用校内资源，通过青蓝工程等形式积极为教师提供各类培训。持续开展"杏坛"和"师说"两项活动，针对成熟期教师，开展名优特教师孵化活动；针对青年教师，开展青年

教师教学比赛活动；针对三年内新入职教师，开展新教师入职培训。每月一次基本功展示，每月一次教材解读汇报，每学期一次主题汇报，每学期一次手写教案展览，每学期一次达标课验收。三是自我规划。每一位教师对自己的职业生涯认真作规划，自定奋斗目标，明确努力方向。

（三）"五育"并举，快乐教育，构建特色化的课程体系，在建设"五育"融合课程体系中，出成绩、做示范

1.打造快乐课堂，促进"五育"融合

坚持统筹课程设置，强化课堂教学管理，让"五育"走进常规课堂。建设以"学科课程为根，融合课程为先，云上思政为辅"的"三位一体"的课程思政体系。以项目研究的方式与常态教学融合，以学生活动形式展示教学成果。以3大体系建设，2大策略护航，促进"五育"融合，助力快乐课堂新发展。

——课程思政体系，实现"三全育人"新格局

以教学创新研究推动课程思政教学模式创新，以专业知识为主线，找好思政结合点，在讲解学科知识的同时融入思政元素，实现学科与思政同行、立德与树人双管齐下，构建全员、全时段、全课程育人的"三全育人"新格局，实现学科与思政齐头并进。

——融合课程体系，走出"以美育美"新路径

艺术教师与思政教师进行跨学科合作，开发融合课程，将美育和传承红色精神有机地融入课程中。书法教师以汉字的演变和发展启发学生进行字体设计；音乐教师组织学生挖掘东北抗联故事，设计故事情境，让学生在体验中感受爱国主义精神，弘扬爱国主义精神；美术老师带领学生学习手工扎染，传承中华古老技艺，感受中华优秀传统文化，在潜移默化中，培根铸魂，走出"以美育美"新路径。

——"引导式游戏"助推快乐课堂新转型

探索引导式游戏在一、二年级课堂中应用，将户外游戏、机器人、戏剧等内容进行有机整合，以增强学生之间的互动交流、主动探究，提升学生的学习兴趣与学习效果。

2. 打造快乐德育，赋"13923"德育工程体系新内涵

一是加强德育体系建设。把劳动教育纳入人才培养全过程，贯通各学段，引导学生在实践中学会劳动、学会勤俭。继续将社会主义核心价值观、优秀传统文化等教育内容融入其中，形成教育常态。

二是课程育人。充分发挥课堂教学的主渠道作用，将德育内容细化落实到课程当中，逐步形成德育校本教材。

三是文化育人。以书香班级、阅读达人秀等活动，营造读书氛围。向学生推荐不同年段的阅读书目，提倡每天课外阅读至少半小时。

四是活动育人。打造三大主题教育。让主题晨检、主题班会、主题升旗仪式成为德育教育活动的有效载体，让教育内容阶段化、教育形式体验化，活动开展制度化、常态化。

打造五大品牌活动。开展两大宣讲活动（红领巾小队在行动、红领巾广播站在行动），三大校园节日（即科技艺术节、体育节、读书节），四大仪式教育（即入学仪式、入队仪式、毕业仪式、结业仪式）、六大阳光健身活动（晨练、两操、红旗接力赛、大小绳比赛、篮球赛、踢口袋比赛），系列传统节日、纪念日活动（端午、中秋、春节、元宵节、清明节；儿童节、党的生日、教师节、国庆节、国家公祭日、九一八纪念日等）。不断完善内容，创新形式，让活动润泽心灵。

五是实践育人。每学期开展一次有益于学生身心发展的社会实践活动，不断增强学生的社会责任感、创新精神和实践能力。如研学旅行、学雷锋志愿服务、参观历史博物馆等活动。

六是家校社共育。将家校社共育纳入学校发展规划，促教师能够从学校发展的高度来理解家庭教育指导工作的重要意义和内涵。构建学校统筹、年级引领、班级实践的三维家庭教育指导体系。

二实小，一所历史厚重的小学，一所励精图治的小学，一所奋发有为的小学，一所创新求索的小学，在新时代的曙光中，在"生动活泼，全面发展"办学理念的引领下，继续找寻属于自己的精神传承和办学根脉。在教育发展新常态下，把握发展机遇，谋划新思路，寻找新动力，乘"振兴老牌名校"的强劲东风实现新发展。

（撰稿人：李海英　张研）

让每个学生的初中生活成为

一个成功而精彩的故事

长春力旺实验初级中学

校　　训：崇德励志，为国担当

办学理念：启发潜能，知行合一，五育并举

一、学校办学理念：启发潜能，知行合一，五育并举

党的二十大报告指出："教育是国之大计、党之大计。培养什么人、怎样培养人、为谁培养人是教育的根本问题。育人的根本在于立德。全面贯彻党的教育方针，落实立德树人根本任务，培养德智体美劳全面发展的社会主义建设者和接班人。"《义务教育课程方案和课程标准（2022年版）》明确要求，"聚焦中国学生发展核心素养，培养学生适应未来发展的正确价值观、必备品格和关键能力，引导学生明确人生发展方向，成长为德智体美劳全面发展的社会主义建设者和接班人。"

立足党和国家的政策需要，回应新时代社会对人才的需求，我校以目前国际上最为推崇的"启发潜能教育"为教学基本理念，秉承"崇德励志，为国担当"的校训，致力于完善学生的品格、发展学生的智力、培养学生的能力，以知为始，以行为成，知行合一，通过课程育人，助力学生德、智、体、美、劳全面发展，为培养未来的优秀公民和社会各个阶层的领袖级人才，为未来培育贡献于人类的科学家、思想家、学者，为学生的全面发展奠定坚实基础。

在"启发潜能教育"理念引领下，我校通过"人物""地点""政策""活动"和"流程"五个基本范畴，力求在"乐观、尊重、信任、关怀和刻意安排"态度的指引下，稳定、持续不断地增强动力，克服教学实践中最艰巨的挑战，启发学生潜能，冲破传统教育束缚，提高学生的学习力，变苦读为乐读，实现全人教育，奠定学生成才基础。

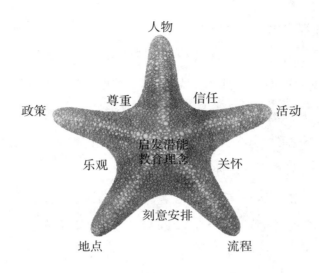

图1　"启发潜能教育"理念示意图

我校为学生的成长成才创造全面条件，坚持实现学校、家庭、学生、社会四维一体，追求德、智、体、美、劳、心全面发展，与学生共同成长，及时点化、无类育化、分类优化，关心每一个孩子，让每一个孩子都抬起头来走路，让每一个孩子都仰起头来思考，成为校园的主人、班级的主角、自我的明星。

在启发潜能教育理念引领下，我校形成了独具内涵的发展特色，使力旺中学走上了教育科研先进之路，不断推进课程开发与建设、学生培养与塑造、教学科研改革与创新，实现了学生的可视化发展和教师的专业化成长，为学校纵深化发展奠定了良好基础。

二、启发潜能教育下的办学实践

（一）不忘初心：坚持党的全面领导，为党育人，为国育才

家国情怀是一个人对国家和人民的深情大爱，是对国家富强、人民幸福的理想追求，也是对自己国家的高度认同感和归属感、责任感和使命感。长春力旺实验中学，育人有道，开启深层次的文化心理密码，

把家国情怀教育融入校园文化，通过悬挂古今中外政治家、思想家、军事家画像、国内外知名高校校旗，布置诺贝尔奖得主展墙、中国两院院士（部分）事迹展墙等方式，向领袖级人物、先进科学家和学者学习，引导学生树立崇高志向。在活动中成长。在课程中身体力行，淬炼品质，不说教，在个性化的真实生命体验中思考个体与集体、社会、国家的关系，涵养家国情怀，修身立德。

（二）"教—学—评一体化"育人：促进学生全面而有个性的发展

为促进学生全面而有个性的发展，我校构建实施了综合素质评价模式（见图2），主要包括三部分："六维评价体系""四步评价流程"和"三全三性"两翼课程体系。

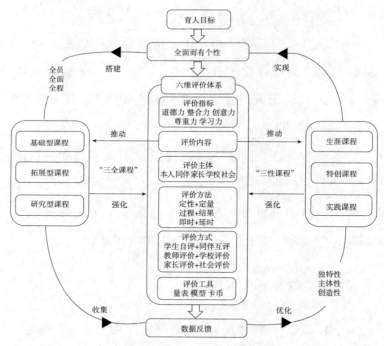

图2　全面而有个性的发展：中学生综合素质评价模式图

1.六维评价体系

"六维评价体系"中，评价指标指向"道德力、整合力、创意力、尊重力、学习力";评价内容由"三全(全员、全面、全程)三性(独特性、主体性、创造性)"两翼课程构成;通过学生自评、同伴互评、教师评价、学校评价、家长评价、社会评价等方式凝聚评价主体力量;采取"定性+定量""过程+结果""即时+延时"的评价方法;独创多维量表、自我分析模型、卡币等评价工具。体系从多个维度促进中学生全面而有个性的发展。

(1)评价指标。本成果以霍华德·加德纳强调的"道德力、整合力、创意力、尊重力、学习力"为评价指标,统摄"六维评价体系",着力提高学生服务国家服务人民的社会责任感,注重保护学生好奇心、想象力、求知欲,激发学生内驱力,培养学生勇于探索的创新精神和善于解决问题的实践能力。

(2)评价主体与评价方式。在传统学校评价基础上,增加学生本人、同伴、家长和社会力量作为评价主体,利用学生自评、同伴互评、教师评价、学校评价、家长评价和社会评价等多种评价方式,形成教育评价合力。例如,在多维评价量表及动态成长档案中加入自我评价、自我反思环节,提升学生自我成长能力;在劳动实践中加入家长评价和社会评价,反映学生在家庭和在社会生活环境里的表现和成长。同伴、家长、社会的加入,使评价结果更客观,学生可多角度认知自我发展水平,从而凝聚教育合力,最大限度促进学生发展。

(3)评价方法。为提高综合素质评价体系的科学性、全面性,采用"定性+定量""过程+结果""即时+延时"等多种评价方法。

"定性+定量",关注量的变化的同时更关注质的变化。如在劳动教育中有定量的劳动时长统计,也有定性的劳动态度测评,评价劳动量的积累,同时也反映质的变化。

"过程+结果",既关注学生成长结果,更关注过程。如在体育活动中增加"运动与参与""体育品德"等评价指标，关注体育运动全过程和多方面素养的成长，及时给予恰当指导，加强评价的诊断功能和导向功能。

"即时＋延时"，二者结合发挥评价的即时激励作用和长效引导作用。例如特色的评价卡币，"力旺卡"能够即时在学习、纪律、道德、特长等方面给予学生奖励；"力旺币"通过积累评价卡获得，并可用于到兑换商店得到特制商品，实现延时评价功能。"商品"包括物质和精神两种形式，物质奖励主要包括特制商品和可以送给亲朋的礼物，精神奖励如与校长进餐、与爱戴的教师合影、担任学校形象大使等。学生入学时即可拿到《综合素质评价卡发放细则》和《评价币及兑换商店实施细则》，从而明确学校评价方向及个人努力目标。两种评价方式结合的优势是，既能发挥即时鼓励作用，也能发挥延时提升功效，使评价能促进学生现阶段成长，也能为未来长期发展聚力。

（4）评价工具。创新评价工具，使难以衡量的能力和素养得到相对客观的反馈，提升评价的可行性。多维评价量表"德、智、体、美、劳、心"五育并举、六育同行，多角度引导学生明晰发展方向、多素养维度助力学生综合素养提升、多评价主体帮助学生全方位认识自我。

"六维评价体系"最大的创新点在于多维。评价指标多维，关注道德力、整合力、创意力、尊重力、学习力多方位成长，促进全面发展；评价内容多面，以"三全三性"两翼课程为内容，既关注全体学生的全面发展，也注重全员的个性发展；评价主体及方式多元，同伴、家庭、社会的加入，使评价形成合力，结果全面客观；评价方法、工具多样，加重过程性评价比重，结合结果性评价，注重即时评价与延时评价结合，关注全程；评价工具多样，多维量表、自我分析模型、卡币的恰当使用，使评价数据更科学，既能衡量发展指标，促进学生全面发展，也能多角度发现个体优势，发展优势、凸显优势。

2. 四步评价流程

"四步评价流程"（见图3）保障综合素质评价模式的可操作性。

图3 "四步评价流程"图

第一步：搭建"三全课程"，实现全员、全面、全程发展。学生全员参与"三全课程"，根据课程反馈及学生成长需求，及时发现、调整课程体系，促进学生全员、全面、全程发展。

第二步：全面收集数据，保障评价数据客观、真实。对学生在"三全课程"中的表现，用学生自评、同伴互评、教师评价、学校评价、家长评价、社会评价等评价方式，使"生、伴、家、校、社"多方主体形成合力，采取"定性＋定量""过程＋结果""即时＋延时"等评价方法，利用多维量表、自我分析模型、卡币等工具，形成客观真实的评价数据，衡量全面发展指标，发现个体优势方向。

第三步：生成动态成长档案，纵向反映成长趋势，横向寻找生长点和优长。对多方收集的评价数据进行系统分析，并及时反馈给学生、家长及教师。例如，对比学生所做的七、八、九三个年段的《霍兰德职业倾向测试》，再结合学生学业成绩发展曲线、社会实践综合评价、学生个人分析模式等，为学生未来学业选择提供科学建议。

根据反馈数据建立学生成长档案（见表1），用长时段积累、多方面汇聚的评价信息，对学生成长档案实行动态管理。通过学生纵向发展变化，反映成长趋势；横向寻找生长点和优长，准确发现学生个体不足及优势，给予生涯发展建议。

成长档案：综合素质学期评价表

	学校							班级			姓名			性别				学籍号				
目标	全面发展																个性发展					
课程	基础课程													拓展课程	研究课程	实践课程			特创课程			生涯课程		
	德育	智育								体育			美育			劳动教育								
内容	道德品质 / 公民素养	笔试测试（语文 数学 外语 理综 文综） 非笔试测试（实践表达 实践操作 合作探究）								运动能力 健康行为 体育品德			审美感知 创意实践 文化理解			时间积累 过程表现 劳动反思	选修课 专修课	社团活动 平台活动	实践课程 1 2 3			特创课程 1 2 3 / 生涯课程 1 2 3		
成绩																								
自我评价																								
同伴评价																								
家长评价																								
教师评价																								
社会评价																								

校长签名　　　学校公章　　　年　　月　　日

第四步：订制"三性课程"，强化优势，实现全面而有个性的发展育人目标。学生通过数据分析、结果反馈发现优势后，有针对性地学习"三性课程"。学生根据个性发展需要，自主选修实践课程、特创课程和生涯课程，集中力量凸显优势，实现个性发展，为未来奠基。

"四步评价流程"最大的创新点在于操作性强。以搭建"全员、全面、全程"的"三全课程"为起点，使全面发展评价有依托；各评价主体利用多维量表、自我分析模型、卡币等工具对学生表现进行综合评价，使评价更容易推进；建立动态成长档案，定期更新，纵向反映成长趋势，横向寻找生长点和优长，使综合素质评价模式落地；学生自主定制强调"独特性、主体性、创造性"的"三性课程"，专项培养，凸显优势，使个性发展能够落实。这一流程加强了综合素质评价模式的可操作性。

3. "三全三性"两翼课程体系

在国家课程基础上，自主研发了"三全课程""三性课程"作为"六维评价体系"的两翼，强化了"六维评价体系"的功能，助力全面发展和个性发展育人目标实现。"三全三性"两翼课程体系，有利于学生全面发展和个性发展，是综合素质评价模式的两翼，助力育人目标达成。

（1）三全课程。三全课程包括基础型、拓展型和研究型课程，覆盖学生全员，纵贯学习全程，五育并行，全面发展。

基础型课程，全员必修，全程修满后获得相应学分。拓展型课程、研究型课程采用"选修＋走班"形式，例如美术拓展型课程，学生可在国画、动漫、素描、马赛克画、创意折纸等方向选修一项，走班完成，全员提升艺术素养。研究型课程鼓励学生选修，"演讲集训班""辩论达人团""数学小研究生"等课程，全员提升个体优势。

"三全课程"突出优势是：除关注学习力外，同时关注学生道德力、整合力、创意力、尊重力，使学生既能提升关键能力，同时也能拥有适应未来发展的正确价值观和必备品格，关注全面成长。采用必修方式保证全员参与，而选修和走班制使课程自主、可选，关注全体需求。"三全课程"内容考虑到学生不同年龄段的心理特征，覆盖学生初中生活的全过程。

（2）三性课程。"三性课程"包括生涯、特创和实践课程。通过对"三全课程"科学评价，从数据分析中发现学生特长，根据个生发展需要，研发主体性、独特性、创造性的"三性课程"，为个性发展提供平台。

实践课程以特色优势项目为载体，如"磨砺挑战团""科创嘉年华"等，以过程性评价为主，将评价过程与实践过程相融合，关注学生主体性，成为促进学生个性发展的必要途径。特创课程针对个别学生的个性特长专门开设，旨在培育学生科学精神和创新能力。例如，为有数学天赋的学生开设初高衔接课、大学直通课；为有美术特长、书法特长的学生举办个人书画展。生涯课程基于学校已有资源开发，旨在为未来职业生涯提供引领，包括心理测量（如霍兰德职业倾向测试）、生涯探索（如寒暑假体验父母工作一周）和职业体验（如一汽、轨道客车、净水厂体验）三部分，通过相关量表、报告、交流等不同评价形式助推学生未来发展。

"三性课程"的优势在于：具有科学性、针对性，多元开放。课程突出学生的主体性，学生通过数据分析、结果反馈，科学分析发现优势后，有针对性地进入"三性课程"学习。生涯课、实践课，多元可选，学生根据自己特长选修；特创课针对学生专长，一对一定制，精准打造优势，实现个性发展，且定制课程能够根据学生需要随时调整，按需定制，不断升级，具有开放性。

（三）终身成长：打造高水平教师团队

1. 面向未来：打造成长型教师团队

长春力旺实验中学是一座有感情、有情怀的学校，为更好地帮助孩子与社会接轨、与未来接轨，我校大力加强教师学习力度，已有四批教师先后赴以色列学习，赴芬兰考察基础教育，赴云南等地深度学习，研究未来教育发展的方向。除此之外，在国家和省市区组织的各学科专项学习中我校也从不落后。学校开展了青年教师"六个一"工程，自2022年学校建校七周年之际，又开启了"启发潜能教育科研月"活动。在学校带领下，力旺中学的每个教师都努力培养成长型思维，努力走在终身学习的路上，努力使自身教育教学理念迭代创新，努力让自己不断蜕变，成为能带给孩子们终身幸福的好老师。

2. 科研兴校：打造学者型教师团队

作为省市科研基地示范校，我校本着"科研兴校、科研强师、科研促教"的理念，在"启发潜能教育"理论的引领下，优化办学效益和丰富办学内涵，搭建管理有效、开放有序的科研平台，打造骨干引领、全员参与的科研格局，构建以各学科特色课程为主要途径的学习型学校，造就一批研究型的教师，提升学校的核心竞争力。学校各备课组均承担市级或市级以上课题，并在完成国家规定的基础上，搭建适应学生未来发展的课程体系，全面提升学校教科研工作实效，引导教师进入教学研究状态，引导教育进入变革状态，优化学校办学质量。

我校坚持实施课题带动战略。以校长为领导的科研团队人人有课题、年年有成果，项目的申报和立项数量稳步增长，教师科研成果数量与质量持续提高，科研队伍不断壮大。

我校正高级教师4人，高级教师32人，特级教师5人，省学科带头人、省骨干、省新秀、十佳教师共计30人。近五年科研立项国家级20个、省级6个、市级30余个；首批入选国家精品课程14门，省市名师工作室4个。90%以上的教师均参与本学科组、年级组或学校的课题研究，70%以上的教师发表过教育教学研究类相关论文，科研成果落地生根，扎实推进教学质量稳步提升。

（四）家校共育：让每位家长成为胜任教育的最好家长

为进一步加强家校交流，搭建家长、学校、教师沟通的平台，我校设立家长学院，共建家校学习共同体，更好地发挥家庭在学生道德教育、习惯养成、性格发展等方面的作用。

家长学院搭建起以养成教育、生命教育、压力管理等主题课程为主体，以家长小沙龙、家长悦读和专家讲座为拓展的家长学院课程体系，陆续邀请北京大学博士生导师张海霞教授，博瑞智家庭教育研究院张飞亮院长，吉林大学董进宇教授、杨卉教授等亲子教育专家来我校为家长分享教育良方，搭建起学生和家长之间的沟通桥梁。仅2017年，学校家长学院组织家长读书人均 10 本，家长读书交流 8 次，邀请家教专家讲座 5 场。

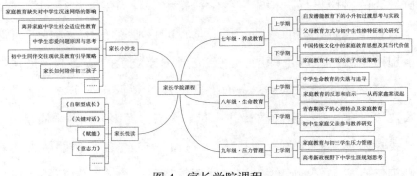

图 4　家长学院课程

通过家长学院系列活动，家长的教育理念、方法有了明显改变，使我校实现了"教师—家长—孩子""校园—家庭—个体"的多维成长闭环。

三、成效与成果

（一）学生综合素质高质量提升

学生个性发展多元、高阶思维凸显。在长春市基础教育质量监测中，学生品德与公民素养、学业发展水平、人际交流与自我、兴趣特长与社会、运动健康发展等领域的发展水平明显高于全市平均水平（见图 5）。

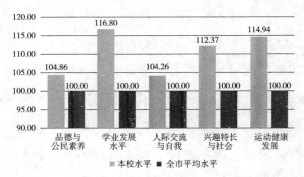

图 5　"领域发展水平"本校与全市平均水平比较

238

在长春教育局主导的国家基础教育质量监测中，成绩处于市最高水平，对各学科不同方面的具体评价综合显示校内学生之间成绩均衡。

2021届学生年均读书120余本，近2000万字；64.63%学生每周进行10小时以上体育运动，三年人均长跑近8000公里，中考体育满分率52.2%，全市遥遥领先。

五育融合课程、多种特色活动助力学生成长，引导学生充分认识自我和发展自我，学生进入高中乃至大学后综合表现尤为突出。生涯规划课程为学生未来生涯发展奠定了基础。通过数学走班发现对学科有兴趣、有优势的学生，再进一步引入研究课程或特创课程，让学生的优势进一步发展。例如，白洺宇同学通过这种课程体系发现了自己的数学天赋，完成高中、大学课程，在九年级初期就通过了清华大学的丘成桐数学科学领军人才培养计划选拔，让优势成为亮点。通过特创课程，每届都能发现在艺术方面极具优势的学生，为他们举办个人美术画展，进一步点燃他们的艺术热情，让他们在初中毕业后直接选择了艺术院校的附属中学，更早地明确了自己的人生方向。

学生"小研究生"项目800余项；获市级以上荣誉1800余项，如科创方向，国家级奖18项，省级33项；艺术方向，国际奖项3项，国家级奖32项，省团体奖23项，个人奖300余项。

（二）教师专业能力快速成长

强化科研引领，助力教师发展。教师积极参与课题研究，打造出一批专业素质高、教育教学能力强的教科研骨干教师。省市科研项目研究5项；核心期刊等发表论文5篇；主编著作3本；全国教材2本；各级各类荣誉15项；近五年国家级科研立项20个、省级6个、市级30余个、参研教师占比95%；首批入选国家精品课程14项；省市名师工作室4个；特级教师5位；正高级教师4位。

（三）辐射引领广泛

坚持"走出去，请进来"，带领教师赴以色列、芬兰等地交流访问；带领省、市四个名师工作室常态化"送课下乡""送教下乡"；为市、区教师开展"启发潜能教育"培训5轮次。接待万人次来校访学，并在我市第五十二中学、某区第一实验学校、某区二实验中学、长春十一高中兴华学校、长春四十八中学和红旗小学等兄弟学校进行推广，效果明显。2023年，我校受长春市教育局委托，托管莲花山育英学校、湖语城学校等两所公办校。

（四）社会效应显著

学生成长受到党和国家领导人的关注以及央视媒体采访。《中国教育报》《德育报》及省内各大报纸，浙江卫视、湖南卫视、吉林卫视及省内各电视台、电台先后报道了我校的教育活动及成绩。我校在中国第六届教育创新大会、第十四届全国教育名家论坛及地方教育高峰论坛等大会上交流。

四、学校未来发展展望

（一）学校未来发展愿景

1. 建立并扩大教育共同体

我校将逐渐扩大辐射范围，与更多学校开展交流与合作，播撒旺中教育智慧，助推更多学生走向理想未来。

2. 以"立德树人"为根本，进一步强化公德意识培养

激励学生自觉把个人的理想追求融入国家和民族的事业中，成为社会主义事业的接班人，是学生实现人生理想的根本方向，也是教育的出发点和立足之地。

3. 推进学校全方位教育教学改革，推进学校发展目标实现

我们坚定地相信，在能力与价值信念双重培养与引导下，建校 50 周年时，会有学生以家乡建设者的身份完成成为国家院士的人生目标；建校 100 周年时，会有学生实现获得诺贝尔奖的人生理想。而毕业的每一个学生，无论未来从事什么职业，都会是建设祖国、建设家乡不可或缺的重要人才。

（二）学校未来发展路径

坚持党的全面领导，坚决贯彻和落实党和国家的教育方针政策，为党育人，为国育才。发挥和发展力旺中学的教育智慧，发扬力旺中学五育融合、促进学生全面而有个性的发展的办学特色。

1. 深入推进五育融合，促进学生全面而有个性的发展

坚持以学生为中心，继续深入落实我校促进学生全面而有个性发展的综合素质评价模式，不断健全和完善我校"三全三性"两翼课程体系建设，以课程促成长，以评价促发展，落实教—学—评一体化对学生成长与发展的重要作用，推动学生德、智、体、美、劳全面发展。

2. 创新教育教学模式，深入推进教育教学改革

以为党育人、为国育才为出发点，贯彻和落实核心素养培育，在我校启发潜能教育理念的指引下，继续探索和实践高效 6+1 课堂教学模式、苏格拉底教学法、孙维刚教学法、对分教学法、"绕远"教学法、费曼学习法、番茄工作法，不断深入推进教育教学改革为学生终身学习、终身成长、终身发展服务。

3. 着力拔尖学生培养，为培养高层次创新型人才做贡献

我校在 2023 年成为清华大学丘成桐数学科学领军人才培养计划基地校（全省仅三所），继续完善我校特别优秀的拔尖学生培养体系，通过基础课程、研究课程或特创课程发掘人才，进一步发展学生的优势，

为东三省乃至全国培育高层次人才。

路漫漫其修远兮，吾将上下而求索。我们将始终保持对教育事业的敬畏之心，坚持为党育人，为国育才，关注教育前沿问题，不断探索新的课程建设之路，让每个孩子的学习生活变成一个成功而精彩的故事，让每位教师成为一座教育丰碑，让每位家长成为胜任教育的最好家长，让社会增添愈来愈多的幸福而优秀的国家公民。

（撰稿人：王志峰）

启发潜能理念下学校创新发展实施策略

长春力旺实验小学

校　　训：崇德励志　为国担当　追求卓越　勇争第一
办学理念：启发潜能，全面育人

一、学校办学理念

长春力旺实验小学成立于 2015 年 8 月，坚持贯彻党的教育方针，坚持以立德树人为根本任务，坚持为党育人、为国育才，全面提高人才自主培养质量。学校秉承着"崇德励志，为国担当。追求卓越，永争第一"的校训，在"全面育人"基础上坚持"启发潜能"的教育理念，通过各类特色课程及活动，培养具有强健体魄、社会担当、卓越态度、终身学习力、国际视野、家国情怀的模范公民。

二、学校办学思路

在办学理念的基础上，学校确立了大德育观、大教学观、大管理观的办学思路。

（一）大德育观

学校从"成功先成才，成才先成人"的育人实际出发，遵循小学生思想品德形成的规律和社会发展的要求，始终秉承着"努力营造大德育教育环境"的创新教育理念，培养具有家国情怀、健全人格，爱探究、重实践、会合作、擅交往、有专长的全方面发展型人才。

（二）大教学观

本着"为了每一位学生的发展，让课堂充满生命活力，让学生成为学习主人"的主题策略，以转变教师角色为突破口，以改变教师的教学方式和学生的学习方式为重点，以校本教研为推力，以新课程的课堂教学改革，重建课堂文化，赋予课堂教学生活意义和生命价值，全面提高新课程理念的实施质量，促进学生的全面发展。

（三）大管理观

学校办学理念、三风一训深入师生内心，形成了坚强有力的文化共识，凝聚着积极向上的精神力量。学校不断完善管理制度，促进学校健康发展。以《长春力旺实验小学学校章程》为纲，进一步规范了教学管理、德育管理、学生管理、安全管理等方面的管理制度，形成了制度管人、流程管事的科学规范的管理机制。

三、德育、教学、管理方面取得的成果

（一）德育"1618"课程体系

学校聚焦学生发展核心素养，将德育理念渗透到课程建设中，形成以德育五项内容（学会学习、学习做人、学习做事、学习相处、学习改变）为主线的个性化课程育人方案，打造了完备的"1618课程体系"（1个核心、6个维度、18个基本点）。该体系从基础课程、劳动课程、节日课程、PBL课程、法制课程、生命安全课程、红色课程七个层面进行落实。

1. 基础课程

该课程以学生全面发展为核心，从道德素养和行为习惯两个方面培养学生具备"立德、美行、正心、自强、修身、明礼"六大素养，从12个关键点（孝敬父母、尊敬师长、诚实守信、友善互助、爱党爱国、爱校爱家、勤奋好学、自理自强、身心健康、防灾自护、文明有礼、勤劳节俭）出发，落实365条基本准则。

2. 劳动课程

为了适应新时代劳动教育的要求，学校通过协同学校、家庭、社会三大场域，结合各个学段的学生特点，从"以劳强体、以劳增智、以劳育德、以劳润美、以劳创新"五个维度，开设植物课程、食育课程、成长课程、城市课程、博物馆课程、毕业课程，让学生劳而有序、劳而有礼、劳而有趣、劳而有责、劳而有蕴、劳而有情。

3. 节日课程

中华民族传统节日和民族性节日是中国民族文化的重要组成部分。学校每月均开设中国传统节日课程（清明节、端午节、春节、国庆节等），让学生更好地感知中国厚重的文脉底蕴。

4.PBL 课程

为培养学生的探究性、合作性、创新性及实践性，我校根据不同学段学生的学情，开展了有关"地球日""后疫情时代"等 PBL 课程。

5. 法制课程

为进一步加强学校法制教育工作，增强学生法制观念，提高学生的自我保护能力，我校每学期均开展"法制宣讲"活动，使学生知法、懂法，学会用法律武器保护自己。

6. 生命安全课程

为了增强学生的安全意识，培养学生珍爱生命的意识。我校根据学生特点，制定了不同学段的生命安全课程。一年级：校园安全教育；二年级：卫生安全教育；三年级：交通安全教育；四年级：消防安全教育；五年级：预防校园欺凌教育；六年级：网络安全教育。此外，每学期组织一次消防演练，提高师生的紧急疏散能力，加强学校安全管理。

7. 红色课程

习近平总书记指出："弘扬爱国主义精神，必须把爱国主义教育作为永恒主题。"对于新时代中国少年来说，热爱祖国是立身之本、成才之基，我校一直将爱国主义教育作为德育教育体系的核心内容。清明节扫墓、参观东北沦陷史陈列馆等红色课程，时刻告诫学生铭记历史，培养爱国情怀。

（二）课后服务作业体系与课堂教学模式的变革

1. 构建了课后服务"三维一体"作业内容体系

学科作业是课后服务的核心要素。学校各学科依据学科核心素养和义务教育课程标准的要求，整体上构建了更趋于科学的作业内容体系，落实新课标要求。"一维"指梳理维度，让学生对当日所学课程内容进行自主梳理，架构知识体系，培养学生逻辑思维品质；"二维"指发展维度，学校本着面向全体、全面发展的原则，设计了"基础巩固、综合提升、拓展延伸"三个层级作业，学生可以根据自身的需求，选择相应层级的作业，让不同的学生得到不同发展，培养学生自信品质；"三维"指形式维度，学校兼顾课时作业、单元作业、体验式、实践性作业等多样化形式，以统整而非叠加的系统学习方式拓展原有知识框架，发展思维品质，形成基础素养。"一体"指向核心素养的培育。

2. 构建了潜能课堂"一案六学"课堂改革基本模式

"一案"指课前或课堂引导学生学习的方案。包括学习内容、学习目标、学习重点、难点、学习方法梳理、核心问题、学习检测等内容。"六学"是指"导学、自学、研学、展学、评学、练学"的课堂流程。

（1）导学——课堂起点。包括"导入"和"导学"。导入就是教师要用简洁明快的语言或通过一定的媒介实现旧知向新知的导入。导学是教师简要告知学生当堂的学习目标、重点、难点、需要解决的问题，并发放《课堂导学案》。

（2）自学——自读深思。要求学生在规定时间内认真看书，研读教材文本，独立思考、深入钻研，并结合导学案，完成读书、思考等任务，提出自己的问题。

（3）研学——合作学习。同学之间把个人读书、思考的心得、疑难的问题等进行讨论交流。可以小组合作，互帮互学，并进行讨论，解决自学中的疑难问题。

（4）展学——激情展示。通过问题展示，最大限度地暴露学生自学和讨论中存在的疑点、误点和盲点，然后让学生提出解决问题的方法和思路。

（5）评学——点评精讲。教师带领学生盘点学习成果，提醒学生有哪些知识点需要记牢，有哪些规律性的东西需要把握，有哪些通用方法需要掌握，有哪些技巧需要熟练。在评学过程中，教师要适当地精讲教学重点、难点。

（6）练学——检测反馈。教师对当堂所学效果通过提问、小条练习等多种形式进行检测，达到监测反馈、复习巩固的目的。

"自学、研学、展学、评学"四环节是层层递进的关系，教师要根据课堂和学生的实际灵活处理，不断优化流程。

（三）"三到四为"管理策略

学校树立人文化的管理机制，建立个性化的管理模式，实施"三到四为"管理策略。"三到"是到教师中去、到学生中去、到家长中去；"四为"是为问题而去、为问题而来、为有效而去、为有效而来。

1.实施"三个三"管理模式

教学保障中心积极创造场域共生，滋生生命内涵，采取"大公转——小公转——自转"修治模式，让教师成长走得更稳。

（1）"大公转"统一修治策略，让教师成长走向正轨。教学保障中心依据学校教师发展规划，将教师的成长融入真实的教学过程中，采取统一规定的研训内容，构建了"需求分析——课程设计——资源开发——培训实施——效果评估"的培训流程。我们注重培训后的考核，设计了从宏观到微观的考核试卷，有期初的教师专业测试、教师教学设计比赛、教师命题大赛、学生作业设计比赛、新课程方案及课程标准测试大赛等，以此检验教师培训效果。

（2）"小公转"一带一路修治策略，让教师成长走向快车道。"小公转"一带一路修治策略是指教研组、备课组、名师工作室教师成长路径，最后所有教师都卷入一带一路的成长范式。各个研训团队坚持真实的教学情境和项目推进的策略，通过"师徒结对、教研沙龙、大单元开发研究、集体备课、定制培训、走出去学习、毓秀杯比赛、名师工作坊"等平台，形成了"从一人学到一起学——从碎片学到系统学——从学科学到课程学"的一套管理思想。

（3）"自转"创新自我发展策略，让教师成长走向高速路。如果说"大公转"是必做题、"小公转"是选做题，那么"自转"就是教师自愿做。自愿做是教师依据兴趣、爱好、特长做自己想做的事情。尊重并开发教师的生命价值，教师享有更多的自主权、决策权、计划权，打开教师成长的最佳的状态。

2.实施学生自我管理模式

学校高度重视学生管理工作，始终坚持"立德树人，德育为先"的优良传统，设置德育处和大队部负责学生的统筹管理、评价反馈、活动开展等工作，将各项管理机制作为标杆，以德育和年级双向检查评比作为基础，坚持每日一反馈，每周一总结，每月一公示，不断规范学生的行为习惯，优化班容班貌班风班纪。以学生评价作为抓手，利用班级优化大师进行争章评比，将常规量化落实到每名学生。同时学校实施学生自主管理体系，一级一团队，全面夯实学生的行为习惯和道德素养，促进学生在校园的学习生活中养成"自理、自立、自律"的好习惯。

3.实施家校共育管理模式

学校家长管理以学校"旺+"体系为理论依据，以家校联合处为基础，构建校级、年级、班级三级家长委员会，充分发挥多项资源整合，构建学校、家庭、社会三位一体的教育格局。以家委会为核心，以家长学院为引领，开展家长培训、家长读书讲书会、有声教育、专项答疑等活动，落实家校互利互惠，提高家长素养；以家委会成员为脉络，发放致家长一封信、开展家校互联活动，宣讲学校各项政策，构建家校合作体系。以上多方面齐头并进，形成良性循环。

三、德育、教学、管理取得的成效

在德育方面，长春力旺实验小学少先大队致力于培养合格的新时代少先队员，学生积极参加各项省市区级活动，获得"长春市红旗大队""红领巾三星章集体"等荣誉称号。德育教师主持并完成了多项相关课题，荣获长春市生涯教育示范校、劳动教育示范校等称号，并完成了长春市基础教育国家级优秀教学成果（生涯成果）推广基地校研究经验资料汇编，形成了德育工作的阶段性成果。除此之外，先后荣获省市区优秀班主任、长春市德育教学新秀、长春市家庭教育志愿者、长春市德育教学一等奖、二道区优秀辅导员、长春市中小学优秀班主任优秀案例成果等奖项。

在教学方面，"三位一体作业内容设计"在学校课后服务体系中获得了学生、家长和社会的一致肯定，让学校教育教学更加立体，让核心素养培育更加全面。本成果在教育部的课后服务工作经验分享、在国家级核心期刊《人民教育》上发表了论文，为全国其他学校提供了可借鉴的课后服务范例，具有辐射和借鉴意义。"基于核心素养导向的小学课后服务体系构建"获吉林省政府颁发的"吉林省教育教学成果一等奖"荣誉称号。"一案六学"课堂教学改革改变了教师的教学方式和学生的学习方式，变讲堂为学堂；学生自主学习能力明显提升，思维能力、表达能力明显增强，核心素养在课堂中得到真正落实，教师在省、市各类教学比赛中荣获佳绩。

在管理方面，通过科学规划引领，校本培训，名师指路等方式，筑牢教学文化底蕴，实现自我提升。八年来，学校培养出一大批教学骨干和能手，省学科带头人、教学精英、教学新秀、骨干教师等共22人，获荣誉百余项。学子们在经典诵读、啦啦操、旱地冰球、足球、科技创新等各级各类大赛中摘金夺银。学校荣获全国青少年人工智能活动特色单位、全国国际象棋特色学校等各级各类荣誉26项。

四、学校发展展望

（一）面向未来的德育工作

1. 优化德育队伍，提升水平

（1）注重班主任队伍建设。一是积极开展班主任例会，有针对性地结合学校具体情况开展培训，加强常规管理，积极开展德育课题研究，提高班主任的教育管理智慧；二是修订并完善《班级考核评比》等制度，引导班主任关注过程管理的细节，注重班级管理的实效，有效激发班主任工作的活力，强化班主任岗位责任意识，提高班主任工作的效率，激励争先创优，充分调动班主任老师的积极性和创造性；三是为班主任创建展示班级管理经验交流的平台，鼓励班主任参加各类比赛活动，提升专业素养，促进班主任专业化发展。

（2）注重学科渗透，提高学生素质。课堂教学是开展学校德育工作、加强学生思想道德建设的主要阵地。学校充分发挥课堂教学的主渠道作用，挖掘渗透于各学科课程中的德育资源。

充分挖掘道德与法治学科中的人文关怀、社会伦理内涵，潜移默化地激发学生的社会责任感和社会公德意识；体艺类课程重点培养学生的健康体魄、意志品质和审美情趣；综合实践活动课程则重在加强对学生生活技能、劳动习惯、动手实践和合作交流能力的培养；地方与校本课程，通过挖掘当地乡土人文资源，引导学生弘扬传统文化，关注自然生态，培养学生爱家乡、爱祖国的情怀，树立可持续发展的观念。

（3）加强班干部队伍建设。大力加强班干部队伍建设，发挥少先队、班委会等组织的阵地作用，组织开展好学生班委会成员竞聘、培训指导等活动，推进班干部的自主管理能力，进一步增强学生的自律、自强、自立意识。

2. 密切家校联系，构建三维网络

努力形成以学校教育为主体、以家庭教育为基础、以社会教育为依托的教育格局，发挥教育的整体效应。积极争取家庭、社会共同参与和支持学校德育工作。学校主动搭建各种家校沟通平台，完善家委会会议制，通过教师家访、家长会和家教讲座等途径指导和健全家庭教育作用，引导家长参与班级管理，推进家长学校建设，发挥家庭教育的积极作用，形成家校教育合力，共同构建育人平台。

3. 巩固养成教育，加强学生思想道德建设

以"每周做好一件事"为重要抓手，通过"规范仪容仪表系列""提高时间意识系列""文明校园系列"等专项教育，持续推进学生仪容仪表、行为习惯的规范和精神面貌、品质修养的提升。

深入开展学生养成教育，通过班级量化考核评比的形式，对学生卫生打扫、就餐纪律、课间活动、集会活动、阳光两操、离校返校纪律进行教育引导，促进学生由他律逐渐转变为自律，提高学生的自我管理。

开展真善美教育。通过班会、升旗仪式、德育活动等方式，引领

学生认识到什么是真善美，促进学生追求真善美，培养学生具有形象儒雅、举止优雅、气质高雅，言谈风雅的新时代小学生形象，培养学生形成文明、高雅、阳光的美好青春气质。

德育检查情况每日一反馈、每周一汇总、每月一考核。在每周的升旗仪式上对上周优秀班级进行表扬，发放流动红旗，通过及时的反馈和表彰，提高各班学生争先创优的积极性。

4. 落实五育并举，开展多彩德育活动

扎实开展以社会主义核心价值体系为内容的爱国教育活动，结合"清明节""劳动节""母亲节""端午节""父亲节""建党节"和二十四节气等节日进行爱国主义教育、优秀传统文化教育、理想信念教育、养成教育、感恩教育、诚信教育、安全教育等主题教育活动，开展"爱祖国、爱学习、爱劳动"的三爱教育活动和"节粮、节水、节电"的"三节"教育活动，使学生的思想、行为习惯在日积月累的教育熏陶中不断提高。

（二）面向未来的教学工作

1. 打造研磨"新"场景，强化研究脉动

教师教研要提升课堂研磨能力，一是"独磨"：基于个人经验的磨课。教师个体对课例进行深入而独立的推敲，积累各类素材，完善教学思路。二是"互磨"：基于同伴互助的磨课。团队教师继续对课例进行研究，改进方案，在思维碰撞中提升认识。三是"引磨"：基于专家引领的磨课。在专家的指导下，教师突破思维定式，拓宽眼界，站得更高，看得更远。四是"研磨"：基于个人反思与研究的磨课。根据前期磨课的实践成果，倡导教师重新对课例进行反思与提炼，捕捉蕴藏其中的教学规律，及时记录，细细品磨。各学科研磨坚持"规划一张图，全盘一盘棋"的战略，通过打造高效魅力课堂，突出教师个人的教学特色，让课堂充满激情和智慧的力量。

2.打造改革"新"生态，促进深度学习

以提高课堂教学质效为重点，以积淀科学素养、人文素养，培养学生的思维品质、实验动手能力、交流能力、信息技术能力、自主学习能力、创新能力为目标，积极推进课堂教学改革，持续探索适应新课程改革精神、尊重学生身心发展规律和学科特点的有效教学策略与模式，建立反映新课程基本理念的新型师生关系，运用贴近学生实际、贴近学生生活、与社会发展、科技进步紧密联系的教学资源。尊重学生主体地位，注重学生的学习状态与情感体验，开展"基于自主学习的小学教与学方式变革的实践研究"，深化新课程改革，激发学生独立思考和勇于创新的意识，提升学生自主学习、自主探究的能力，构建四种学习境界，让学生快乐学习、主动学习：一是主动学习境界，采取主动的、探究式的、游戏化的学习方式，让学生在积极体验中学习知识，养成个性，培养能力；二是深度学习境界，鼓励学生把鲜活的生活引入课堂，创设更多的动手机会，让学生用所学的知识解决实际问题，掌握知识间的深层联系；三是开放学习境界，学校的全部教育资源全方位向学生开放，实现课堂教学延伸，培养学生自主学习能力；四是无边界学习境界，挖掘外部一切有利的教育资源，突破校园的界限，开展研学、社会实践、综合研究等学习形式，升华学生的品格。

3.打造活动"新"机制，引领教学潮流

学校坚持"骨干示范、名师辐射、龙头示范、教研互动、科研引领、反思超越"的实施策略，建构"目标协作式、亮点展示式、学科交流式、课例研讨式"等多种大教研模式，实现教师专业成长。

4.打造阅读"新"篇章，实现厚积薄发

学校继续坚持大阅读理念，构建学校阅读、自主阅读、亲子阅读共同体，制定科学阅读评价体系，让学生在阅读中成长。

（三）面向未来的学校管理

1. 用智慧学习提升学校管理

学习是智慧的源泉。任何学习上的自我满足和松懈，都只能导致思想上麻痹和行动上的落伍。因此，学校领导和教师要不断用新知识武装自己，提升自身素质。要强化终身学习的意识，积极创建"学习型校园"，建立科学合理的学习制度，营造积极向上的学习氛围，研究科学的学习方法，努力学政治、学理论、学业务、学新知识，勤于学习、善于学习、学而不厌、学以致用，才能使学校各项工作在不断学习中求发展，求进步。

2. 用暖心服务激励教师成长

实施了有温度的人性化管理模式，管理精细化、规范化、人性化。始终坚持既用规范化的管理制度来规范师生的言行，又倾注于情感化的关怀来激励教师的工作热情。把制度和情感两者有机地结合起来，建立健全学校管理制度，完善教师的考评、考核方案，增强了教师的工作积极性和责任心。

3. 用精细管理提升办学品质

"细节决定品质，细节决定成败"，常规管理、规范办学要"从最细微最切近的事物入手"（叶圣陶），于细微处见精神。"鸡毛蒜皮"的小事往往折射出学校的管理水平，比如，卫生、礼貌等都是一些非常小的事情，但只要做好了，一来可提高学校办学的声誉，在人们心目中树立起尊师守纪、卫生文明的良好形象，二来可以培养学生身体力行的动手能力、爱护劳动成果的自觉意识和学会尊重他人、文明礼貌、讲卫生的良好习惯。所以精细的常规管理一定要树立"学校无小事，事事见精神"的理念，从身边的小事做起，从一点一滴做起，由易到难，由简单到复杂，循序渐进，逐渐养成良好的行为习惯，促进规范管理水平的提高。

4.用高品质活动造就学校品牌

活动是学校对外宣传的"窗口"和"名片"，是形成特色办学的有效途径。活动也是常规管理，规范办学的载体，是培养学生集体主义、乐群精神的平台，是对学校实施素质教育、对学生接受知识技能的一种检验，是学生综合素质的集中展示。高品质活动有利于培养学生的团结拼搏精神，陶冶学生情操，形成较强的凝聚力，增强集体荣誉感。

未来，长春力旺实验小学将继续在启发潜能教育理念的基础上，围绕德育、管理、教研三大方向推动学校创新发展，培养全面发展的人。

（撰稿人：温剑　李壮　王威）

以"一三五七"科研模式引领
学校教育高质量发展

长春博硕学校

校　　训：仁爱诚朴　智美勤勇

办学理念：做扎根的教育，让梦想成真

一、理念先行——做扎根的教育，让梦想成真

长春博硕学校，前身为北京师范大学长春附属学校，始建于2015年，是一所集小学、初中、高中于一体的、多层次办学的民办学校，2022年，更名为长春博硕学校。学校自成立时便以"做扎根的教育，让梦想成真"为办学理念，以"仁爱诚朴、智美勤勇"为学校的校训，凝练的这八个字，其内涵又与"博学笃志，硕德美行"同义，故为"博硕"。"做扎根的教育，让梦想成真"的办学理念，最初受北京师范大学对学生未来的成长状态的"人、爱、创新"理念启发，立志扎根本土、本地，实现教育梦想与理想。学校以培养适应未来社会发展的人才为目标，以建百年名校为愿景，扎根基础教育，为此提出了一系列的方针和思想，坚持立德树人、五育并举；坚持生本课堂、多元发展；坚持赋能评价、多维客观；坚持文化兴校，大兴科研之风，而且形成了以科研引领学校教育、教学、评价、管理的良好态势。

二、模式并行——助力学校办学，让发展有向

（一）构建"一三五七"科研模式，让科研引领发展，彰显文化立校、科研兴校

在学校持续、高质量、有内涵的发展过程中，逐步总结提出了适合学校发展的"一三五七"科研模式，引领教育教学评价深入前行。即"一个中心、三类课题、五个渠道、七种方式"的科研模式来促进学校教育教学改革和评价体系的提升。

一个中心：学校建立科研中心，组建了一支科研精英团队，负责协调、组织和管理学校的科研工作，制订学校整体科研规划，每三年一个主导课题，涉及教育、教学、管理、评价等多方面，组织教师科

研培训，组织课题的申报、研究、结题等工作。着力形成从有研究意识，到有研究能力再到有研究水平的科研队伍。

三类课题：立足学校发展的主导课题、持续优化课程的长线课题、关注一线教学真问题的校本小课题。以三类课题为抓手，协同多方力量，综合布局，交叉研究，构建集成科研大研究范式。

五个渠道：指教育行政部门、教育科研部门、高校、"树蕙"联盟成员校和社会组织通过与这些渠道建立联系和合作，引进先进教育理念、科研成果和技术资源，将我校课题研究做深做精，促进教育教学改革和科研创新，带动区域教研协同发展。

七种方式：包括教师科研培训、科研项目申报、教师科研示范、学生科研活动、科研成果凝练、科研成果巡展、区域科研带动，为教师和学生提供多样化的科研活动和交流机会，激发教师科研热情，焕发科研创新的活力。

通过"一三五七"科研建设模式，我校建立了系统化、规范化和可持续发展的科研建设机制，全方位多层次为师生提供良好学术氛围，提高教师个人、教研团队的科研能力和水平，推进教育教学改革和创新发展。同时，在科研模式的引领下，教育教学、管理评价也逐步总结、提升，形成了具有符合学校特色和实际的成果"模式"，既便于引领部门工作，又便于操作施行。

（二）构建"一三五七"课程模式，让生本课堂落地，彰显立德树人、五育并举

1. 构建课程模式，突显学校办学理念

现代社会呼唤综合性人才，学生多方面核心素养的提升需要"五育融合"的课程来完成，学校在全面落实国家课程指导纲要，严格执行国家课程标准的基础上，依据国家及地区的课程开发、管理、评价等方面

的要求，根据学校的办学理念，学校的课程目标确立为"一三五七"课程体系，即一个理念：坚持"做扎根的教育，让梦想成真"的办学理念；三级课程：构建"以生为本"的三层级课程体系（基础课程、拓展课程、融合课程）；五根育才，打造基于"扎根教育"理念的"五根育才"的"课程树"，这五根是：养德之根、启智之根、勤劳之根、善美之根、强体之根；七类融合：建立基于学生发展的七大中心下的融合课程，即德育思政与思政德育一体化课程、校园戏剧课程、传统文化课程、书香校园课程、STEAM＋课程、生涯教育与心育课程、冰雪文化课程。围绕"人""爱""创新"这一核心价值，创建学校发展的课程树，建构课程的开发、实施和评价体系，为促进学生全面而有个性的发展提供更多选择。

目前，学校开设戏剧、吟诵、古琴、书法、创新实验、手工制作、科学探究、STEAM、无人机等小初高共计218门社团选修课程。创办"课程超市"，学生根据"超市"提供的"课程菜单"自主选课，基本实现了课程体系现代化、特色化。同时学校以读书月、艺术节、科技节、体育节、传统文化日等具有特色的学生活动为平台，培养了学生的"自主规划、自主管理、自主实践"能力及健康的情操、坚韧的品质，学生的综合素质全面提升，达成"博学笃志，硕德美行"的课程目标。

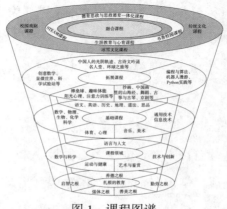

图1　课程图谱

为保障课程的有效实施，学校成立了课程管理委员会，负责协调各部门工作分工、职能分配。

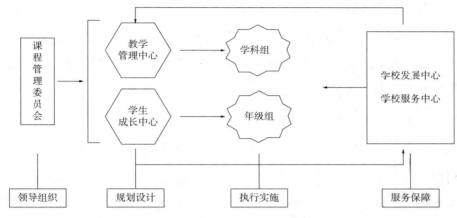

图2　长春博硕学校课程组织建构图谱

2. 坚持生本课堂，突显教学管理理念

（1）从管理上看"生本"理念。学校坚持"以生为本"的教学管理理念，突出学生在管理中的主体地位。实现高压式管理向情感性管理的转变，做到尊重学生、理解学生、关爱学生，使学生管理为教学管理服务，为学生发展服务。引导学生实现"自我管理"，充分发挥学生的主观能动性。从教学环节上看，细化教学过程，严格做好动态管理，以集体备课为载体，建立高效、共享、反思的新型备课方式，引领教师开展实践反思，促进教师专业成长，提高课堂教学质量。

（2）从教学上看"生本"理念。学校鼓励教师个性化教学，着力打造以学生学会学习、主动学习为核心的生本课堂、快乐课堂、现代课堂和有效课堂，张扬教学艺术，提升教学品位，激发学生的学习热情，培养学生个性化思维和独立人格。

（3）从规律上看"生本"理念。教师教学要尊重学生成长规律，

261

善于打破单纯课堂限制，始终牢记"没有兴趣就没有学习"的学习理念，建立导师引领式、小组合作式、个性发展式、社会实践式和项目式学习等满足学生个性化发展需求的多元学习方式。

（4）从学科上看"生本"理念。建构基于学科特色的学科活动体系，践行"学生活动学科化"，使学科核心素养全方位扎根于常规教育教学过程中，充分发挥学科教学及学科活动的育人功能。

（5）从机制上看"生本"理念。学校将系统规划，科学定位小学、初中、高中各学段的学科发展，构建有利于学科自觉发展的长效机制，搭设市级、省级、国家级学科交流与学习的多元平台，主动凝练学科教育理念，突显学科发展特色，掌握学科学习规律，内化学科学术文化，不断提升名师辐射力和学术影响力，打造厚重大气、站位前沿、有底蕴、有内涵的特色学科和优质学科。建设厚重大气、站位前沿、有底蕴、有内涵的学科教师团队。

3. 坚持立德树人，突显学生主体理念

（1）依据人才培养目标，确定学校德育课程目标。学校以立德树人为根本任务，德育工作秉承系列德育养成习惯，从人际交流、传承担当、身心健康、遵守秩序、计划行事、分享合作、艺术素养、个性修养、勤于动手、科学思维、逻辑方法、综合能力十二个维度分解和设计基于习惯养成的德育常规活动。

学校以"培养具有家国情怀、社会担当、世界眼光、未来意识、科学精神和创新能力的适应未来社会发展的优秀人才"为人才培养目标。依据学校的人才培养目标，深挖其中的德育教育内涵，确定学校德育课程目标为"树德·修身、立志·明心、致知·笃行"。

（2）根据课程目标，构建学校德育课程结构。围绕学校的德育课程目标，根据学校实际情况，联系学生的学习进程和生活实际，构建"价值信仰教育、行为管理教育、成长规划教育、心理健康教育、责任担当教育、创新实践教育"德育课程群。具体图示如下：

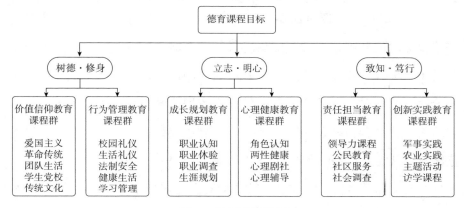

图 3　德育课程目标

（三）构建"3–5–2"评价模式，让积极赋能生效，彰显客观公正、鼓励进取

在课堂教学、德育教育发展过程中，学校也逐渐形成了管理评价模式，探索并构建出了新时代小初高一体化学校"3–5–2"综合评价模式，见下图。

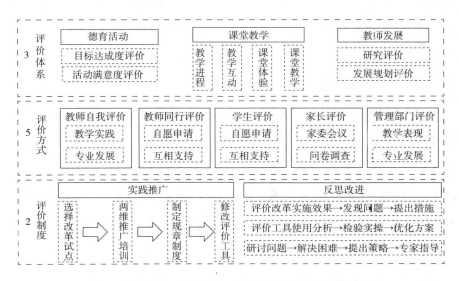

图 4　小初高一体化学校"3–5–2"综合评价模式图

1. "3"是建构德育活动、课堂教学、教师发展三维度相结合的评价体系

（1）德育活动评价体系。德育活动评价属于过程性评价，主要考查德育活动的开展情况及其效果。采用德育活动评价量表，设置德育活动的相关标准和量表，通过评价者对活动的评分，考查德育活动达标情况及存在的问题，为后续活动提供改进依据。德育目标达成度评价，在活动前设置德育目标及活动后评价目标的达成程度。这可以考查活动的整体效果及需要加强的环节。德育活动满意度评价，采用问卷调研的方式，了解参与活动的教师、学生及家长的满意度。这可以检验活动的实际效果。

（2）课堂教学评价体系。课堂教学评价也属于过程性评价，主要考查教师的课堂教学行为及其效果。采用教学进程评价，评价教师在整堂课的教学组织、板书设计、环节安排、语言表达等方面的表现，监测教师教学技能的运用情况。教学互动评价，评价教师与学生及学生与学生之间的互动交流情况。可以检验课堂的互动性与效果。学生课堂体验评价，采用问卷或访谈的方式了解学生在课堂中的进步、收获和困难等体验。可以考查教学的成果。课堂教学评价由评选出的专家教研组成员进行，评价要注重诊断性反馈，帮助教师发现教学问题和专业成长的方向。

（3）教师发展评价体系。教师发展评价属于结果评价，主要考查教师专业发展的效果与水平。采用教学评价，综合分析教师的课堂教学评价结果，评价教师的教学能力与水平，检验教师专业发展的最终产出。研究评价，评价教师的专业研究成果，如论文发表、课题完成、著作出版等情况，考查教师的专业精进能力。发展规划评价，评价教师专业发展的短期计划与长期规划的科学性及执行情况，考查教师的发展意识与持续学习能力。

2."5"是建立教师、教师同行、学生、家长、管理部门多元主体的评价方式

（1）教师自我评价。要求教师对自己的教学实践与专业发展进行审视与评价。包括教学反思日志，教师记录自己的教学实践，对教学活动进行反思，分析存在的问题并提出改进方案，培养教师的反思意识与能力。

（2）教师同行评价。同行评价遵循自愿申请与互相支持的原则，申请教师需要提供相关教学资料以供评价者了解。评价注重教学的专业性，从教学方案、教学方法、教学语言与教学互动等方面展开，提出专业化的指导意见与改进建议。同行评价的结果通过面谈的方式反馈给申请教师，评价者与申请教师共同探讨评价意见，达成教学改进的共识。其他教师也可以选择参加评价面谈，实现评价经验的共享与交流学习。

（3）学生评价。学生评价主要由学生对教师教学活动与课程学习进行评价。采取问卷调查、访谈等方式。学生评价注重学生的实际学习体验，评价项目包括：教师教学态度、语言表达及师生互动等，检验教师的教学表现。

（4）家长评价。家长评价是学校教育评价不可或缺的组成部分，家长和学校加强互信与合作，切实发挥好家长评价的作用，共同促进学生全面发展与学校教育改革发展。我校的家长评价主要通过家委会会议、问卷调查等方式，收集家长对孩子发展变化及学校服务的评价意见。学校向家长提供评价的渠道与机会，听取家长的意见与建议。评价内容可以包括：孩子学习态度、学习习惯与学习成绩的变化，检验教育教学的实际效果。学校的学习环境、活动安排与服务质量等，检验学校的办学水平与存在的问题。

（5）管理部门评价。管理部门评价主要由学校相关管理部门对教

师的教学表现、专业发展进行系统的评价。基于日常管理的全面了解，对教师进行系统评判。采取专家评审与绩效考核相结合的方式，评价内容包括：教学效果，评价教师的教学质量与成效，如学生评价结果、教研观摩结果等。专业发展，评价教师专业知识的更新、技能的提高与研究的进展等。学校贡献，评价教师在校内外推动学校发展的贡献，如担任重要职责情况等。

3. "2"是建立实践推广与反思改进相结合的评价制度

（1）实践推广。选择试点，选取部分学科、年级或学校开展评价改革试点，总结成功经验推广至更大范围。这可以控制风险，积累宝贵的实践经验。从理论和实操两个维度进行推广培训，对试点工作成果及成功案例进行宣传，使更多教师、学生与家长理解新的评价理念与内容。制定规章制度，总结评价改革试点的工作方法与机制，形成规范化的评价操作流程，作为学校评价的指导性文件。

（2）反思改进。由学校组织相关管理人员对评价改革实施效果进行反思，发现存在的问题，提出有针对性的改进措施。重新审视评价的目标与要求，检验改革措施是否切实落实相关目标要求，发现工作的偏差与不足之处。就评价过程中的具体问题与困难进行研讨，提出可行的解决办法或改进措施，提供专家的指导与协助。重新审视相关的规章制度，发现制度设定与实际执行的差异，提出相应修订意见，更加科学与规范地指导实践。

三、效果随行——沉浸实践体验，让成功有显

（一）形成了良好的思维习惯和学习观念，生本课堂成为主旋律，小组合作、独立思考已成为常态

生本课堂的大力推行，广大学生成为课堂的主人和主体，使他们

能够积极思考，表达自己的观点，又使他们能够借助别人的观点，启发自己的见解，小组合作已成为学生自主学习的常态。生本理念从小学到高中的大力推进，学段衔接，思维逐渐成为体系，作业分层，更使广大学生找到了自己的位置和自信，积极思维习惯和学习观念已经在学校各个学段蔚然成风。到 2023 年 9 月，高中已有两届毕业生，本科上线率都达到了 100%，重本率平均达到了 50%；初中已有五届毕业生，一年比一年攀升，2022 年中考，700 分以上的，占考生人数的 25%，已然进入大校、强校行列；小学毕业生也非常优秀，成为初中校的佼佼者。

（二）形成了良好的行为习惯和道德观念，核心价值成为主旋律，团结友善、互帮互助已成为常态

多年来，学校着力打造了一支"师德高尚、以学生为本、理念先进和特色鲜明"的优秀班主任队伍，让班主任成为人人羡慕、人人尊崇的岗位。同时学校强化教师职业精神的培育，全面提升学校德育教育品质。通过德育课程的实施，广大学生形成了良好的行为习惯和道德观念，从小学，到初中再到高中，团结友善、互帮互助的现象已成为常态。

学校继续拓宽家校合作渠道，建立多元化的家校合作与沟通平台，把家校合作作为一项重要的社会资源列入学校课程发展资源库当中，建设家长学校，建立家校协同机制。从家校育人责任、家校沟通方式、家庭教育指导、科学教育观念、理性确定孩子成长预期等方面，设计成系列的家长学校教育课程，建立科学有效的家校沟通渠道，让家长和学生共同成长，最大可能地减轻、减少家校矛盾，形成家校合力，促进教育理解和学生的健康成长。社会主义核心价值观在我校已深入人心。

（三）形成了良好的评价体系和评价意识，客观公正成为主旋律，多元多维、积极进取已成为常态

评价体系涵盖学生德育发展、学习发展和身心健康发展等方方面

面，有利于促进学生的全面发展，有助于学生形成自我监控的能力，培养良好的学习习惯和学习态度，营造学习定力。

评价体系的实施有助于规范教师的教学行为和研究行为，不断提高教学与研究质量、有助于教师不断更新教育理念，丰富教学经验，提高研究水平等，促进其专业发展；有助于规范学校的管理行为，不断提高教育教学质量与办学水平，优化资源配置。评价结果可以为学校提供依据与参考，指导学校合理配置教学资源、行政资源和财政资源等，发挥资源效益，增强竞争优势。

科学的评价体系和积极的评价结果有利于彰显学校的办学特色和教育成果，提高社会影响力与美誉度，增强学校的竞争优势，推动学校持续改进。评价结果的反馈可以指导学校管理层和教师不断优化工作思路和行为举措，发现问题与不足，持续改进，促进学校发展。

四、未来远行——深刻反思总结，让步履有速

未来，学校将按照党中央提出的"建成文化强国、教育强国、人才强国、体育强国、健康中国，国民素质和社会文明程度达到新高度，国家文化软实力显著增强"的总体要求，进一步落实立德树人这个新时代教育的根本任务，坚持习近平新时代中国特色社会主义思想，认真学习、理解并深入、全面贯彻习近平同志关于教育的著名论断。笃行"办一流百年名校"的教育理想，继续实践"培养适应未来社会发展的人"的育人目标。坚持中国特色社会主义教育发展道路，促进德育、智育、体育、美育和劳动教育有机融合，提高学生综合素质，培养德智体美劳全面发展的社会主义建设者和接班人。依法办学，以人才培养为根本，以办学质量为基础，以教科研为先导，以实施素质教育为主题，以教师队伍建设为核心，以办人民满意的教育为宗旨，推进学校优质化内

涵式发展。

（一）未来新思路

坚持党的全面领导。认真学习和贯彻党的教育方针，深入理解习近平总书记关于教育的论断阐释，为实现未来学校内涵式、高质量发展提供根本保证。

坚持以学生为中心。坚持学生主体地位，坚持共同发展方向，激发广大学生的积极性、主动性、创造性，不断发掘和实现学生的智慧和潜能。

坚持新发展理念。把新发展理念贯穿未来学校发展全过程和各部门，构建新发展格局，推动课堂教学质量变革、效率变革、动力变革，实现更高质量、更有效率、更可持续的发展。

坚持深化改革。坚定不移推进改革，加强学校治理体系和治理能力现代化建设，破除制约高质量发展的体制机制障碍，强化有利于提高课堂配置效率、有利于调动全校师生员工积极性的重大改革举措，持续增强学校发展的动力和活力。

坚持系统观念。加强前瞻性思考、全局性谋划、战略性布局、整体性推进，统筹本部学校与托管学校良性发展，坚持用先进的教育理念调动教师发展、学生成长的一贯性和系统性，着力固根基、扬优势、补短板、强弱项，注重防范化解学校发展的风险挑战，实现发展质量、结构、规模、速度、效益、安全相统一。

（二）未来新举措

1. 充分发挥党组织的战斗堡垒作用和党员教师的先锋模范带头作用，为学校发展保驾护航

在未来学校的发展中，学校党建工作要认真学习习近平总书记关于教育的理念和论断，将牢牢把握党中央有关于教育方面的部署要求，

抓好组织建设、思想建设和作风建设三项重点工作；贯彻党把方向、谋大局、定政策、促改革的要求，推动全校党员教师及全体教师深入学习贯彻习近平新时代中国特色社会主义思想，增强"四个意识"、坚定"四个自信"、做到"两个维护"，完善上下贯通、执行有力的组织体系，发扬建党精神，勇于担当，以求真务实的作风把党中央有关于教育的决策部署落到实处。

2. 探究育人本质，通过落实德育思想、建构德育课程、畅通德育途径，提高学生思想品德修养

在未来学校的发展中，学校要创新德育教育模式。逐步推进并重点落实国家系列德育工作要求，以培养学生良好思想品德和健全人格为根本，以促进学生形成良好行为习惯为重点，以学校德育系列课程开发与实施为抓手，力争提高学校德育工作水平。依据学校育人目标和"五根育才"的课程目标，根据学校实际情况，联系学生生活实际，建构体现学校特色的德育课程体系，挖掘课程内涵，精心设计课程内容，优化德育教育方法，发展学生的道德认知，注重学生的情感体验和道德实践。

关注学生的心理需求和情感体验，做好学校心理教育工作。加强源头管理：建立新生心理健康筛查和在校学生积极心理状态测评机制，及时了解学生情况；及早了解、分类疏导各种压力，避免因压力无法缓解而造成的心理危机。加强过程管理：科学运用学生心理健康测评结果，积极探索建立"一生一策"的心理成长档案，强化日常预警防控，借助社会力量加强心理咨询辅导工作，三年内建设完成符合学校实际的心理健康课程体系。

3. 基于新教材、新课标、新高（中）考改革的背景，探寻新的、先进的教育理念，引领教学优质发展

面对着新教材、新课标、新高（中）考的改革与深入，学校在未

来发展中，必须把握先机，运筹帷幄，探寻新的、先进的教育理念，引领教学优质发展。求是求实，求变求质，在新时代背景下，构建适合各学段的教学组织模式；积极探索教与学方式的转变；增强学生自主学习能力，挖掘学生多元潜能，培养学生独立思考和运用所学知识分析问题、解决问题的能力，为实现学生可持续发展打下坚实根基；进一步发展和完善新的常规教学体系和评价机制，更加重视过程评价，促进学生成长和发展；学校将充分发挥一体化办学资源优势，积极探索各学段教学的基本规律，促进学段间教学的优效衔接。

教学领导力是学校核心领导力，教学质量是民办学校的生命力。要实现教学的"零距离"管理，沉心静气，努力提升教学质量；教学以学科建设工作为重心，提升学科内涵，优化学科结构，形成特色学科文化、制定各学科常规教学的底线标准，为分级分层教学提供理论依据和实践准备；结合学校和学生的实际，设置基础性和开放式的课程群，探索和推行选课制和走班制。

4. 依法依规办学，立足教师发展，加强课程文化建设，面向未来，全面推进学校优质化内涵式发展

坚持依法治校，规范办学行为。增强师生法制观念和民主意识，基本形成符合法治精神的教书育人环境，是我校实现优质化内涵式发展的重要抓手和保证。坚持科研兴校。教师要有科研意识，并逐步形成一定的科研能力，每个学科组都要有意识地发现和培养有科研意识和能力的教师，以学科研修为重点，让科研之气蔚然成风，实现教师的学术型成长。

加强教师基本业务素质考核和提升。要求学校教师要能准确使用国家通用的普通话进行教育教学，语言规范、准确，尽量丢掉杂碎的口头语；强化"三字一话"基本技能；深读、精读学科课程标准，加强备课，

提升教师教书育人能力素质；能轻松驾驭课堂并应对课堂生成；加强师德师风建设，重视青少年身体素质和心理健康教育；学习现代化信息技术手段，发挥在线教育优势，应对突发事件引起的在线授课情况；鼓励、引导教师多读书、多学习，树立终身学习体系，建设学习型校园。

学校建校 8 年来，在科研兴校理念的感召下，以"一三五七"科研模式引领的学校教育、教学、管理、评价的发展，取得了令人民满意的可喜效果。今后，我校将继续大兴科研之风，助推学校内涵式高质量发展。

长春博硕学校人深知：化民成俗，唯在庠序，国运兴衰，系于教育。教育要有高度，重教崇文，在乎古今相继；教育要有厚度，欲开风气，教育恒自新；教育要有力度，教育者，养成人性之事业也；教育要有温度，"温暖无界"。展望长春博硕学校的未来，博硕人将并肩携手，向着高质量发展的美好明天勠力前行！

（撰稿人：侯天宝）

推进"解放教育"高质量发展的实践探索

长春市朝阳区解放大路小学校

校　　训：学思结合　知行合一

办学理念：求真务实办学　高瞻远瞩育人

长春市朝阳区解放大路小学校创办于 1947 年，是全国首批办好的重点小学、朝阳名校、解放教育集团集团长校。在 76 年办学实践中，学校始终秉持改革创新的思想，在学校管理、队伍建设、教育教学等各方面不断取得新的突破。

一、高标准定位学校办学理念

在办学实践中，学校践行"求真务实办学、高瞻远瞩育人"的办学理念，以全面贯彻党的教育方针，促进学生的全面发展，推进全面育人为己任，通过依法治校、科研兴校、质量强校办学方略，推进学校高质量发展。

学校从 20 世纪 90 年代开始实施小学外语"三早"课程改革实验，参与、承担了 300 余项国家和省市级课题研究，涵盖了办学模式、现代教育技术、学校标准化、课堂教学模式、校本科研等一系列促进学校发展的科研项目。其中，英语课程改革实验发展成为省内外知名的特色品牌，全纳教育项目"柯树籽"特殊教育实验班推进了朝阳区特殊教育学校成立。如今教育科研已经成为学校发展和教师教育教学活动的重要理论支撑和提升工具。

学校不断深化教育改革，依托陶行知"六大解放"教育思想，实施"解放教育"，承担了吉林省教育科学规划重点课题"解放旨趣下卓越学校的构建研究"和全国教育科学规划课题"卓越学校的理论与实践研究"，课题成果被吉林省政府授予教学成果三等奖。

目前，学校建设了一支专家引领下的骨干教师队伍，特级教师 3 人，正高级教师 4 人，省学科带头人 6 人，省级骨干、科研骨干教师 18 人，市级科研名校长、骨干、科研名师、科研骨干 34 人。校级领导全部参与课题研究，教师参与比例 70% 以上，逐步形成了科研校本化氛围，即教师培训校本化、课题研究校本化、课程实施校本化、三题活动校本化，校本研究逐步成为教师教育科研的自觉与自行。

二、高质量构建"解放教育"特色

学校坚持深化"解放教育"研究，把"六大解放"理念与发展目标进一步融合，形成了"解放孩子的头脑让他想——学会思考，成为思想者；解放孩子的眼睛让他看——学会观察，成为发现者；解放孩子的口让他发表意见——学会表达，成为交流者；解放孩子的双手让他做——学会创造，成为实践者；解放孩子的时间让他自由支配——学会管理，成为自主者；解放孩子的空间让他到大自然中去——学会想象，成为创造者"新的内涵。在此基础上，学校通过实施"解放校园币"评价体系，确立以"十枚校园币"和"三阶段"培养目标的评价机制策略，使学生综合素质评价落实落地，让学校的办学理念和发展目标更加清晰准确。

（一）"解放校园币"评价的内涵

"解放校园币"是针对学生综合素质评价如何落地而进行的应用性研究，目的是通过评价帮助学生扣好人生第一粒扣子，为学生健康成长导航。

1.明确"解放校园币"评价目标，体现"四个突出"

突出实用性。评价体系要具有可操作性、实用性，使教师、学生和家长能够切实通过运用评价有效促进学生的全面发展，让评价成为一种简便易行的激励措施。

突出发展性。既要着眼于学生六年小学生涯，更要着眼于学生未来的发展，充分体现正面的、激励性的评价，激发学生的内驱力，把他律转变为自律，促进学生全面的、可持续的、自主的发展。

突出全面性。在实施的过程中，评价要素要与综合素质有效融合，促进学生德智体美劳全面发展。

突出导向性。评价结果要体现即时性，更要体现导向性，逐步引导学生向更高更深更远的方向和目标努力。

2. 构建"解放校园币"评价内容

本着用评价激励内因、用评价促进养成思路，将学生综合素质与评价相结合，根据学生的综合素质要素和学生年龄特点，融合为十个方面评价内容，设计了一套十枚校园币，即道德币、文明币、爱心币、责任币、智慧币、乐学币、自护币、勤俭币、健康币、艺术币。其中，道德币为评价核心要素，突出立德树人，道德要素蕴含于其他各种校园币，各种校园币既有各自特征又相互交叉融合；在学生综合素质方面，既关注了学生品德发展、学业发展、身心发展，又体现了兴趣特长养成、学业负担等内容。校园币充分体现了与五育对应关系为：道德币、文明币、爱心币对应了"德"；智慧币、乐学币对应了"智"；健康币、自护币对应了"体"；艺术币对应了"美"；责任币、勤俭币对应了"劳"。

校园币的设计采取背面是校园币的形象大使，即我们的优秀学生代表，上面有他们的事迹、照片和"名人名言"，力求通过这样的方式让孩子们心中有目标，身边有榜样，典型榜样与现实的校园生活相结合，使学生不觉得遥远和陌生。

3. 确立三阶段目标

坚持"跳脚摸高"的思路，降低难度，提高参与度，设计了分阶段、渐进型、梯次式的三阶段培养目标，即低年段注重学生说话做事等行为习惯的培养，引导学生做"可爱的解放人"，做到"六个学会"，即"学会说话、学会做事、学会自律、学会自护、学会学习、学会交往"；中年段注重学生见识气质的培养，引导学生做"了不起的解放人",做到"五有",即"有见识、有本事、有心胸、有风度、有担当";高年段注重学生责任品格的培养,引导学生做"有特质的解放人",做到"六具备",即"昂扬的状态、文明的举止、敏锐洞察力、强烈责任感、坚毅的品格、感恩的情怀"。

4.实施有效的评价结果运用

"解放校园币"采取递进式评价,即十种校园币对应十种校长币,每集齐一种十枚校园币就可以兑换对应的一种校长币,孩子们就可以实现一种愿望,集齐十枚校长币,低年段被命名为"可爱的解放人",中年段被命名为"了不起的解放人",高年段被命名为"有特质的解放人",每学期末对获奖学生进行表彰,登名生榜;在低中高三个学段均获得该荣誉的学生将被命名为"解放精英",在年末全校大会上予以表彰,颁发证书和奖杯,登"解放精英"榜。

(二)"解放校园币"评价的实施

在全员、全面、全程的评价实施中,让学生成为评价的主角。

1.全员评价,让每个人都积极参与评价

"解放校园币"评价突出全员性评价,做到评价无死角。班主任、一线任课教师根据课堂教学、班级管理等情况予以评价;学校领导、教辅后勤人员以及学校其他工作人员等均参与评价,根据孩子们在其他方面的良好表现进行评价。

2.多元评价,让每件事都引导孩子成长

转变过分重视学业成绩而忽视其他方面的评价传统,做到多方面关注:既关注学生的学业成绩,又关注学生的行为养成;既关注学生现实的良好表现,又关注学生的潜在变化;既关注学生课内校内行为,又关注学生课外校外行为;既关注多数学生的整体表现,又关注少数学生的个性差异。

例如，根据各种大型活动、比赛、公益活动等级别、难度、贡献度等颁发校长币或者多枚校园币；对于社会公德好受到表扬及家庭表现突出的学生，同样发放校园币或者校长币。

对于学业成绩优秀的学生奖励智慧币，学业成绩一般但学习努力、取得进步奖励乐学币；健康币不局限于体育比赛，认真参加体育活动、做好眼保健操、做好课间操也会获得；履职尽责、认真做好服务班级工作、参加志愿服务劳动、做好家务，可以得到责任币；勤俭节约、不浪费可以得到勤俭币；等等。

这样就使学生集币的过程成为一个自我反思、自我提升的过程，促进了学生良好的综合素养的形成。

3.激励评价，让每个人都体验奋斗成功

实施解放校园币评价，让学生在行为养成、学业成绩、潜质开发、体艺特长等诸方面均得到极大转变，进一步丰实了"解放教育"内涵。

例如，每年5月学校都要举行体育科技艺术节，学校把活动的组织权放手交给学生，从会徽、会标到吉祥物，都来自学生的广泛征集，最终由教师、学生、家长代表投票选出。项目设立不局限于体育比赛，还包括科技、乐器、舞蹈、声乐、绘画、书法等。每个项目既有个人组，又有组合组、集体组，确保学生全体参与。举办活动的目的不是选拔专业运动员、画家、音乐家、科学家，是希望更多的孩子参与其中，让他们每个人都能发挥特长、找到自信，而不做场边为别人喝彩的看客。如果他们能从比赛中获得成就感，就会爱上运动、爱上科技、爱上艺术，进而培养终身运动的习惯、勇于创新的品质，为终身健康赋能，为成长加分。搭塔竞高、高空抛鸡蛋、纸桥承重、纸飞机竞远等动手动脑项目，总能吸引孩子们争相参与。

再比如，学校围绕传统文化教育、民族精神教育、感恩教育、励志教育等内容，发动学生利用所学知识和技能，自主创作了各具特色的走廊文化、楼梯文化、植被文化和餐厅文化，让学生在耳濡目染中受到教育，得到提升。师生作品上墙，形成强烈的认同感和归属感：师生将"勤俭治校"活动中剩下的瓶盖制作成"龙腾盛世"的瓶盖画，师生的美术作品一一张挂在校园的显眼位置。

学校为学生提供"解放"的时间和空间，让他们"解放"双眼和双手，去发现美、观察美、欣赏美、创造美。学校各处的绿植均有学生认领养护，学生还细心地为它们做上了小标签。植物园一年四季都是绿色的世界，班级认领，懂得园艺的家长志愿者协助，学生们自己打理。在这里，不仅师生的思想和创造力得到了解放，反过来，这又激发了师生的创造性思维。学校的阅览室、科技空间、植物园都是孩子们自由出入的场所，文化氛围无声地涵育着学生，校园设施"有声"地影响着学生，让他们在体验中去观察，去发现，去创造，去发展。

（三）"解放校园币"评价体系成果

通过"解放校园币"评价体系的实施，在升级兑换过程中，促进了孩子们的健康成长和全面发展。仅 2021 年到 2023 年 12 月，学校采取评价发放、升级兑换、阶段表彰的方式，先后循环发放校园币 40 万枚，校长币 36 000 枚，颁发三个"解放人"证书 500 个，颁发"解放精英"奖杯 87 个；在学习质量检测中，获得免试学生 249 人，延迟评价学生累计 128 人次；千余人次通过国家省市级各类大赛中获奖得到校园币奖励。

"解放校园币"评价体系成果被吉林省政府授予教学成果二等奖，并在全国会议和全省局长论坛上作典型发言，"解放校园币"评价体系在省内外形成了广泛影响，成为特色品牌，每年都有来自全国各地的教育同行到学校考察学习。

三、高层次推进成果转化

"解放校园币"评价是"解放教育"深化研究的理论与实践成果，又是推进课程改革、推进学校卓越发展的有益探索，使学生综合素质评价目标落实落地，有效地促进了学生综合素质的提高和精神面貌的变化，推动了德智体美劳五育融合的课程建设。

（一）"解放校园币"评价促进学生由他律转为自律

"解放校园币"评价与阶段目标的有效融合，让学生在评价的激励中达成了"连绵不断"的正向目标，学生在获得校园币到校长币，三个"解放人"荣誉到解放精英的过程中，由一个个小目标的达成到一个长期目标的实现，形成的是有一种不断自我总结、自我反思的"行为认知"自我意识，通过这种持续性的潜移默化引导，外在激励逐步内化成为学生的一种自律意识。

（二）"解放校园币"多元评价让学生获得主动成长机会

1. 及时性评价激励导向

校园币评价贯穿于学校活动的各个方面，学生取得成绩、个人获得进步、参加各种有意义的活动都会得到校园币奖励，帮助孩子们实现了一个个目标：看马戏、去果园采摘、去农田体验劳动、担任校长助理、与校长共进午餐、外出参观、观看球幕电影等等，点燃了孩子们的热情，激发了孩子们的内驱力。

2. 延时性评价引领导向

校园币评价关注了孩子们多方面的成长和变化，让老师和家长既关注孩子们的学业，更关注他们的成长。对于学业暂时有困难的学生，采取分层次、延时性的评价方式，学生根据自己的实际可以申请延时评价，把学生的努力转化为自主的、主动的努力；当学生对自己的成绩和表现不满意时，他们通过个人努力取得进步时再进行评价，能够感受到努力和成功的喜悦，这个过程就是给予他们认识自我、发展自我的机会，对于他们也是主动成长的过程。

3. 目标性评价的价值导向

"解放校园币"评价具有鲜明的价值导向，通过目标的实现，让学生逐渐形成正确的价值观。评价的时长是整个小学阶段六年的时光，孩子们每天都在经历正向的引导和激励，每达成一个小目标都会得到及时的激励，经过日积月累就会促使学生形成良好的意志品质、学习习惯。学校一直坚持"勤俭治校"活动，每个月根据班级"勤俭治校"情况对班级进行奖励，班级对学生进行"勤俭币"奖励，通过"勤俭治校"废品回收的收入转变为学校日常使用的洗手液、洁手纸。在进行环保、节约教育的同时，让学生接受关注环境、关爱自然的道德教育。

（三）"解放校园币"让学生综合素质评价落地落实

校园币评价特别重视学生的品德发展、学业发展、身心发展以及兴趣特长，关注好奇心、求知欲、爱好特长、潜能发展，把德智体美劳各方面作为评价的主要内容，做到了评价目标、内容、方法、结果的一致性，促进学生综合素质的全面发展和可持续发展。

四、高远景制定发展目标

"解放教育"具有时代性和发展性特征，既是学校自身发展的内在需求，也是时代赋予的使命。"求真务实办学，高瞻远瞩育人"的理念将与时俱进，在新的历史条件下将紧紧围绕"高质量发展"这一主题，紧紧围绕"构建高质量发展育人体系、提升高质量发展评价策略、创设高质量发展课程文化"三大目标任务推进"解放教育"的不断深化。

（一）学校管理专业化发展建设

深入探索学校管理文化建设，在学校管理上实现班子建设专业化、管理队伍职业化、内部管理规范化。坚持依法治理，把依法依规作为学校管理建设的基础，把激励性、人文性融入其中，重视在管理过程中的能动性和自我完善作用。

在领导班子建设方面推进专家办学，形成杰出校长引领、专家校长治学的领导班子建设机制；在管理机制建设方面融合二级管理和三级管理效能，明晰职责，完善管理机制，提升效能，建立一支专业性强、凝聚力强、执行力强的管理队伍；在学校内部管理方面，坚持以人为本、因材设岗，深化学校内部管理体制改革，岗位与职责协调呼应，内部管理更加民主、科学、规范。

（二）教师队伍团队发展建设

以教师团队建设为抓手，凝练教师团队文化、达成团队共识，努力形成四个层面团队——专家型教师队伍、学科带头人队伍、学科骨干教师队伍、标准化教师队伍建设。

专家型教师队伍建设。通过课题的引领，形成以杰出型校长、专家型校长、特级教师、长白山名师、国家级教学名师为标志的专家型引领团队，通过专家工作室、特级教师工作室高位引领作用，发挥区域内外的示范引领作用。

学科带头人队伍建设。以省级学科带头人为核心组建了名学科工作室，在校内外发挥辐射带动作用，形成高水平的优质学科群和学科团队。

学科骨干教师队伍。在省级学科骨干教师的带动下，学校建立了省市区校四级骨干教师、科研骨干教师梯队，形成一支专业力量雄厚、业务精良、可持续发展的教育教学中坚骨干力量。

基准型教师。通过开展科研教研"双研一体"建设和"约——辩——赛"研修模式，推进形成"成长——成熟——成名"的"三成"培养模式，逐步完善基于校本的教育教学基本标准，夯实教育教学根基。

同时，为进一步促进教师发展的可持续性，搭建两个教师发展平台：一是搭建好校本研修培训平台，提升全体教师的专业发展水平，发挥专家型教师、学科带头人的引领和年级组、教研组等团队教育教学研究的职能，开展课题研究、教学研究，提高教师课程建设能力、实践能力和研究能力；二是建立完善机制，完善《专家型教师工作机制》《学科带头人研究机制》《骨干教师发展机制》等，形成典型经验成果，实行《骨干教师动态管理制度》，依托专家工作室、名师工作室，对各级骨干教师进行梯次成长的培养。

（三）课程与教学领导力建设

加强课程领导，在课程与教学领导力方面深入推进"解放教育"特色"课程文化与教学文化"，完善课程建设、课堂教学、实践活动，形成校本课程特色，形成"科研与教研一体化"课程文化和"三主五步"教学模式不断成熟。

一是夯实基础性课程。学校坚持聚焦课堂，在"解放教育"理念的指导下，深入开展学科教学研究，促进课堂教学改革，全面提升课堂教学效益。学校坚持严抓课堂教学，推行随堂听课制，加强对课堂教学的检查、调控、反馈、评价工作。

二是搞活校本课程。提高学科综合育人功能，坚持"校本课程特色化、个性化"的原则，积极开发利用各类课程资源优势，拓宽学生发展渠道，促进课程建设。在"显性"和"隐性"的校本课程研究中，规范教材，优化师资，合理设置，形成氛围，彰显效果。

三是提升特色课程。进一步深化与发展学校英语学科特色，继续推进英语教学改革，彰显"解放"鲜明特色；全面实施 STEM 课程，依托现有基础，加大 STEM 课程的研发力度，促进多学科的有效融合。

（四）学生综合素质评价深化研究

深化"解放校园币"评价体系在学生综合素质、行为养成方面的研究，依托"解放校园币"评价体系，开展浸润式德育，探索实施"无痕教育工程"。

一是把握好德育工作主题，把社会主义核心价值观培育贯穿始终，培养学生爱党、爱社会主义、爱人民的思想情怀；二是推进道德"无痕"教育，使学生的德育践行达到"自律、自觉、自主"，让良好的文明行为和习惯成为学生的自觉意识；三是深化习惯养成，培养学生良好的行为习惯和学习习惯，形成学生自我教育、主动发展的自觉行为；四是进一步挖掘"解放校园币"评价体系理论内涵，完善推进评价体系建设，使"校园币"评价形成全覆盖、全方位，成为师生共同的激励体系。

（五）教育科研建设研究

加强教育科研工作校本化深度研究，积极构建"课题研究与校本研修"相融的教育科研体系，为学校发展提供强有力的理论支撑。把教育科研与各项工作有效衔接，构建"课题研究与校本研修"相融体系。通过主导课题引领、校本主题研修、成果凝练等，构建学校教育教学研究体系，推进教育科研工作科学化、规范化、体系化。

1. 强化引领

通过学校主导课题的引领，积极构建学校教育教学研究体系，形成教育科研基准，推进学校教育科研工作的科学化、规范化、体系化。

2. 主动提升

深入开展教师科研实效性培训，进行校本主题式研修，提升教师

研修实效，引领教师主动发展

3.凝练成果

进一步梳理学校教育科研成果，做好学校教育科研的展示与示范工作。

（六）集团化办学深度融合发展

团秉承"开放、共享、合作、共赢"发展原则，积极探索集团管理、教师发展、学生成长等方面管理策略，促进教师队伍专业化成长，促进学生综合素质提升，推进集团化办学的深度融合研究，实现集优化发展。

1.思想统一，理念共融

以"解放教育"为引领，采用课程、教学、活动等联动机制，在价值引领与方向统一的同时，发掘与培植各校区的办学特色，开创自己的发展道路，各校区灵活落实，丰富"解放教育"的实践经验与策略，形成"解放教育"理念下各校区的办学特色。

2.梯队培养，队伍共进

集团采取建起来、融起来、动起来和"享"起来的方式促进集团教师梯队的培养，将"解放教育"理念辐射到各个校区，将"解放教育"理念浸润到各校区教学、科研、德育、课程建设、艺术、安全、对外交流等方面的全过程，各校区在互通中共享，在合作中共赢。

3.打造内涵，研训共联

把提高教育教学质量、提升教师队伍专业水平作为中心工作抓实抓牢，着力优化课堂教学，组织青蓝工程和教师培训，发挥名优骨干教师辐射示范、引领作用，促进青年教师成长，采取"一师多徒""一徒多师"等多种师徒结对形式，为教师搭建"成长——成熟——成名"的梯级、多维培养平台，引导和激励各层次教师树立终身学习、进取攀登的职业意识，帮助教师认同角色、分层发展，获得不同进步。

4.拓宽途径，集备共思

通过专家引领，促进解放教育集团学科教师的专业提升，结合实际需求开展小课题培训和优秀班主任培训，发挥团队合作精神，加强团队建设，提升教师教研水平。

5.融合发展，组合共进

秉持以生为本、全体发展兼顾个性发展的原则，开展丰富多彩的教育实践活动，以主题教育活动、传统节日、体育科技艺术节等为载体，努力激发学生兴趣，提高学生综合素质，构建学校、教师、学生和谐的育人氛围，为学生成长创造和谐空间。

解放教育集团将以特色的"活动发展"为关键点，坚持四个校区高质量优质均衡发展，紧紧地把握住各个校区活动的"同"与"不同"之间的平衡，实现共生、共赢、共长，各美其美、各具特色，开放胸怀、取长补短，尊重成员学校特色，各自在合作中获得提升，让集团化办学真正成为集优化发展。

（撰稿人：曹晶　李书奇　薛英梅）

"博学明理" 再赋能　　"厚德尚美" 续远航

——记 "明德教育" 深化探索之路

长春市朝阳区明德小学校

校　　训： 博学明理，厚德尚美

办学理念： 着眼这六年，为了之后六十年明德小学始建于 1962 年，学校与著名学府吉林大学及长春市图书馆为邻，地处长春市中心区域。学校现拥有三个校区，即明德校区、清华校区、白山校区。有 85 个教学班，3512 名学生，259 名教职员工，现为朝阳区办学规模最大的学校。

一、传承理念文化，迭代"明德教育"新内涵

2021 年集团总校长兼党总支书记张玉英带领的新一届领导班子提出，学校的发展要在传承中跃升，继续遵循"着眼这六年，为了今后六十年"的办学理念，还要紧扣时代脉搏，重塑、整合学校已有资源，在学校原有办学基础上，不断提升学校办学品质。继续开展"明德教育"研究，要以"博学明理，厚德尚美"深化其立德树人的形式及内涵。"博学明理"中的"博学"强调广泛地读书、学习、实践，以涉猎各种领域的知识。"明理"则意味着通过学习来理解世界，明白事理，增强智慧。"厚德尚美"中的"厚德"取自于《周易》："地势坤，君子以厚德载物。"德，于学生，是立世之根本；于教师，是立范之根本；于学校，是立校之根本；于教育，则更关乎民族兴亡之根本。"尚美"取自于马克思在《1844 年经济学哲学手稿》提出的"按照美的规律来塑造思想"。意为引导师生追求艺术美、心灵美、道德美、情操美，感受自然美、社会美，陶冶美好高尚的情操。让美植根于师生心中，让美成为学校精神文化导向。"博学明理"体现了培养师生的外在行为，"厚德尚美"体现了培养学生的内在价值。新时期"明德教育"的办学思想要体现学校的育人导向，旨在实现"修身齐家治国平天下，知书达理尚实立世间"的教育境界。

今天，明德人正以"赓续'明德'精神，做强'明德'教育，办好'明德'学校，培育'明德'英才"为发展愿景，坚守责任与担当，

踏着坚实的脚步铿锵行进在蓬勃成长之路。

二、追求高质发展，拓展"明德教育"新路径

（一）创建"明德教育"环境生命场

校园环境，包括教育空间和教育"气候"，它为师生提供学习、交流、生活、休闲、实践的基础，让师生在体验和感受中形成校园记忆，获得生命成长动力。

1.打造美丽温馨校园，以文化人修德启智

张玉英校长提出，学校为生命的自由成长承担着责任使命，要从"明德教育"找准核心定位、以多样化、特色化、人性化为原则，改进教育空间。在张校长的亲自策划下，创建"明德教育"环境生命场的工程开始启动。

当书法教室、劳动教室、红色观影室、体育活动中心、艺术教室等一个个功能室在校园落地时，当一楼以"修德至善"、二楼以"乐学增智"、三楼以"健体修身"、四楼以"育美达雅，以劳创新"成为学校文化走廊主题时，当操场上学生们围坐在"九箴"书屋的长椅上畅游书海、在棋台上尽情博弈、在转动的小水车旁与小池塘中的小鱼嬉戏、金色的"麦穗"点亮了明德园时，校园的美丽足以让师生怡然陶冶。

2.创办书香氤氲校园，育才造士立德铸人

"读高雅书，做明德人"是学校的校风，书香校园是明德小学传承了二十年的办学特色，在原有基础上又创建"四三三一"阅读特色品牌。

"四段读书"常态化，即开展"晨读、午读、微读、晚读——四段读书制"，学校充分利用早上时间、中午时间、微阅读时间和放学后时间进行阅读。

"三社读书"校本化，一是建立学校书社。开展的活动有经典诵读大赛、古诗词大赛、课本剧大赛、好书漂流、好书推介、红领巾书市等；学校还根据实际情况以阅览室、网络为平台，为学生创建读书会。二是全校组建83个班级读书社。书社中设立了读书角，孩子们把自己读过的好书带到班级分享。三是成立家庭书社。学生会和家长共读一本书，学校的公众号定期推送亲子共读微视频。

"三坛讲写"特色化，一是读书讲坛。学校开展"一周一生"讲坛活动，在读书交流会、传统节日诵读会、阅读分享会让满腹书香的学生们成为"坛主"，讲述自己的读书心得。二是读书论坛。学校定期开展教师读书论坛和学生读书论坛，教师们在论坛中分享阅读收获，汲取书香营养，碰撞教育智慧；学生们在论坛中畅谈阅读感悟、开阔生命视野、提升文化修养。三是读书写坛。明德小学的"师说"笔记，记录点滴收获，每周记录一篇读后感，每月进行读书笔记展览，将自己的所得不断内化。

"一课阅读"全员化，即阅读课。每周一节阅读课，每天中午和周三下午开放阅览室，学生们可以自由到阅览室开展阅读活动。

（二）创建"明德教育"质量生命线

教学质量是学校发展的生命线，是社会衡量学校办学水平的重要标志，因此，提升教学水平是每一所学校持续发展的重要目标，是学校管理的根本任务。

1.道阻且长，行则将至——教育科研务实笃行

科研是兴校之基，教师是立校之本。学校一直秉持以科研为先导，以教师科研队伍的建设为根本的发展理念。学校确定的科研工作目标是：以教师的日常教育教学思考为基础，本着服务、先导、载体、提炼、转化、总结的工作宗旨，以常规科研为工作基础，以教育教学为工作

依托，以特色科研为龙头的三级结构模式，扎实有效地推进科研工作。

（1）读懂科研，切实做好主导课题的研究工作。学校将主导课题"吉林省十四五规划课题'明德教育'的研究"作为学校发展的文化内驱力，把好课题研究"三个关"。一是要把好学校主导课题过程性研究关。以问题性、科学性、创新性、操作性为出发点，加强学校主导课题研究的跟进、落实、总结，做好课题实践研究工作。二是把好课题的研究人员关。课题在开展过程中要经过开题培训会、专家理论培训会、教师论坛等形式落实"全程、全员、全方位"的教育整体观。三是把好课题的传承与发展关。根据主导课题的研究进展，引领教师不断探索和完善上一个研究周期中出现的问题和取得的成功经验。

（2）强化科研与教研工作的"零距离"和"零死角"。找准"落点"，让教师把要解决的问题弄明白。指导教师根据主导课题分解自己的小课题任务，把握学科特质，缩小研究视角，放大点滴创意，规范课题过程。近三年来，学校教师申报国家级、省级、市级各类小课题 101 项，发表论文 98 篇，获得各级各类科研成果 165 项。

2. 仰之弥高，钻之弥坚——教学工作创新引领

（1）以"1+X"教学策略突破教学模式化。"1"即学科核心素养，"X"即具有学科特色的多元化、多维度的教学方式、思维方式、学习方式等。旨在全视域、全课程中，每一位教师在备课、授课、反思的环节中，与自我、与同伴、与学生形成对话，帮助每一位学生在学习中厚基础，宽知识，强能力。此课题获得 2022 年度吉林省教学成果三等奖、长春市教学成果三等奖。

语文学科"1+X"的实践策略："X"即"多维度备课明确教法和目标""深入研读在课堂教学落实深度学习""课后反思总结提升专业能力及调整学生学法的指导""指向性明晰的收集整理学习资料""课

堂积极思辨的空间""运用学习资料的有效性"等教学策略的生成，促成学生多维度体验语文魅力。

数学学科"1+X"的实践策略："X"，是指数学课堂教学中教师"教"与学生"学"的多元方式。教师在教的过程中做到"四结合"，即将"优质资源与个性资源相结合"，通过集体备课优选教学资源，实现共享，再结合学生实际，进行个性化的调整和修改；"整体指导与个人点拨相结合"，即在教学中，对于重难点知识以及基本解题方法进行整体指导，在学生自主探究的过程中，进行个性化的指导与帮助；"新知学习与整理复习相结合"，即在新授课中，提倡教师做到"课前有复习，课后有小结"；"教师讲解与学生分享相结合"，即提倡教师在授课过程中，要有必要的数学语言规范讲解，以让学生规范表达。

英语学科"1+X"的实践策略："X"，即通过强调情境创设，培养学生语言能力。在教学设计中，要联系学生生活实际，合理创设情境，增加开放性的任务活动，发挥具体化情境功能的作用，激起学生的求知欲，更好地落实核心素养。在教学设计中，进行规范化深层次挖掘，引领学生掌握课文知识点的过程中形成正确的价值观念以及文化品格。

综合学科"1+X"的实践策略：综合学科"X"为拓展学生视野。把传统教育活动与体现时代特征的教育活动（如国防教育、心理健康教育、环保教育、人文精神教育等）结合起来，倡导对话式、质疑式、开放式的教学方法，突出团队合作精神，激励学生自主创新，培养学生自尊、自信、自强、自律、自主、自创的创新型人才主体人格。要不拘泥于教材内容，注重对学生的学习视野进行开阔。

（2）以大单元跨学科的课堂突破教学局限化。学校提倡以"为未知而教，为未来而学，为终身发展奠基"的思想进行整体单元教学设计。在单元设计中，老师们在核心素养框架下细化学业标准，依据学业标准建构具有整体性的学科网络，让师生既见树木又见森林，实现从整体到局部再到整体的全局观。自 2021 年始，学校每学期都开展"明德杯"跨学科主题学习系列活动，高效助力"双减"背景下提质增效的课堂建设。

（3）以多维度测评活动突破评价定性式。多年来，我校一直坚持针对学生开展多元化、多维度的测评活动，每个学期末的"学科＋特长"评价方式、线上教学期间低年级的闯关模式测试、星级测试卷等，突破了考评形式的简单化，让测和评也充满乐趣，激发学生的学习热情，更加扎实有效地落实核心素养，受到广大家长和学生的喜欢。

学校坚持执行"学科＋特长＋道德"评价形式，推广微作业、无作业、可爱作业、作业自助餐等多元化、个性化作业形式，真正落实"双减"工作。

（三）创建"明德教育"强师生命泉

学校实施了"3+3+4 式"的教师培养工程。即"三线支撑""三维并举""四项工程"引领教师分梯队、分层次发展，努力实现教师发展均衡化、个性化。

1. 三线支撑厚积淀

第一线是扎实的基本功。

第二线是专业的教研理论研修。如在 2022 年版课程标准颁布伊始，我们就确立了"学科—学段—年级"三层推进式的培训方式，主张站在课堂研课标，层层细化，人人落实。

第三线是形成特色化的教学风格。

2. 三维并举促发展

第一维度：阅读深化内涵，成立了明德教师书吧读书社团，定期开展读书沙龙、分享阅读、主题阅读等活动。

第二维度：实践提升师能，重视教学过程中预设与生成的处理，加强教案和书案的二次修改，重视教师专业成长，练功本、师说笔记、粉笔字练习和展示等活动，都是促进教师专业成长和提升的有效途径。

第三维度：展示彰显优长，"薪火杯""明德杯"课堂教学大赛、青年教师说课大赛、国家省市区级教学大赛、"明德智慧论坛"……学校为教师们搭建丰富的展示自我的平台。

3 "四项工程"促提升

一是高效培训工程。我们通过期初的"定调"式学科专业培训明确方向、指引路径、统一思想；通过每月一次的"主题式"培训分享教育前沿思想、交流教学感悟。

二是示范引领工程。以骨干教师上示范课、分享教学感悟为主要方式，构建高效的教师团队。学校依托名师工作室，变"名师单飞"为"教师群飞"，由"名师"带"名队"。

三是青年教师提升工程。学校实施"整体规划，分层培训，梯队发展"的教师培养策略，对教师进行分层培养，让青年教师在不断地锤炼中获得成长。

（四）创建"明德教育"个性生命洲

学生的个性和特长发展是教育过程中重要的组成部分，它可以帮助学生更好地认识自己，发现自己的优势，发挥最大的潜能，为自身发展打下基础。

1. 开展"十个一"，推进常规德育管理

坚持做好"十个一"，即每天组织一次阳光体育活动，每天一次礼仪操，每天一次卫生纪律文明习惯评比，每周进行一次主题升旗仪式，每周公布一次好人好事，每周一次时事新闻课，每周一次主题微班会，每周五一次"劳动最光荣"主题劳动日活动，每月一次文化走廊更换，每学期进行一次优秀班集体评比。通过强化学生道德认知、加强训练、注重实践和示范引领，将学生的养成教育作为重点，注重行为训练，树立学生"举止文明行为美，仪表端庄形象佳"的良好形象，夯实行为习惯养成教育，培养良好品德，提升学生文明素养。

2. 培养"六型"好少年，拓展德育新途径

学校坚持"五育并举"，让每个学生都拥有自己的精彩，以主题活动、社团活动为载体，让"双减落地"，让德育落实。

"六型"好少年——学习型、道德型、艺术型、体育型、科技型、劳动型；在丰富多彩的主题活动中，引导学生"扣好人生第一粒扣子"，坚持在结合中有序推进，在统筹中彰显特色，指导和培养学生正确的价值判断和价值选择。

3. 坚持"家校"共建，营造成长场域

我校分阶段建设社会、学校、家庭三维网络，构建塑造学生德育体系。

一是有针对性地对各年级家长进行主题式家庭教育培训；二是有针对性地在各年级开展"家长共育课堂"活动，请家长走进学校分享自己的专业特长，请家长带学生走出校园，体验各种职业工作。用科学的教育思想影响家长的教育理念和方法，营造有利于学生健康成长的育人环境。

三、赋能凸显特色，成就"明德教育"新成果

（一）构建了学校"五全""六进"式"多育互动""厚德尚美"框架

"明德教育"中的"五育"不是"德、智、体、美、劳"的简单拼凑、整合，而是实现"五育"之间的有机渗透。在所有课程中全面落实"明德教育"理念，在德育管理方面形成"五全"和"六进"。

"五全"指"全员育人、全面育人、全程育人、全科育人、全息育人"；

"六进"指"五育"要"进治理、进文化、进课程、进课堂、进评价、进生活"。

实践证明，这种"有温度、有宽度、有长度"的教育策略，让学生在潜移默化中，实现了个人品性和能力成长，进一步丰盈了心灵，增强了自信，实现了使学生以英雄为范、与文明携手、与欢乐同行、与家长相伴的成长愿望。

（二）形成了有效提升学校教学高质量发展的"明理博学"路径

课堂教学如何改革，才能给学生创设更具有生活价值的学习环境，为学生在现实世界与未来发展之间架设一座桥梁，助推学生为未来的高质量发展而学习。

1."书香推动"——形成更有特色的校园文化

在书香育人的继承超越中，挖掘多元特色的校本阅读路径。

一是寻"源"开"泉"，挖掘阅读深度。

二是引"水"入"塘"，拓展阅读资源。

三是开"渠"出"塘"，架构阅读展示形式。

书香校园成为明德小学的传统品牌和标识，也成为学校发展的重要动力和支撑。

2."课程联动"——形成更有效益的教学策略

语文形成"八字"教学法：教学要保持"开放、自由、超越、回归"的特点。

数学形成"四个结合"教学法：教学内容与学生生活实际相结合；教学方式与学生合作探究相结合；学习方式与学生创新思维相结合；课上操练与学生实践操作相结合。

英语形成"四化"教学法：英语学习生活化、英语教学活动化、英语教材特色化、英语视角国际化。

综合学科形成四个"关注"教学法：关注学生的独特感受、关注学生的动手实践、关注学生的能力提高、关注学生的实际应用。

3."评价引动"——形成更促发展的教学评估策略

实施"三立三理"多元作业评价策略。即立足对象，理清作业层次，设计每日作业菜单，让不同层次的学生跨越自己的"最近发展区"；立足思维，理出进阶程序，从复制型学习向深度学习转变，推广项目化学习，形成良好的学习场域；立足需求，理顺多元选择，丰富课后作业形式。形成了以问题为基础、反馈为关键、实践为根本的作业实施目标；以多元过程为主、呈现结果为辅、激发潜力为要的评价实施原则，从而有效引导学生悟理、明理。

学校近年来取得了长足的发展和丰厚的成果。近年来一直承办"长春市中小学读书活动"、全省"全民阅读会议"。2023 年承办了"全省师德师风现场会"，2021 年承办了"第二届长春市教科研高峰论坛暨国家'课外阅读课程化项目'推进会"。作为教育部和吉林省校长培训基地，接待了大批省内外的跟岗培训校长和教师。学校获得吉林省文明校园标兵单位、吉林省教育科研先进单位、吉林省教育科研示范基地、长春市五一劳动奖状、长春市科研核心基地示范校等荣誉。

四、绘就发展蓝图，奋进"明德教育"新征程

（一）继续着力搭建"厚德尚美"框架

厚植"红色"文化，全方位探索德育新路径——创建"三道风景线"。

1.创建风景线一："六型班子"建设，实现六个引领

打造六型班子：学习型、务实型、服务型、奉献型、创新型、廉洁型班子，带领学校各领域创新开展工作。以"红烛先锋党员教师团队"

实现党员六引领。即党员好课堂、党员示范班、党员先锋岗、党员善读写、党员愿奉献、党员乐帮扶。充分发挥党员先锋模范作用，践行"服务有我、奉献有我、奋斗有我、强国有我"的宗旨。

2. 创建风景线二："六师教育"品牌，立足岗位争先

打造"六师教育"品牌，即立师志、树师表、修师德、行师风、展师能、铸师魂。

3. 创建风景线三："六型"好少年，红色浸润童心

积极启动早教育、早传承、早培养的"三早"育苗工程。以"红色润童心，五育铸成长"为主题，全力打造红色"六好"少年，即智慧好少年、科技好少年、艺术好少年、健体好少年、书香好少年、劳动好少年。

（二）继续深入开辟"博学明理"路径

1. 更新以课程综合为理念的校本研究

在国家、地方与学校教材之间相互协调的基础上，迭代校本课程。根据《义务教育课程方案（2022 年版）》中所提出的各门课程用不少于 10% 的课时进行跨学科主题学习的要求，学校计划在合理规划和科学设计各学科实践活动的基础上迭代校本课程，深入开展跨学科教学活动，让学生经历活动过程，强化情感价值体验。

2. 深化"直击 + 多维"的学科集体备课模式

在"年段融合式""年级主题式""课堂问题式""教学反思式"等多维的集体备课的基础上，打造"学科融合式"集体备课模式，旨在打破学科界限，统整学科间教学内容，找到学科间的融合点，对全学科的知识进行有效整合，优化课堂结构，打造高效课堂。

3. 激活"内生力量 + 外部赋能"的强师策略

一是开展"菜单式"研培——重在借智引智，以"明德论坛"为

平台，建立"学校教育教学智库"，进行"菜单式"培训、教研，更有的放矢地提升教师理论与实践水平。二是开展"焦点对话式"教研——突破发展瓶颈，聚焦课堂中的难点问题，以"核心词"的形式提出研究主题，用"头脑风暴"的形式进行教研，从而丰富教育教学策略。

4. 建设以"尊重 + 共享"为前提的和谐教育生态

在尊重生命、尊重多样、尊重差异、尊重规律的基础上，继续在集团内和大学区内深化推进"1+X"教学策略，打破大学区成员校间的发展瓶颈，共谋发展，共商对策，促进大学区内教育优质均衡。

5. 建立"学生自评 + 生生互评 + 师生互评 + 家长评价"四维一体的评价机制

将学科素养与育人目标相统一，通过多维评价，关注学生的自我认知、关心学生的情感需求、关注家校共育一体化。学生测评方式除了每个学期的"学科 + 特长"测评之后，还要拓宽多元的评价方式，充分借助线上教学工具，将学科知识与信息技术相融合，采取线上问卷、网上测评、游戏闯关等形式让测与评高效、快捷、即时有效。

聚焦"双减"，提高作业质量。除了优化已有的微作业、无作业、可爱作业、作业自助餐等多元化、个性化作业形式之外，拓展"劳动型"作业，让动手与实践相结合、让生活与实践相结合、让体验与情感相融合。

6. 创建 3.0 时代未来学校

一是打破学校、学科之间的界限，共享互联网、云计算源，使教育的空间与机会得到最大的拓展，STEM 教学在省内外走在前列。

二是在技术手段的支持下能够更好地针对学生个体学习水平、性格、兴趣、特长等开展个性化教育，个性化、体验式、合作式学习以及互动式教学等教学组织方式深入人心，"无处不在的学习""没有教室的学校""一人一张课程表"等新的教育形态得以实现。回首往昔，岁月峥嵘，瞩目来日，光荣可期！明德的精彩，不是想出来的，而是努力出来的；明德的美丽不是描出来的，而是打造出来的。今日明德人砥志研思，如日初升；未来，明德小学定奋楫扬帆，逐浪远航，勇立潮头！

（撰稿人：孙小华）

依托科研强校之力　推动学校能动发展

长春市第七十二中学

校　　训：能动求知　崇德立责

办学理念：能动教育、和谐发展、幸福成长特质决定特色，思路决定出路。多年的实践积淀和经验传承，使长春市第七十二中学的领导班子形成了这样一个共识：学校必须以发展为本，发展必须以人为本，以人为本必须以人的自我发展为根本，必须最大限度地激发教师和学生发挥主观能动性。学校就是凭着这种特有的智慧和素质，从20世纪90年代初"能动教育"破土萌芽，到后来提出"以能动教育促进师生能动发展"的理念并确立课题，以此作为学校持续与和谐发展的理智选择。正是因为有这样明确的理念指导、清晰的发展思路和具体的实施策略，学校一路探索、一路实践，成为宽城教育的一张名片，也是春城素质教育的一面特色旗帜。

一、办学理念——"能动教育、和谐发展、幸福成长"

奋云霄而振翮，励德业以日新。七十二中人，坚持"能动教育，和谐发展，幸福成长"的办学理念，秉承"能动求知，崇德立责"的校训，不忘"科研兴校，民主治校，管理强校，质量立校"的学校精神，以"环境一流、队伍一流、管理一流、质量一流"为办学目标，坚持把"以人为本、发展为本"作为学校发展的出发点，通过调动师生内力，获得发展动力，促发成长能力。多年的实践积淀和经验传承，通过实施能动管理、能动研修、能动德育、能动教学、能动课程、能动评价、能动文化，促进教师的能动发展，最大限度发挥学生的潜能，使学校走上了能动教育理念下的内涵发展之路。

学校始建于1962年，现有北校区、南校区、富城校区、小学部四个校区，占地面积约46 000平方米。现有131个教学班，6000多名学生，教职员工415人，是一所中小一体、九年一贯制学校。学校以"重科研、强管理、创特色"的思路，不断加大改革力度，形成了具有学校特色的"能动教育"思想，师生在主动发展中不断成长，学校先后获得300

多项荣誉称号。

学校培养的学子，积极主动，博学乐学，自强自律，受到了社会认可和赞誉，学校教师专业过硬、能力突出、师德崇高，七十二中学在区域内已成为教育品牌。

二、办学理念指导下的办学思路和取得的成果

（一）能动德育——激活学生自立、自强、自学的发展学能

学校在德育模式构建和活动设计中有四个定位。

1. 大目标　小定位

学校将总体德育目标定位为："培养具有国际视野、国家责任、社会意识、家庭观念、个人审美、内外兼修的真正生命个体。"学校还依据学生年龄、年级的特点，具体设定了每个年级的小目标小定位：初一年级设定了"做文明守纪自立自强的人"的目标；初二年级设定了"做自尊自爱懂得感恩的人"的目标；初三年级设定了"做敢于负责胸怀大志的人"的目标。每一次、每一项活动学校都有明确的活动目标。

2. 大体系　小管理

学校确立了系统的能动德育体系，其中包括：

思想纲领："三个一"工程：一个中心，以祖国利益高于一切为中心；一条主线，以爱国主义为主线；一个活动，争做小主人活动。虽然学校的立足点高，但是学校的德育活动却做实做小。

"六自"模块：自尊自爱、自护自救、自律自省、自理自立、自学自修、自信自强教育模块。

策略途径：立足"三主"（主课堂、主渠道、主阵地），创新"三牵"（牵手家庭、牵手社区、牵手社会）。

"五化"局面：目标层次化、组织网络化、内容系列化、方法实效化、检查评比量化。

在管理上，学校倡导学生自己"能动"，自主管理，最终达到"三自能力"的培养，即自我教育、自我管理、自我服务的能力，着眼于培养学生的领导力，建好学生会、班干部、文明监督岗三支队伍，让学生成为日常管理的主力军，使学生达到全体、全面、主动、终身的发展。

3. 大活动　小设计

在活动的设计上，学校遵循两个支撑点，让学生真的进入到活动中，从而学会感恩、懂得分享，学会面对、学会尊重……这是学校设计活动的第一个理由。让尽可能多的学生或全体学生不做活动的看客，而是真实地成为活动的参与者，让经历了的某个事件成为学生成长的关键事件是学校设计活动的第二个理由。

基于这样的思考，学校全员参与的科技节、艺术节、体育节就应运而出了。

4. 大社会　小舞台

学校携手 21 家单位，创建"七十二中学教育协作委员会"，建立了 9 个教育基地，共同开展"构建和谐教育环境，共育全面发展人才"系列活动。每学期，由长春市第七十二中学牵头协调，"教育协作委员会"举行两次例会，听取学校未成年人教育工作汇报，确定工作目标，策划系列活动，由各成员单位分头组织落实，为学生搭建了一个参与社会、服务社会、认识社会的思想道德实践平台。

学生在社会实践中，感受到真、善、美，体会到人与人之间的美好关系，学会了礼让、谦恭和感恩，真正做到了"自我管理、自我服务、自我发展"，学生自育能力明显增强。

（二）能动教学——激励师生主动、创新、探究的课堂动能

1. 能动课堂的定义

能动课堂是以课堂教学改革为突破口，重构新的课堂文化和新型师生关系，实现教与学方式的根本转变。能动课堂体现五个注重：注重对生命的理解和尊重，注重对智慧的激发和启迪，注重能力的培养和提升，注重学习方法策略的指导，注重引导学生体验学习和成功的快乐。学生是学习的主体，课堂关注的是学生的学。主要的学习方式是自主探究、对话交流、合作互动、教师引领。

2. 能动教学的内涵

（1）抓住教学的阿基米德点——唤醒。课堂上唤醒的作用就是使学生主动地参与课堂教学，主动地进行学习探究，在爱学、善学、乐学的过程中，心灵受到激励和鼓舞。学校将能动课堂教学理念定位为：尊重、相信、唤醒、发展。

（2）引优质教育活水——不要"最好"但求"适合"。学校派骨干教师到全国各个优秀、特色学校进行深入学习，老师们的理念得到了提升。回来后，学校践行课改方略，推进学校课改。在改革的过程中，学校找寻自己的方向，根据自己的经验和实际教学，在原有的方法中赋予了新的内容，并针对学生和老师的特点制定课堂教学改革方案。

（3）实现教学的转身——由"被动"到"能动"。能动课堂就是由"我被动"的原始必须做、必须学，改变成"我能动"的自觉想做、想学的教学过程和教学目标。

正因为如此，确立了"先补漏、低起点、搭台阶、真自主、强合作"的能动教学策略；以"有学有教、有疑有交、有测有评、有收有放"为能动教学原则；以"六用"为课堂教学目标：在课堂上，让学生用口说，用手做，用眼看，用耳听，用脑思，用心记，把课堂还给学生。

提出创设"六动"为课堂教学环境，"六动课堂"，即"目标引动，情境带动，思维灵动，探究主动，和谐互动，评价促动"。在"六动"课堂中，学生的状态永远是奋斗着、思维着、活动着、体验着。培育"六动"课堂，是环境育人的渠道创新，也是环境育人的最高境界。

推出"六步"课堂教学基本模式：

第一步：情景导入，明确目标；

第二步：出示提要，师察自学；

第三步：互动合作，研讨质疑；

第四步：精讲点拨，展示成果；

第五步：强化训练，巩固提高；

第六步：总结测试，反馈效果。

（4）能动课堂的"要"与"不要"。提出能动课堂要义："三讲三不讲""五个尽量""五个要"。

"三讲三不讲"：只讲易混点、易错点、易漏点，不讲学生已会的、能学会的及怎么也学不会的。

"五个尽量"：尽量让学生自己观察，尽量让学生自己思考，尽量让学生自己表述，尽量让学生自己动手，尽量让学生自己得出结论。

"五个要"：一要有思想、有方法——要有明确的理论观点，力求让学生掌握科学的思想方法；二要有资源、有密度——要广泛开发深挖资源，提高课堂教学的信息密度；三要有生活、有应用——要鼓励学生关注社会生活，提高对知识的理解和应用能力；四要有差异、有落实——要关注学生的个体差异，及时反馈，注重落实，提高实效；五要有情感、有精神——要关注与学生的情感交流。

（5）创设能动特色的"导学案"。在学习目标中有巩固已有知识的目标和学习新知识的目标；在学习方法中有老师提供的方法指导，还有学生自己选择、尝试的学习方法；问题化教学内容中，要有老师提出的问题和教学内容，还有在合作讨论中发现，学生又无法解决的问题和内容。能动特色的"导学案"必须要经过老师加工、思考、精心设计后才能孕育胎生。

（6）能动课堂推进方式。在能动课堂改革中，最难的是教师观念的转变，学校采取引路课、研讨课、过关课、示范课的形式，达到年轻教师必须做，老教师慢慢做的目的。学校组织教师和研修团队进行了在大量课例研究基础上的创新模式探索，细化了教学内容，根据不同年段、不同学科、不同教学内容进行教学模式总结。坚持组织教师依托课题研究，共同构建并不断完善教学模式。在日常研究中，采取"一课多试"的研究模式。在"专家引领、同伴互助、教学反思、行为跟进"的策略下，在"试课——反思——总结——再试课"的不断循环往复的过程中，实现教学模式的更新和完善。目前，很多学科都建立起了较为成型的教学模式，比如语文组的古诗文"自主阅读"教学模式，数学组的"研讨式"四步教学，英语组的阅读三步教学法……

（三）能动管理——激荡团队团结、求实、创新的发展情怀

能动管理是一个动态的有生命的过程。对管理的诠释：管是对人言行的照管，理是对人心性的料理。管理中最大最美好的管理愿望，就是能达到一种文化的管理——不管而治，因此学校定义了能动管理的核心：

塑造一种精神（敬业奉献、务实创新、竞争合作）；

完善一些制度（教师岗位责任制、学生管理制度、中心部门责任制等）；

推出一些机制（团队评价制度、达人评价机制、星光少年评价机制等）；

营造一种文化（追求卓越、勇于担当、学会感恩）；

希望从管理层面上达到无为而治，无论是领导者、教师还是学生，都能够在能动管理的影响下，形成从他律到自律再到自觉的过程。

1.注重构建一个科学管理机制

学校从整体去构建，形成了能动管理模式，它包括管理理念、管理策略、管理机制、管理环境。

在管理理念上，强调以人为本观念下的教育服务和教育经营；在管理策略上，强调以德治校目标下的教学关爱和人文关怀；在管理机制上，强调依法治教背景下的质量保证和权益保障；在管理环境上，强调现代信息资源下的和谐境界和能动文化。在这些机制的作用下，全校师生转变观念，转换角色，树立服务意识。

2.注重管理方式的优化转变

从严格约束转向积极服务，让学校管理更加高效。

面对家长，学生管理中心在处理学校和家长关系时，转变了方法，处理个别学生问题时，家长来到学校，学生管理中心的老师热情接待，手握三把钥匙———一句您好、一杯热茶、一把椅子。家长无论有什么样的情绪，因为在学校受到了尊重和礼遇，都能够用平静谦逊的方式和老师交谈，很多问题都迎刃而解。

面对老师，教师管理中心也有自己的金钥匙———一张温馨便利贴、一个生日祝福、一次走台机会、一段微课分享。

面对学生，以前都是强制管理学生，现在的做法是：让学生管理学生，让学生管理自己。提出倡议：人人担任一次班级干部，人人站一次文明岗，人人争当一次校长助理。

3.注重管理体系的科学性

管理体制中最基本的是决策层和执行层，要让这两个层面的管理参与者有着一致的方向和目标。要让谋划者尽心谋划，让执行者全力执行，将决策落到实处。

学校还尝试了扁平式管理模式，将常规管理模式中的校长——主管校长——主任——科室多级多层的工作模式，简化成工作中心站责任人制，如学术交流中心和课程开发中心，由校长直接对话中心负责人，中心负责人直接与老师和学生对接，做接地气儿的管理，这样有效防止了工作中的推诿。

4. 注重从制度管理转向文化管理

能动管理模式的运行，使得学校工作规范有序进行，最让学校觉得欣慰的是，在这个管理体系中，不是强硬地要求老师去做什么，而是温馨地提醒，善意地指导，这使七十二中人的精神面貌发生了变化。常规管理中全体教师群策群力，老师们的积极性、潜能性都被激发了出来。

三、产生的成效

立足"能动教育"的科研引领，学校实现了突破，全面提升了办学品质。

1. 教师科研能力的突破

有效能动研修促进教师的专业发展，教师的教育科研能力得到了突破。"十三五"期间，学校教师开展各级各类课题研究共计 99 项，教师课题参与率高达 90%，个人课题总数占教师总人数的 42%。有百余篇文章在省级以上刊物上发表，教师撰写课题研究报告 99 个，有 112 项科研成果在省市评选中获奖。

2. 学校科研与文化的突破

（1）公开发表并获奖。"能动教育的实践与研究"被评为全国优秀基础教育校本科研优质成果；"能动教育的实践与研究"荣获吉林省基础教育科研兴校先进典型，成果被收录到《长春市中小学校特色发展之路》中，生命安全教育研究成果被收录在《吉林省生命与安全教育十年发展重要成果文献》中，办学经验收录在《学校文化年鉴》中。

（2）喜获各项荣誉。全国教育科研先进单位、全国校本科研课题实验先进单位、吉林省教育科学研究先进单位、吉林省基础教育校本科研基地、吉林省能动教育特色校、吉林省教育学会先进单位、长春市教育科研核心示范基地校、长春市教育科研先进单位、长春市小课题研究示范校等荣誉称号。

（3）推广科研成果。承办长春市第七届教育科研工作会"能动教育的研究与实践"课题成果展示现场会；在吉林省教育学会年会、长春市提升教育教学质量现场会、吉林省科研骨干教师培训班、中国新样态学校联盟论坛、长春市校本小课题实验校负责人培训班等大型活动中做汇报。多次在国培计划、跟岗培训、跨区送课、中小学校长培训中等活动中做专题培训。

（4）区域引领帮扶。作为宽城区龙头学校，七十二中充分发挥引领、帮扶作用，在学区内骨干教师交流33人，交流学校中层17人，校级领导交流14名。牵头和多所学校共同进行小课题研究，有效指导，合力攻坚。

3. 传统继承与创新的突破

教育教学质量稳步上升，连续25年包揽宽城区中考状元，重点高中进线率名列长春市同类学校前茅。七十二中学子扎实的基础知识，科学的学习方法，良好的行为习惯，健康的身体和心理素质，顽强拼搏、自我超越的意志品质得到了一致称赞。

4. 教育策略与方法的突破

能动教学实施质量立校工程，强化质量管理，研究高效教学途径和方法，创建特色的"能动课堂"模式；能动管理形成科学规范的管理模式，形成了学校管理品质；能动德育关注学生成长，培养生命品质，形成德育组织网络化、德育队伍专业化、德育评价科学化、德育资源最优化、德育教育导师化；能动教育凝练学校发展哲学，构建了学校能动文化体系，用精神引领师生主动发展。

四、对学校未来发展的设想

立足实际，着眼未来，努力将学校建设成为能动特色、市级领先、省内一流、国内有影响力的现代化知名学校。

发展目标：

能动七十二（即班子能动管理、教师能动研修、学生能动自育、学校能动发展）。

精品七十二（即环境精美、管理精细、育人精心、教学精准）。

和谐七十二（即师生和谐、家校和谐、师校和谐、校社和谐）。

幸福七十二（阳光心态，幸福指数提升，让老师能幸福生活，学生能够幸福成长，家庭能够幸福和谐，社会能够幸福和谐，七十二中学就是幸福的发源地）。

未来学校的立足点是唤醒心灵内力，打造学校校本名片，提升学校特色品质。

（一）名片一：学校文化——能动文化

1.能动文化之薪火相传的精神文化——凝练发展哲学，创建名校品质

本着传承、超越、创新、卓越的发展理念和人文化、个性化的原则，总结学校发展经验，立足学校品质提升。对学校办学理念、校训、校风、教风、学风、学校精神等要素，重新进行提炼、传承、丰富、规范、提升，

科学定位学校的发展方向，塑造卓越的学校办学理念，与时俱进地改进能动文化体系。

（1）深刻解读"能动教育促进师生主动发展"的办学理念，使每位师生真正理解这一理念，并促发师生能动发展。

（2）将文化定位，学会感恩、勇于担当、追求卓越这种价值取向浸透在每一个七十二中人心中，成为每一个七十二中人的精神追求。

（3）教师整体素质提升，学生整体素质高，学校办学效果显著。

2. 能动文化之优雅怡人的物质文化——优配教学设施，打造名校规模

配置最新的教学设备、信息化的网络管理平台、智能校园管理系统，全力建设新型校园、智慧校园。

（1）环境创设：完成校区总体规划，形成三个校区，由小学到中学的文化链接和传承。

（2）文化熏染：组织学生参与到校园文化建设中，各班级依据自己班级特点创设班级文化。组织学生、教师对学校校徽进行阐释，对校园进行文化改造。

（3）校园网络：完善校园网络系统，全校开通互联网。升级校园网络，建立省、市一流网络。

3. 能动文化之刚柔并济的制度文化——注重科学规范，形成管理品质

以"能动管理"为出发点，以维护教职工利益为杠杆，以提高工作规范性、实效性为指向，精细能动管理模式，深化"扁平"管理范式。

（1）注重构建一个科学管理机制。学校领导班子根据学校内部管理机制和管理制度，召开全校教职工大会，对学校章程修订草案进行表决，制定《长春市第七十二中学学校章程》。

（2）注重管理方式的优化转变。从严格约束转向积极服务，可以让学校管理更加高效。

（3）注重管理体系的科学性。建立能动管理体系，明确管理梯度和层次，明确各管理单位的职责。

（4）注重从制度管理转向文化管理。达到"无为而治"，从他律到自律再到自觉的过程。

（二）名片二：有效研修——扎实内涵研修，塑造教师品质

培养一支由骨干教师领衔、团队支撑的师德高尚、教育教学理念先进、具有较强的业务能力和有开拓创新精神、乐于奉献、团结协作、年龄和职称结构合理的教师队伍。

1.深化能动研修模式探索，提高教师研修有效性

在能动研修的实践与研究过程中，经过摸索和专家不断地帮助、指导、梳理，构建"激发动力、持续活力、积蓄内力"的能动研修模式。

2.推行特色团队建立，满足教师发展自主需求

建设三类共同体："研修共同体""书香杏坛学习共同体""专题研究共同体"，全面形成研修生态。以团队合作来激活教师研修热情；以团队研究项目来促进教师深入学习；以团队发展来激发教师专业发展；以团队文化来浸润教师内涵；做到教师人人参与团队研究，人人出力团队发展。

3.深入开展小课题研究，促进科研兴教

继续推行小课题研究，将团队小课题研究与教师小课题研究相结合。

4.开展"百花杯"校本研修大赛，推动教师专业发展

继续通过"以赛促研"的方式进行校本研修。除了小课题研究，校本研修还将延展到教师教学各个方面。

5.教师培训自主选择，满足教师发展需求

依据教师发展自需调查表，满足教师发展需求，预计为教师开设培训自选菜单。

6.发挥名师骨干的辐射作用，提升教师队伍素质。

争取区级以上骨干教师占专任教师的60%以上，学科分布覆盖达85%以上。

（三）名片三：特色德育——关注学生成长，培养生命品质

"立德树人，德育为先"，形成德育组织网络化、德育队伍专业化、德育评价科学化、德育资源最优化、德育教育导师化。

1.形成家、校、社会三联动德育体系。

2.将社会主义核心价值观融入学生德育教育系统，通过具体活动设置来促成德育目标的完成。

3.开展德育活动，即牵手家庭、牵手社区、牵手社会系列活动。

4.形成学校德育自育模式。

（四）名片四：高效课堂——凝聚智慧追求，打造教学品质

实施质量立校工程，强化质量管理，深化课程改革，研究高效教学途径和方法，创建特色的"能动课堂"模式，力争教学质量在长春市同类学校中名列前茅。

1.高效课堂构建的新视角

开放、探究、竞争、合作、民主、和谐、尊重、唤醒、发展、高效。

2.高效课堂评价的八个关注点

关注学生成长；关注知识的生成；关注学习方式；关注小组建设；关注学习时间；关注评价引领；关注课堂效果；关注课堂文化。

3.高效课堂体现五个注重

注重对生命的理解和尊重，注重对智慧的激发和启迪，注重能力

的培养和提升，注重学习方法策略的指导，注重引导学生体验学习和成功的快乐。

4.高效课堂遵循的原则

先学后教，以学定教，当堂检测，当堂达标。

5.高效课堂操作的策略

自主解析在前，合作探究在后，恰当点拨为辅。

（五）名片五：个性课程——启发个性创新，精炼课程品质

形成信息技术、人文素养、国学传统、科技创新、生活运用、国际视野等多类别的课程资源。

1.形成课程开发的共同愿景

2.使学科学习特色鲜明

边学习、边研究、边实践，建立七十二中独有的课程体系。

3.让平面学科变成立体课程

未来在互动平台建设上走多元化道路，以现代信息技术为支撑，拓展现代学科的多元学习途径。

4.让校本课程血肉丰满

注重资源呈现多元化，自主开发课程资源，建设结构化组织和生态化呈现的课程资源，实现需要与实用相统一。

5.让教师职业生活集体转身

把教研组、教研活动、名师工作室的建设和成长，与课程相联系，让教师和课程建设一起成长。

（六）名片六：幸福评价——搭建多元平台，提升教育品质

通过各种评价方式，使得每一位教师能更有激情更有动力地参与教育教学工作，使得每一位学生都能沐浴在体验成功、体验快乐的阳光中。

1. 机制载体，看见管理

建立学生、教师、班级、各个职能中心部门的评价体系。在班级管理方面，开展星级班级评比活动，制定《长春市第七十二中学星级班级评比细则》。

2. 多元视角，看见学生

制定"星光少年评价"体系，让有特长、有进步的孩子都有机会得星。根据孩子自身发展个体差异，进行星光少年评选。

3. 成长平台，看见老师

形成捆绑式评价、中心部门评价、个性化评价相结合方式评价。

4. 对外开放，看见家长

以家校共建和谐为特色，创建"五典型"学习型家庭。

"以德为先、育人为本、引领发展、能力为重、终身学习"，学校坚信：特色不断形成之路，就是学校内涵发展之路，七十二中学一定在"能动教育"思想的引领下不断向前发展，保有鲜活的生命力和创造力，不仅成为区域内的品牌学校，更成为省市的特色优质学校。

（撰稿人：徐娜　龚献宇）

因材施教增质提效 各美其美高效发展

——长春市宽城区天津路小学高质量教育

科研引领教育创新发展成果

长春市宽城区天津路小学

校　　训：善微亦行　恶小莫为

办学理念：因材施教，各美其美

长春市宽城区天津路小学始建于 1908 年，学校具有广袤深厚的优秀文化传统，教师具有渊博扎实的良好文化底蕴。我校始终秉承开放性、发展性的原则，在现代办学中重视科研引领下多元启智，多方面发展学生的个性潜能。

一、"因材施教，各美其美"的办学理念

"因材施教，各美其美"一直是我校引以为豪的办学理念，虽是老校，学生发展却更新。尤其是进入新世纪以来，在课程改革大潮的推动下，南、北校区的相继成立，学校不断扩大办学规模，进一步拓宽学生的发展空间。各校区综合教学楼的建成，为学生学习文化知识、锻炼实际操作能力开辟了新天地；合唱、舞蹈、美术、电子琴、体育馆等功能教室，为学生多方面特长的发展创造了空间；充满生机的绿色大厅，随处可见的科技发明原理、世界名画欣赏等，为学生创设了饱含浓郁人文思想的校园文化，激发了学生旺盛的求知欲和自信心。也许正是这样的办学理念和思路，才使天津路小学有英才、有名师、有大家，有百年不变的名气。

二、办学理念指导下的办学思路和取得的成果

（一）德育先行——全方位、多元化构建德育体系

1. 因材施教——多方面抓思政课设计

新时代在教育科研引领下，德育发展要求对小学思政课教学工作提出了更高的要求。思政课教学的核心是教师，教师只有更新教学观念，把新课程理念与思政课教学实践融合，充分发挥创新精神，使教学艺术得到全面发挥，才能克服外在消极因素带来的不良影响。因此，从本质上说，思政课教学效果的提升、立德树人目标的真正实现，都

有赖于教学活动的有效开展。学校德育处在主管德育副书记的指导下，德育主任带领大队部开展的主题教育内容更加丰富和充实。一是教师有意识地收集社会热点话题和热点事件、新闻信息，从中提炼出与课程相关的内容融入课堂教学中。这样不仅丰富教学内容，激发学生的参与热情，还能引导学生将理论知识应用在实践中。例如，教师可以在课堂上播放主旋律电影，针对电影中的某一个历史事件组织讨论，帮助学生了解历史知识。二是巧用提升德育主题教育的实效性。选择与教材关系密切的生活类素材，使用生活案例进行教学。例如，在学习拒绝身边不良行为的过程中，教师可以在现有课本知识的基础上，在互联网中搜索公安缉毒的热点事件，也可以提前布置学习任务，让学生搜集有关毒品危害的内容并利用多媒体设备呈现出来，帮助学生正确辨认生活中的不良行为，从而保证小学生的健康成长。

2.各美其美——建设多彩校园文化

天津路小学以文化为引领打造有育人特色的校园文化。校园文化的构建中包含物质文化和精神文化两个层面。第一个层面是合理规划校园，培植良好绿色文化。学校可以说是学生的第二个家园，校园的环境直接影响学生的学习效果。一个干净整洁的校园给人的感官也是舒服的。在营造校园环境的时候要从绿化、美化、净化方向入手，保证校园有足够的绿化面积，学生在学习之余能亲近自然，让学生在良好的环境中成长。第二层面是发挥墙面功效，建设美观墙面文化。关注校园墙面的布置，是因为小学阶段学生的三观容易受到外部环境的影响。在打造良性校园文化中，校园的墙面是一个很好的载体。有效地运用校园的墙面为学生展现正向的内容，比如组织"让每个地壁都能讲话"的活动，让学生在目之所及的每一个地面上都能看到醒目的内容。学生浸润在正向的文化中也会影响学生的认知和言行。比如在每个楼梯口张贴"当心、小心人潮"，在班级的墙面上张贴一些具有深意的名人警句，学生处于这样的文化环境中，在潜移默化的影响中他们的认知和行为就会受到正面导向。巧妙设计长廊，形成独特长廊文化。校园文化的走廊是学校文化的一个窗口，有效地利用校园的文化走廊能丰富德育工作的内容和形式。借助文化走廊不仅能宣扬校风、校训，还可以定期展示优秀教师，让途经的每一个师生接受榜样的引导，形成积极向上的校园氛围。另外，在节日和校园活动中还能展示学校的德育、美术、安全内容，学生在耳濡目染中不仅接受了知识的学习，还能关注自己的一言一行。

3. 美在境界——家校结合形成教育合力

在现代教育治理系统中，家长是学校治理和学生教育的重要合伙人。学校大体量，意味着学生家庭情况更加复杂，家长对教育的参与程度、需求程度有较大差异，如何顺应不同家长的需求，建构配合学校教育教学有效的家庭教育体系，需要学校进行充分思考。学校要很好地了解和满足家长的需求，避免引发家庭与学校的对立。学校通过合理的教学设计、丰富的教学活动和及时的师生互动，提升教育的吸引力和学生的自我管理约束能力，让家长切实减轻教育负担，实现自身的"解放"。

（二）教学高效——多元融通促学生全面发展

1. 核心素养落地

国家颁布了2022年版的义务教育课程方案和各个学科的课程标准。为了更好地落实新课程方案和课程标准，天津路小学在教学管理中关注两件事情，一是教学规划，二是教学内容。学校教学以落实核心素养为基本导向，构建合适的教学流程，让核心素养落地。

2. 五育并举实施

五育并举重塑了德智体美劳等五育的功能和联系，是中华传统教育的总结与深化，体现出中华民族奋发进取的坚韧精神。2019 年，党中央、国务院发文指出，"坚持五育并举，全面发展素质教育"，这体现了各育之间融合共进的一种整体融通思维。五育并举是一种全人教育，强调五育之间的联结和内化，最终产生高品质的思维和高尚的品德。自 2021 年实施"双减"政策以来，天津路小学学生的学业负担和课业负担得到显著下降，减少了成长过程中出现的心理不健康问题，促进了学生的身心正常发育，学习兴趣也在缓步增强。

（三）科学管理——多方向拓展抓管理保实效

1. 作业管理——横向协同关联

教师根据课堂的教学进度，设计好前置性（预习）作业，梳理好课堂中应落实的知识要点，整合教材练习资源，设计好课堂练习以及课后拓展实践性作业，尤其是合理安排纸质与口头作业之间的比重，使每个备课组尽可能做到基本统一，最后由组长审核后再统一下发给教师。教师根据当天的学生作业情况做好组间统筹，分层分类适量布置，合理把握作业总量，将作业时长控制在 1 小时之内。备课组教师间加强交流沟通，在作业的答题要点、评价标准、批阅方式、反馈形式等方面保持一致，确保作业评价的有效性。

在新课程理念引领下，相同年级不同单元作业横向协同关联。在考虑相同学习任务群不同学段的序列进阶要求时，我们还应考虑整册教材中单元与单元之间的作业联系，考虑不同单元作业在学段学习中的作用，建立起年级内、学段内的横向关联，进而与纵向的序列一起，共同构建起网状作业体系。

例如：在科学三年级下册第一单元"小小建筑师"的学习中，我们要求学生根据技术与工程的相关要求进行设计、选择材料、制作和检测，经历了"为小狗建造一个家"的完整工程设计过程。其后在科学三年级下册第二单元"电与我们的生活"学习中，我们布置了"美化小狗的家"单元作业，要求学生利用本单元所学的电路知识，为之前制作的小狗的家设计一个简单的照明电路，使小狗的家更舒适。在完成这一单元作业过程中，学生不但巩固了本单元的闭合回路等电路概念，进一步在设计电路实验中深入探究了简单的电路原理，又学习了安装灯泡、布置线路，强化了之前所学的技术工程知识。

2.课程管理——建设丰富多彩的课程体系

在课程改革过程中，建设丰富多彩的课程体系是学校优化人才的培养路径，是教学质量和教学水平提升的最基本要素，也是学校整体科研能力的体现。课程建设是学校教学基本建设的核心内容，是推进教育创新，深化教学改革，提高教学质量的重要途径。我校把"以人为本"、"以学生的发展为本"作为课程改革的出发点，以开放型的新课程观为指导，建构了天津路小学丰富多彩的现代化课程体系，促进了学生的学和教师的教的方式的转变。

我校本着"一切皆课程，育人即课程"的理念，在课程建设过程中，从课程体系的整体角度出发，优化结构，精选内容，突出个性，注重实践，形成了我校独具特色的课程体系，分为显性课程与隐性课程两种。

（1）显性课程：校内的必修、选修课程。

学科拓展类课程：国学、趣数、英语角、悦读。

科技活动类课程：小机器人、航模课程等。

艺术类课程：合唱、舞蹈、粘贴画、剪纸、民乐器。

体育类课程：足球、篮球、击剑、跆拳道、形体梳理、棋类。

活动类课程：军训、参观、远足、安全演练。

修身类课程：礼仪、电影课程。

竞赛类课程包括：知识类、体育类、科技类、艺术类。

校外辐射课程：现代的教育绝不是闭关自守的教育，大力挖掘校外的社会资源，给学生提供更多的学习契机。

首先，请进来：邀请社区及共建单位到学校进行指导、教学；走出去：参加社区活动、到共建单位参观、学习等，增加社会实践层面课程的开设。

其次，我们还充分调动家长这一社会资源。成立家长志愿者服务团，让家长参与学校活动，根据自身特长为学校、班级活动服务（如：为班级活动摄影、组织、引领、保障安全等）；成立家长学术委员会，让社会不同分工、学有专长的家长为学生进行拓展知识的讲座、报告等。通过家长的助力，使学生体验生活、认识社会，增强学生的生活能力、社会意识、责任意识。

（2）隐性课程：隐性课程无处不在，校园内的一切皆育人，育人的一切皆课程，让学校的一切工作都变成教育学生的机会和手段，让学生进入校园那一刻起看到的一切事物都渗透着教育的功能。

①环境文化课程：在走廊文化环境建设中，我们以"诗意中华"为核心主题，以每层楼为单元，开发设计了"楼层主题文化馆"，其中包括：祖国大好河山主题、历史人物大观园、传统节日面面观、历史事件天天看、中国文学史等主题。经典名句、书法篆刻与墙体文化紧密结合，诗词歌赋充溢眼帘，让学生在休闲娱乐、举手投足之间受到潜移默化的熏陶。

②铃声课程：每日清晨，学生伴随着优美的古典音乐进入校园，自由阅读，开启一天的学习生活。同时学校每一时段的活动也都配有不同的铃声。

③家教课程：给父母洗脚、按摩；与家长共同读书、共同散步、喂养小动物；等等。通过这一课程的开设，增强了孩子的家庭意识以

及责任心，有利于孩子健康心理品质的形成。

④其他课程：我们还开设了大课间活动课程、升旗主题课程、开学迎新课程等。学校的所有资源，如各功能室、操场上的大屏幕展示台、多功能报告厅等，均随时向各学部开放。

课程建设是一个慢慢累积、不断深化的过程，像珊瑚礁一样在海面下缓缓地累积而出。我校的课程体系建设不是简单机械的叠加，不同课程之间具有相互承接、有机融合的内在关联性。我们努力让每个学生赢取一张张走向未来的"通行证"，并赋予儿童可持续发展的最强劲的动力与最丰富的可能。

3. 中层管理——为持续发展积聚能量

中层干部的组织实施能力、全面协调能力都需要在做事中得到增强，因此，如何通过给平台，让中层干部在管理实践中迅速成长，从而驾轻就熟地处理错综复杂的学校工作，是学校在中层培养中关键的一步。

在具体事务中授权，激发中层干部的内驱力一所学校是否富有生命力、发展力，很大程度上取决于能否充分调动中层干部的工作热情与激情，也就是他们能否主动地、有创造性地将计划和方案变成现实操作，从而有效保证教学任务的完成和教育质量的提升。在日常工作中，我们通过充分授权，让中层干部在部门具体事务中能决策、敢负责，由此激发每个中层干部的内驱力，使他们能够满怀热情地干事创业，同时也为自己的持续发展积聚能量。

例如：张老师是一名新上任的中层干部，为了帮助她尽快胜任党建办主任的岗位，学校一方面帮助她熟悉党建工作；另一方面，将党建日常具体任务、党建办在团队中的价值引领作用发挥、党建办公室的特色打造等方面交给她大胆工作，她不负众望发挥了积极作用。

历练中层干部的领导力对中层干部而言，将可能变现实、蓝图变行动的组织实施能力是其领导力的充分体现。为此，我们尝试将各部门的工作分解为待完成的系列项目，鼓励一些思维敏锐、工作主动的中层干部以项目负责人的角色承担新任务，在进阶式的项目推动中不断提升其自身的领导力。

三、取得成效——教在广博，美在互通

天津路小学以教育科研为引领，紧抓研究是根本，教学活动是动力。教科研在做好团队建设和研究工作的同时，还做好研究成果的展示和推广工作，随着教育科研的全面展开，将天津路小学的科研成果和经验不断地向周边学校辐射，成立了天津片教育科研共同体，首先在天津片大学区内的9个学校间依托数字化教学平台、电子书包，利用多媒体、网络技术实现高质量教学资源、信息资源和智力资源的共享与传播，并同时促进高水平的师生互动，从而形成开放、高效的教学模式，更好地培养学生的信息素养以及解决问题的能力和创新能力。联合兰家镇中心校、星恒实验校、台北明珠学校等农村学校和新建校，以科研带动教育的均衡发展，加快这些薄弱学校的科研脚步，通过派名师送课、送教学设施、送科研成果等形式，共同探索满足学生不同学习需求的数字化学习模式。从课堂上利用电子白板、触屏电视进行师生交互式学习，到基于问题解决的协作、探究式学习，到学生基于网络资源的自主探究学习，再到通过互联网与不同地域学生的共同学习。

学校立足核心素养培养，促进学生终身发展，从中华优秀传统文化中汲取营养，着力打造儒雅的校园氛围，努力营造和谐统一的人文环境。从细微处着眼，为学生指引人生方向，精心设计校园环境，如：正厅恢宏大气的诗意中华博物馆、拾级而上的诗径词道、民族骄傲的中华百杰，等等。

学校倡导用精神力量办学，以价值引领方式提升专业领导力。用

勇于担当的情怀育人，努力让精神与学校一起成长。在努力办优质学校的不懈追求中，把学校打造成师生向往的乐土，为他们创设最适宜的成长环境，让学生健康发展，让教师幸福成长。

在教学中注重教学质量的提升。让教师在"研"中丰厚理论素养，提升专业领导力；在"训"中锻造育人技能，提升育人质量；在"教"中提升实践智慧，形成自己的教学风格。运用先进的教学理念与国际接轨，与世界前沿教育理念结合，开设多种社团活动，学生在多种课程中自由选择自己喜欢的课程，学生的个性以及兴趣得到充分的发展和尊重，形成了全面发展的格局。

教育是多元广博的，也是互通互融互促的。近两年来，学校在区艺术节五大项比赛中，斩获四项冠军、一项亚军，并在市艺术节夺得两项冠军；区三大球比赛中，赢得足球、篮球冠军，排球亚军。学校荣获教育部和中国围棋协会授予的"中华优秀传统文化传承学校"和"全国围棋特色学校"称号。未来任重道远，学校将继续努力打造第二个百年辉煌！

四、未来发展设想

（一）因材施教，美在课堂——以课堂教学为中心，全面提高教学质量

基于教学质量提升的目标，需从教师培养、课堂教学常规落实及课堂改革几个方面来发力。

1. 推动教师培训，助力教师专业发展

以教师专业化发展为主线，全面实施"教师专业成长工程"，以"致远教师发展中心"为依托，建设高素质、教学特色鲜明的"致远教师队伍"，进行新进教师、发展型教师、名优型教师三个梯队的培养。教研工作是保障基础教育质量的重要支撑。学校强化科组建设，由学

科组系统规划学科主题教研活动，发挥学校骨干教师的示范、引领与辐射作用。逐步做好学科教研、校本教研、课程建设研究等教研工作，深入课堂、教师、学生之中，紧密联系学校教育教学工作，形成在课程目标引领下的备、教、学、评一体化的教学格局。

建立合理的奖教奖学制度。加强对教师专业能力、教学能力的检查和考核，采用定量定性、单项综合和过程业绩相结合的评价方式，确定优秀教师标准，并对受评教师给予奖励。

2. 细化教育教学管理，强化"两个常规"细化落实

学校将"两个常规"作为教育教学的基础规范，全面落实《宽城区中小学教学工作常规》和《宽城区中小学教学管理常规》，规范学校的教育教学和管理工作。教学工作严格落实教学准备（备）、教学实施（教）、教学巩固（辅、改）等步骤。教学管理常规细化到课程管理、教学管理、教研管理、教师管理四个方面。

3. 聚焦课堂教学，构建"三维四环"基本范式

基于学校教育教学实践，学校将继续深入推进教与学方式的变革，注重课堂学习习惯与学科教学，构建起学校"三维四环"教学基本范式。"三维"，是指"课前、课中、课后"三个既相对独立又彼此衔接的教学维度。"四环"，是指在强调"教学三维度"的基础上由四个教与学的关键环节组成。通过"三维四环"教学基本范式的实施，学校以课堂变革为抓手，把课程改革落实到教师的教学方式和学生的学习方式变革上来。

（二）因材施教，美在劳动——以新劳动教育为平台，打造劳动教育品牌

学校将推进新劳动教育系列课程，通过学校生活，将劳动教育理念根植于学生的学习生活中。它融合了学校与家务劳动、信息技术等多种内容，并形成新时代背景下培养学生综合能力的新劳动教育课程

体系。

基于学校教育的基础与综合实践课程的特色，将进一步突出劳动教育，充分发挥劳动教育综合育人功能，把"以劳树德、以劳增智、以劳强体、以劳育美"作为新时代劳动教育的重要特征。

1.课程开发

学校将继续提高劳动教育资源建设水平。加强劳动教育实践基地建设。

2.整合资源

加强劳动教育师资建设，聘请综合实践课程经验丰富、有技术专长的人士做兼职教师。

3.课程实施

充分发挥劳动综合育人功能，促进劳动教育与学科教学和其他诸育的有机融合，并与各项实践活动结合起来。学校将利用综合实践基地深入开展基础劳动教育，形成奠基课程。开发校本课程：积极推动人工智能与教育的深度融合。促进教育变革创新，充分发挥人工智能的优势：积极推进学校劳动教育与中华优秀传统文化相结合，开展节日体验课，让学生在劳动中体会传统文化的魅力。

4.研究实践

开展新劳动教育的专题研究。以科研中心为基地，以《义务教育劳动课程标准（2022年版）》和科技创新教育理念为指导，积极引领创新教育向深层次发展。重点培养学生科学探索的兴趣爱好、科技创新精神等品质，让学生成为具有创新意识、创新能力、实践能力的高素质人才和新时代的劳动者，为实现科教兴国战略目标作出积极的贡献。

（三）因材施教，美在立德——打造学校"家国文化"，提高德育和家庭教育的增长点学生作为社会主义的建设者和接班人，培养其爱国情怀至关重要。因此，学校从打造"家国文化"出发，提高家庭教育的增长点。丰富学校德育工作内涵，践行"积极德育"理念。

学校将继续以教育部颁发的《中小学德育工作指南》为指导。打造特色德育体系，构筑"心润小禾苗"德育课程，结合德育工作实际，积极开展德育课题研究和工作研究，继续推进面向教师、家长的"积极德育论坛"，根据区内统筹安排，大力推进学校国学普及和研究工作。

1. 推进学校家庭教育一体化

加强学校家庭教育的科研与实践，创建家庭教育特色学校，开展家庭教育示范项目，推进学校整体德育创新，将学校、家庭、学生构建成一个完整的教育体系，将心理健康作为学校教育与家庭教育的重要内容。开发和完善学校"生命健康"课程，上好"生命健康课"，强化学生的生命意识和社会适应能力。

2. 推动教师与家长的有关家庭教育的培训

学校组织骨干教师进行培训，培训内容包括家庭教育学、心理学和社会学等；组织教师、学生开展家庭教育公益活动；"线上＋线下"多种形式相结合，线上开通家长课堂、家长咨询热线，线下举办班级家长交流会、心理辅导帮扶站等活动，创办特色家长学校，鼓励家长定期进校参加学习。

3. 创设"家国文化"，营造特色校园文化氛围

进一步健全立德树人机制，把"家国文化"情怀融入学校思想道德教育、文化知识教育、社会实践教育各环节。在学校的教育教学活动中，充分发挥课堂教学的主渠道作用，将爱国主义精神贯穿于学校教育全过程；办好学校思想政治理论课，抓住青少年阶段的"拔节孕穗期"，推进道德与法治课程的课堂教学；将家国情怀融入日常生活，培养学生爱

家之心；将爱国情怀融入学校生活，强化学生的爱国意识与责任担当。

（四）因材施教，美在特色——以体艺活动为抓手，做强做大学校特色项目

在学校发展过程中，体艺项目一直属于学校的特色，学校也将进一步加大推广足球、啦啦操、田径等特色项目的力度，让学生从体艺活动中获得快乐，受到体艺氛围的陶冶。

1.坚持面向人人的体艺育人机制

学校重视学生体艺项目的普及教育，注重激发学生体育与艺术兴趣。继续拓展体艺项目的培养模式。通过课堂教学、特色队训练、比赛等帮助学生至少形成一项体艺特长和爱好。促进德智体美劳教育的有机融合。

2.深化学校体艺教学改革

学校加强分类指导，因地制宜，鼓励学生全面而富有个性地发展，在完成部编教学内容的同时，将体艺特色项目纳入课堂教学中，形成"一校多品"的新局面。围绕体艺项目发展目标，形成课堂教学、课外活动、校园文化的育人合力。

3.通过多种途径提高体艺师资素质

通过名师工作室、名师工作坊、师徒结对、集体教研等多种形式加强学校体艺教师队伍建设。发挥名师工作室的辐射带动作用，支持教师合作开发、开设美育课程。倡导跨学科合作。

学校未来的高质量发展至关重要。学校将继续为学校管理、教师发展、学生发展注入新的活力，努力打造优质学校。培养优秀学生，为教育事业发展贡献力量。

（撰稿人：胡长文）

做强"润"文化品牌，科学引领学校内涵式发展

长春市第八十七中学

校　　训： 内外兼修，知行合一

办学理念： 以"阳光·家·年华""润"文化体系，践行"润育九年，
　　　　　　涵养一生"

长春市第八十七中学地处长春市绿园区西部，目前一校两区，是一所九年一贯制的区属公办学校。多年来，八十七中学始终将人的发展置于教育核心地位，贯穿"以人为本"的教育发展观，坚持"润"文化办学，以润育的理念和方式影响学生，培育学生核心素养，赋能学生终身发展。

"润育九年，涵养一生"是学校的办学理念，"润育九年"是手段和途径，"涵养一生"是目的和原则。润育与涵养意味着八十七中的办学宗旨不以知识为目的，亦非以能力为目的，而是以（生活）素养为目标，以培养人的必备品格和关键能力为目的，因此是回归教育本质的理性自觉。

学校的发展就是教师和学生的成长，而教师和学生成长最本质最内在的东西是唤醒，不是塑造；是感染，不是要求；最有效最智慧的手段是浸润、是影响、是潜移默化、是渗透融入、是不着痕迹、是润物无声，是默默地坚守和坚持。

"润育九年，涵养一生"就是把义务教育与学生的终身发展联系起来，把学生的可持续发展放在首位，让学生像幼苗一样，在文化的润育下，在课程的涵养中，个性潜能得到开发，让孩子九年所受的教育能够使孩子受益一生。

学校各项工作都在践行办学理念，这使得学校办学理念深入人心，成为师生的价值取向和行动指南，从而很好地形成了"书香润物、民主润心、开放润目、和谐润校"的校风，"以仁立德、以爱育人、以智施教、以勇践行"的教风，"品高博爱、思敏乐学、体健尚美、艺雅志恒"的学风。

在"润育九年，涵养一生"办学理念的指引下，学校的各项工作都在有高度、有温度、有深度地开展，取得了一系列办学成果，形成了具有八十七中学的"文化"办学经验。

一、润育涵养形成办学特色

（一）建立"以人为本"的管理体系，实现学校良性发展

学校以"润"文化为统领，秉持守正、创新、开放的思想，坚持规范性、民主性、动态性的原则，追求学校管理的制度化、人文化、课程化，建设充满活力的学校教育管理系统。在自由与限制间保持必要的张力，在稳定与发展间寻求合理的平衡，实现目标管理与过程管理相统一、刚性管理与柔性管理相统一，促进学校的行稳致远和高质量发展。

1. 建立健全以刚性管理为基础的各项规章制度及职责

制度约束人的行为。学校是一个整体性组织，学校的发展需要有关法律、规章制度规范和评判教育教学行为。伴随着我校办学体量的不断增大，我校坚持依法治校、依规治校，逐步建立和完善学校的规章制度、各部门规章职责、学生管理制度、教职工管理制度等大大小小的制度几十项，成立制度汇编。通过定量考核与评价、规范性的制度来约束、监督、评价教育教学行为，实现学校管理的统一性，促进学校持续发展。

2. 形成以柔性管理为补充的以人为本、科学民主管理

学校管理的起点和归宿是人。主体和谐发展的管理应该是基于制度管理之上的人文管理，也就是体现以人为主体的管理，即学校一切工作的出发点和落脚点都要着眼于人的发展和生命质量的提高。学校在加强制度管理的同时，强化人性化管理。通过教职工代表大会、年度意见提案、校务公开、信息员制度、工会开展的愉悦身心活动，致敬英雄、致敬功勋教师等活动，加强情感、信念、价值观的培育在学校管理中的应用，发挥主流价值观对教职工的引领作用，依据学校的共同价值和文化、精神氛围进行人格化管理。

3. 锻造"硬核"中层队伍为纽带的管理领导力

中层干部是校领导班子与教职员工之间的纽带与桥梁，是学校决策的第一执行者，是八十七中发展的中流砥柱。多年来，长春市第八十七中学主要通过五个路径，打造中层队伍的五个硬核品质。

路径一：利用每天的值岗值班巡查带班制度，打造责任过硬的中层干部队伍。

路径二：利用每周的中层例会进行加油充电，打造作风过硬的干部队伍。

路径三：利用每月的主题党日和党课，打造信念过硬的干部队伍。

路径四：利用组织策划各部门各年组开展的活动，打造素质过硬的干部队伍。

路径五：利用每学期初和学期末的计划、总结述职，打造本领过硬的干部队伍。

伴随学校德育、管理、教育教学等领域不断取得新的成就，学校的师生员工形成对学校的认同感，形成"我们感"，将自己归属于学校，自我认定是学校中的一员，师生主人翁的责任感增强，形成"以人为本、科学民主"的组织文化。同时通过努力，使学校逐步形成以"宽容与主动、自信与信赖"为特征的"支持型气氛"。管理者充分尊重、宽容教师，发现和培养教师，放手依靠教师。教师不担心集体的压力，不拘泥于惯例和常规，创造性得到很好发挥，为专业发展和工作提供保障。

（二）构建教师专业发展体系，助推教师队伍专业化、创新型发展

党的二十大报告指出：坚持系统观念，只有用普遍联系的、全面系统的、发展变化的观点观察事物，才能把握事物发展规律。八十七中学的教师专业发展体系以系统思考为导向，以文化建设、课程建设、

评价机制为支撑，构建关注教师专业品格、专业技能的教师专业发展体系。

1.厚植文化沃土，提升教师专业发展的软实力

八十七中学坚持文化的传承、发展与创新，在润文化下构建教师专业发展体系，"润"即唤醒、感染、浸润、影响，学校旨在通过文化的涵养、愿景的联结，搭建平台，开发路径，培养"四有"好教师。于学校管理维度，营造开放、和谐的工作氛围，形成合作、信任的团队作风；于教师自身维度，确立见贤思齐的自觉意识，淬炼以爱育爱的师者仁心。发挥工会组织作用，开展"好书推荐""百家讲坛""功勋教师评选"等活动，集聚共识，凝聚精神力量，建设充满活力的专业化、创新型教师队伍。

2.构建系统课程，锤炼教师专业发展的真功夫

开发润文化下的《教师职业素养培养课程》，以"1+1+1"为课程培养目标，即聚焦新教师岗位适应力、老教师发展内驱力、青年教师职业生长力、骨干教师专业引领力，分类设定培养目标。从政治素养、文化素养、教育素养、学科素养、学术素养、身心素养六个方面设置课程版块，采取自主学习、校本教研、课题研究、教学竞技等方式，全方位立体化进行培养，完成教师梯队建设。我校持续多年开展的"润涵杯"教研活动，为推动教师打造有示范意义、有成长意义、有衔接意义的课堂新样态，积累了丰富的实践样本，我们将在此基础上进行深入研究，深度锤炼教师教学基本功。

3.优化评价机制，实现教师专业发展的持续性

基于可持续发展理论，完善与课程相对应的多元化发展性教师评价机制，发挥评价的导向、激励和改进功能。从学校、教师、同行、学生和家长五个维度确定评价主体，从师德修养、教学能力、文化素

养等方面分级设定评价指标，采取看、听、查、访相结合的评价方式，对教师进行综合性评价。既注重教师现实的工作表现，更关注教师未来的发展。评价结果只向教师本人及其主管领导反馈，对成绩优秀的教师进行表彰，对成绩较低的教师进行适度诊断与帮扶，从而提高教师自我发展能动性，推进教师队伍专业化、创新型发展。

（三）形成"三全育人"德育教育体系，落实立德树人根本任务

一直以来，八十七中学在"润文化"引领下，坚持浸润、感染、唤醒、影响，以润物无声的方式，促进五育融合，德育为先，将"德育"渗透于智育、体育、美育和劳动教育中，进而形成了"三全育人"理念下的德育教育体系。

1. 打造四支德育队伍，形成"全员育人"的专业化培养

"全员"作为育人主体，是"三全育人"中的能动要素，是实现全程育人、全方位育人的基础和保障。我校有效发挥全员育人的能动作用，全力打造四支专业化的德育队伍。专业的德育管理队伍，是学校德育管理框架的有机组成部分，是学校实现年级和部门协同育人的重要纽带和桥梁；专业的班主任队伍，以"班主任集体备课"为载体，通过思维碰撞，激发智慧，提升育人能力，充分发挥班主任在育人主体中的作用；专业的心理教师队伍，始终坚持育心与育德相结合，通过专业支撑下的科学干预，使孩子们的身心得到放松与赋能；专业的学科教师队伍，树立学科育人的意识，在学科教学过程中渗透德育教育，落实课程思政，实现全员育人最后一公里。学校举全员之力、汇全员之智、用全员之情实现立德树人的根本任务。

2. 发挥"九年一贯制"优势，形成"全程育人"一体化培养

八十七中学是一所附带幼儿园的九年一贯制学校，形成了"启润心灵、思润心智、行润心性"的幼小初一体化德育培养体系，通过制

定符合不同学段学生成长发展规律的评价量表，促进德育培养体系的实施，从而达到因材施教，梯队培养，可持续发展。从幼儿部的童蒙课程到小学部的润彩课程、中学部的融合课程；从幼儿部的"萌娃"系列的生活体验到小学部"小当家"的角色体验，中学部"责任担当"的榜样引领；从幼儿部的行为认知启蒙到小学部行为养成训练，再到中学部行为、思想深化，学校注重内容衔接，分学段循序渐进，依全程之势，衔全程之段，兴全程之育，以符合学生年龄特征的评价机制促进学生健康协调可持续的发展。

3. 依托德育志恒课程，形成"全方位育人"多元化培养

志恒课程为德育课程，从爱国板块、责任板块、成长板块、励志板块、体验板块五个方面开展全方位育人。其中爱国板块通过开学第一课、升旗仪式、重走抗联路开展致敬英雄系列，培养学生爱国主义情怀和英雄情结。责任板块通过促进学生自主发展的三级管理课程，培养学生担当意识。成长板块通过小学部入学谣、中学部的"内修心·外塑行"素质拓展等课程，帮助学生顺利过渡，适应新生活。励志板块通过邀请优秀校友，在不同时间节点，对学生进行学法指导和情怀激励。体验板块通过与社区共建，挖掘社会资源，开展社会实践，增强学生职业体验。多元课程促进育人方法创新，育人平台联动，育人资源整合。

2020年疫情袭来，学校"润之心"有声德育课程应时而生，填补了学校线上德育的空白。从最初的四个主题发展为七大板块21个专栏，至今已经发布了170期，已有近1000名学生、500余名家长以及200余名教师参与录制，课程总时长超过3000分钟，还先后被《中国教育报》、学习强国报道。形成了课内课外、线上线下多方参与的良好氛围，体现了八十七中学以"润"为核心的育人本质。

（四）创设"自主探究、合作交流"的灵动课堂，落实核心素养

1. 以理念引领行动，助推高效课堂

在课堂理念上，深耕素养导向的课堂教学实践研究，围绕适应学生终身发展的正确价值观、必备品格和关键能力，关注学生课堂的深度参与，注重学生长远发展，构建"灵动课堂"。"灵动"既是学生在课堂中应当展现的天性，更是教学过程中，课堂带给教师和学生的积极感受，是素养导向的课堂教学新样态。

为此学校开展培训强化教师有效教学意识，优化课堂教学结构，准确设定教学目标，精心设计教学载体，丰富教学手段，充分利用教学工具，关注学生课堂表现，提高监控力度，确保学生课堂达成率，力求达到"学生喜欢、学生投入、学有所得、教师享受、师生相融、教学相长"的高效课堂。

2. 以校本课堂实践研究为载体，提高教学质量

学校以"落实核心素养，提高教学质量"为主题开展了"润涵杯"课堂研修活动。分为生长课、研讨课、融合课和衔接课。

生长课采取常态课与赛课相结合的模式，关注教师的可持续发展，通过组建深度参与的"学习共同体"，焕发青年教师课堂生长力。

研讨课基于不同教师所在的学段，以"培养学生核心素养"为导引，通过建立多元合作的"课堂研究共同体"，撬动骨干教师教学研修力；开展"学科主题论坛"，总结提炼各学科的研究成果，确定研究方向，创新论坛形式，提高学科论坛质量，提高学科区域影响力。

融合课旨在开发跨学科主题学习课例，打破学科领域界限，加强学科之间的相互联系，带动课程综合化实施，强化体验性和实践性，推进育人方式的变革。

衔接课以义务教育阶段学科课程标准为依托，以落实学科核心素

养为根本，从学科整体知识结构出发，指向教学手段、教学内容、教学评价的衔接。促进学生的和谐发展、可持续发展，通过搭建一体化"小初共同体"，升级"九年一贯"融合力。

3.坚持"隐性质量"与"显性质量"并重的教学管理

"隐性质量"即结合长春市中考评价体系和"学生综合素质评价"标准，完善制定长春市第八十七中学学生评价标准，着眼学生学业质量发展与核心素养培养。"显性质量"即通过阶段性教学质量分析、"四三二一"长效教育质量保障机制，不断完善教师考核一览表量化评价标准，重视教师教育质量和专业发展质量。

"四三二一"质量监控长效机制，即抓牢抓实课堂常规管理工作，向45分钟要效率，开展自主学习教育，全面提高教育教学质量。

四查：全面的教学检查；课堂教学抽查；试卷考评测查；毕业生质量测查。

三评：一年一次的教育教学管理工作自评；一年一次的教学质量评估；三年一轮的中考评估。

二考：学校教育教学工作考核；教师学期结束的考核一览表的量化。

一员：学生信息员。学生参与学校管理的每周一调查，每月一汇总的学校各方面情况的教学反馈。

（五）开发课程资源，落实"双减"政策，促进学生全面发展

学校严格执行《吉林省义务教育教学常规》，按吉林省义务教育阶段课程设置要求开足全部课程，落实大课间活动，减少学生作业量，并以丰富多彩的兴趣活动为载体，有效地开展形式多样、内容充实、生动活泼的课外活动，丰富学生的课余生活，发挥学生的特长，真正实现了学生的全面发展和个性发展。

围绕人文教育及学校"润"文化建设，以促进学生的个性发展为

导向，充分利用现有的教育资源，学校自主开发校本课程，用课程文化去实现学校的办学理念。校本课程立足学生全面发展、个性发展、可持续发展，以国家课程为基础，以课程标准为指导，以适应学生为原则，以核心素养为终极目标，以学生发展为根本，以幼儿园、小学、初中三个阶段为经线，以德育、智育、体育、美育、劳育五大领域为纬线，以"启润心灵、思润心智、行润心性"为梯度，开发了以实现价值引领、健全学生人格为主题的志恒课程；以拓展学生思维、培养关键能力为主题的思敏课程；以培养学生特长、陶冶学生情操为主题的艺雅课程；以强健学生体魄、磨炼学生意志为主题的体健课程，为学生多元成长搭建平台，让孩子们在充满人文气息的校园里幸福生活、全面发展、健康成长。思敏课程、志恒课程、艺雅课程和体健课程一体化的"生长课程"体系，以丰富的素养课程涵养适应学生终身发展和社会发展的必备品格和关键能力。

思敏课程以"思敏乐学、开阔眼界"为目标，下设 14 项课程。四维写作课程在我校已有 20 年的发展历程，通过不断地探索与总结，我们形成了以提升学生写作能力、形成《四维空间》作文集为载体的课程体系。

志恒课程以"崇德励志、博学笃行"为目标，下设 12 项课程。在三级管理课程中，通过对学生管理能力的培养，我们已经建立起校园小当家、中学部信息员队伍，学生自主管理，规范自律的当家立人文化体系。

艺雅课程与体健课程以"体健尚美、陶冶心性"为目标，下设 13 项课程。以亲子沙盘、备考沙盘、青春沙盘等活动为主题的心理沙盘课程已成为我校师生非常喜爱的课程之一，并得到省、市、区各级教育同行的高度评价。

依托课程，开展人文节、科技节、体育节、艺术节等学科节，学生参与率100%。以此推进五育并举，服务于学生的个性化发展、全面发展、终身发展，确保增质增效增能。

同时，为提高课后服务质量，我校课后服务按市区教育局要求，开展了丰富的社团活动，百余种类的社团课程，确保了参加课后服务的学生都能有机会根据自己的兴趣选择特色项目，培养学生兴趣、爱好及特长。

二、润育引领，科学办学，成果显著

八十七中的"润文化"通过有效的管理制度（硬性文化）和尊重人性的管理氛围（软性文化），营造良好的人文环境，提升教师和学生的人文素养，从而构成以物质文化、精神文化、制度文化为基础的校园文化，与"自主发展"的理念形成与实践实施相辅相成。通过学校十余年的变革与发展，已经形成了以"人文见长"为土壤，教师、学生、管理者乃至学校"自主发展"的局面。

在各级政府的领导下，在全校师生的共同努力下，学校获得了充分的发展，学校办学成绩斐然。学校先后获得了全国心理健康教育示范校、吉林省精神文明建设先进单位、吉林省科研兴校核心示范基地、长春市国际交流示范校、长春市十大人民满意学校、长春市一类一级示范校、长春市教师专业发展学校工程示范校等国家及省市区百余项荣誉。

近几年来，学校先后承办了长春市义务教育学校管理标准示范校创建典型引路会，长春市心理健康教育经验介绍现场会，长春市质量校校行课程建设成果展示会、长春市基础教育高质量发展教育科研课题开题会暨科研高峰论坛。有声德育、三全育人、家长学校等特色德

育课程已经成为学校立德树人的闪亮名片，先后得到了《中国教育报》等多家媒体的报道；德育工作于 2018 年、2021 年两度被教育部评为全国德育工作典型案例；学校的教师职业素养拓展工程被授以"2022 年长春终身学习品牌项目"，并且其升级版教师职业素养培养课程也在实践中；学校的社会价值得到了内涵式的稳步发展，社会声誉享誉省内外。

三、做强"润"文化品牌，谋划未来发展愿景

党的二十大站在历史制高点，观澜索源，登高望远，对教育提出了新思想、新战略和新要求，学校将深入贯彻党的二十大精神，继续坚持党对教育事业的全面领导，坚持社会主义办学方向，尊重教育的时代变化，遵循教育的科学规律，以省市区教育政策为指导，坚持深化教育改革创新，立足学校校情，着眼未来发展，以立德树人为根本任务，坚持"润育九年，涵养一生"的办学理念，实现学习内容与方式的素养导向、综合育人、实践育人，为建设与新时代社会主义现代化强国相匹配的高质量教育体系贡献学校力量，培养德、智、体、美、劳全面发展的社会主义建设者和接班人。

（一）发展思路

坚持继续以文化为先导，以管理为保障，以队伍建设为路径，以生长课程、灵动课堂为依托，以"三全育人"为助力，以安全为底线，最终实现教育教学质量的全面提升。

（二）发展目标

1. 总体目标

以"校园书香润雅，教师博学儒雅，学生温文尔雅"为发展愿景，实现"润涵传承化、培训体系化、五育均衡化、管理精细化、信息平台化"

的办学目标，使八十七中学教师成为有教者风范，有学者成果，在长春市教育领域有绝对的话语权的品牌教师；使学生成为品位高，兴趣广，有人文精神，有科学素养的品牌学生；使学校成为春城百姓人人向往的"三雅五化"品牌学校。

2. 具体目标

（1）"润"文化建设取得新进展。科研兴校，以吉林省教育科研示范校建设为文化建设新载体，以课题研究为依托，坚持日常实践变革，继续丰富"润"文化内涵，构建起既符合中国传统文化脉络发展走向，又具有国际教育哲学包罗万象的融合型学校"润"文化体系。

（2）人文教育特色彰显新亮点。进一步构建和完善教师职业素养课程和学生生长课程，坚持以人为本，以每一个教师和每一个学生的成长为中心，以价值引领，以文化浸润，以课程培养，以情感联结，构建享受学研、团队共进的教研文化和乐学善思、全面发展的学生文化，培育学校文化软实力。

（3）学校常规管理实现新常态。信息化管理新常态。在"互联网+"背景下，以网络信息化设施设备为基础，进一步探索建设学校综合管理平台，将学校现有管理制度和管理流程植入网络信息系统，建立完善的数据收集和分析机制，将学生和教师的各类数据进行收集、分析和应用，从而更好地了解学生和教学情况，提高学校管理的效率和精准度。

（4）教师队伍建设迈上新台阶。坚持系统性思维，进行行动研究，对以往碎片化的培训内容和培训模式进行总结和归类，梳理出八大素养课程，以此课程架构进行新的课程开发，以"选定课程——撰写方案——课程实施——反思完善——汇编课程"为行动研究路径，关注培训的实际效果，推动尽快实现教师队伍建设显性效果，教师学科素养水平得到各级部门的认可。

（5）教育教学质量迎来新突破。以课堂发展、课程建设、学科活动为培养载体，指向核心素养的隐性质量逐年提升；以中考评估评价体系为指向的显性质量连创新高；以"九年一贯制"为发展优势，小、初分别着眼于培养习惯、开发智能、促进合作和发展能力、提升水平，为未来奠基，围绕"课程＋教师""学科＋年级"，实现立体化纵横式一体化交流，实现教育教学质量新突破。

从理念到结构，从课程到评价，八十七中学将面向文明的来处，面向当下的挑战，面向未来的学习，致力于构建良好学校生态，重新定义人的成长，以每一个学生和每一位教师的成长为中心，润育九年，涵养一生。

（撰稿人：张苏　许文伟）

以文化引领促进特色发展

长春市绿园区绿园小学

校　　训：悦人悦己，明德厚学
办学理念：崇德尚美，奠基未来

绿园小学始建于 1948 年，坐落在绿园区和平大街 1006 号，是一所有着悠久办学历史的公办学校。学校现有 63 个教学班，2586 名学生，189 名教职工。

一、办学理念

多年来，绿园小学在区委区政府的大力扶持下，在教育局的指导引领下，潜心治学、深挖特色，秉承"崇德尚美、乐学乐教、悦人悦己、奠基未来"的办学理念，立足"学生心灵手巧有特长，教师学识渊博有专长，学校内涵发展有特色"的办学目标，进一步落实立德树人根本任务，深化教育教学改革，走出了一条"厚基础、展个性、长人文、悦童年"的特色办学之路。

二、特色做法

在悦文化浸润下，绿园小学经过多年的探索实践，主要通过"境"悦、"智"悦、"活"悦、"共"悦教育教学活动的开展，深入践行"崇德尚美、乐学乐教、悦人悦己、奠基未来"的办学理念。

（一）"境"悦——精雕细琢，润物无声

环境育人思想是中国传统文化育人的重要理念，从"孟母三迁"的故事到"蓬生麻中，不扶自直"的成语，无不在强调环境对于人的成长的重要性。孔子、孟子、荀子、墨子等思想家，都提倡要主动创设环境，使受教育者受到熏陶教化。我校通过精心设计、大胆构思，并且结合学校实际，呈现了别样愉悦的校园环境，为学生创设悦耳、悦目、悦心的成长环境。

1. 校园美景，愉悦身心

五棵百年古柳，婀娜多姿，诉说着美丽校园的动人故事；开心农场、悦己亭、悦人廊，体现"以人为本"的办学理念；操场和校园布局合理，科学划分各功能区——运动场地、活动场地、休闲场地；校园内花草树木错落有致，边角地带精心绿化，力争做到"春有花、夏有荫、秋有香、冬有绿"，让师生得到视觉美感；优化校园音响系统，上下课电铃设为动听的音乐铃声，让师生得到听觉上的享受。

2. 静态文化，和风细雨

学校整体规划走廊文化，使墙壁文化成为环境育人的主要阵地。A区以"绿园精神——悦己悦人"为主题，B区以"绿园实践——创造未来"为主题，C区以"绿园梦想——少年飞翔"为主题，共同诠释了绿园小学文化建设的主旨思想。通过"校园之星"版块、艺术长廊、小白帆社团版块、道德在线40分展区展示师生校园生活的精彩图片，收获美好回忆；通过科学探索区、拓展实践区、信息操作区了解更多科技知识；通过艺术体验区、图书阅览区展示才艺，为师生提供随时阅读的空间；通过教育小故事、名人我知道、成语小积累等板块让学生了解更多知识，使每一面墙都具有独特的魅力，达到润物细无声的教育效果。

3. 班级文化，个性彰显

班级的文化布置兼顾个性与共性，各班根据自己的特点创设不同的风格与追求，通过班牌展示班风、学风、班级特色文化；通过特色展板表现自我，展示个性，感受成功的乐趣，各班教室布置温馨，充满了家的浓厚氛围。

（二）"智"悦——思行互促，启智笃行

学校教育中，课程教育是主阵地，多年来，学校在"悦"文化的引领下，以区教育局"LPL"赋能提质行动为指引，在学校"悦文化"的框架下，主要有以下四点做法。

1. 开发"悦"课程，激活发展内驱力

聚焦五育并举，关注学生核心素养，开发系列校本课程。一是德育课程，包括班队会课程、班级文化课程。课程内容主张从学生成长、发展与生活实际出发，从学生思想品德发展的现状、问题和需要出发，尊重学生已有的生活经验。二是智育课程，包括古诗鉴赏、英语趣配音、益智器具操作。通过课堂活动与趣味比赛活动两方面来体现，从而激发学生的学习兴趣，拓展学生的思维能力，有效培养学生的思考能力，构建适宜小学生提高思维能力发展的课堂模式。三是美育课程，至今坚持 15 年的葫芦丝进入课堂，已经形成了全员参与的规模，成为学校的标志性校本课程之一。国画及美术手工校本课程致力于传承和弘扬中华民族优秀传统文化。2020 年，学校又组织音乐教师分年段开设了竖笛及口风琴演奏校本课，受到了学生、家长的普遍好评。四是体育课程，包括轮滑、啦啦操。轮滑训练利用晨练时间完成；啦啦操表演利用上下午大课间进行训练。这两项运动作为体育课的有力补充，在学习和掌握体育知识、技术和技能的反复练习中，锻炼学生的身体，达到增强体质的目的。五是劳动课程，按照课标要求及《绿园区中小学劳动教育清单》，明确各龄段学生需要承担的劳动任务，先后开发了比较具有学校特色的劳动课——"生活小能手""美厨美味""串珠制作""植物的生长""作物种植与栽培"等，达到以劳树德、以劳增智、以劳强体、以劳育美、以劳创新，促进学生德智体美劳全面发展，凸显学校办学特色。通过以上校本课程的开发和实施，让学生在"崇德尚美"的活动中收获快乐多彩的童年，在全面发展的体验中为未来发展奠基。

2. 开展"悦"教研，提升教师专业力

学校的基本遵循是"以研促教、以教兴研"。坚持问题导向进行科研引领，通过"悦"论坛等科研活动历练，教师形成自己的教学观点；同时坚持教研相长，进行校本实践，通过"春华""秋实"系列教研杯赛转化科研成果，进一步提高教师课堂教学水平。以上活动的开展促进了教师专业能力的提升，十三五期间立项并顺利结题的科研课题 39 个，取得成果 103 项；十四五期间立项 53 个，已结题 34 项，成果 50 余项。目前学校有省级学科骨干 4 人，市级学科骨干 8 人，区级学科骨干 41 人；国家级科研骨干 1 人，省级科研骨干 5 人，市级科研骨干 8 人，区级科研骨干 9 人；各级优秀班主任 31 人，师德标兵 4 人。

3. 打造"悦"课堂，培养学生学习力

低年段课堂我们注重做好幼小衔接，引导教师创设与生活相关的情境、开发适合儿童特点的游戏，说儿童话，做孩子王，让课堂成为学生快乐学习的天堂。中高年段我们注重学习毅力的锻炼与学习能力的培养，让学生从爱学走向会学，真正做到学有所获、习有所成、力有所藏，收获受益终身的学习力。我们的"悦"课堂，致力于"导"，服务于"学"，充分反映学生主体性的要求，倡导学生自主学习，把"课堂自主学习权、发言展示自我权、活动锻炼提高权、合作探究权"还给学生；把外在的教学目标转化为内在的学习需求；把单纯的知识灌输转化为多元的情感需要。体现"以学定教"，做到所教内容具有内在的科学结构和启发性、多样性、教育性；体现学生的主体地位，使教学活动具有主动性、生动性、灵活性、实践性以及学生的可接受性，让学生在充满勃勃生机的课堂中提升核心素养。

4. 形成"悦"动圈，提高学校引领力

学校"关注学生发展、发挥学生潜能、体现学生价值"，成立了"美厨美味"学生社团、"创意手工"社团、"衍纸画"特色班级、"飞叠杯"特色班级等特色社团与班级 30 余个，通过定期的社团及特色课程活动的开展，形成积极向上、生动活泼的学生活动氛围，让学生在活动中发现与培养自己多方面的兴趣、能力及创造力，从而有效地促进学生心理的健康发展。充分发挥学校发展优势，在学区内范围内组织开展"悦动杯"读书节、艺术节、学科素养达成等丰富多彩的学生活动，全面落实素质教育，培养学生广泛兴趣爱好，在促进学生全面发展的同时实现学区优质均衡发展。

（三）"活"悦——悦己悦人，悦享童年

教育多元化是当今教育发展的主流，其中校园活动教育在学校教育中起着至关重要的作用。多年来，我校注重对学生有意义的活动开展，保证每一项活动都能达到教育意义。同时，在"悦"文化的引领下，学校结合实际，研究并制定出我校特有的活动模式。

1. 悦己——丰富自我

"悦己"，指学生愉悦自己、正视自己，做到自信、自尊、自立、自强。在"悦"文化形成以后，学校各部门精心组织丰富多彩的活动，丰富学生自我，提升学生自我。其中，礼仪教育是学生养成教育的基石，为做好这一工作，我们从学生的感官入手，开展"感官礼仪"教育活动。我们认为小学生的认知，是一种身体感受型的体验认知，孩子们切身的体会会在心灵打下深深的烙印，并逐渐成为孩子们品德的一部分。所以，我们的礼仪教育，打破传统的观念，从学生感觉器官入手。入眼——打开心灵之窗，让孩子们用眼睛观察，通过礼仪显性文化指导礼仪行为；入耳——用心聆听，通过童谣传唱、道德讲堂再升华道德认知；入心——打开身心的灵性，通过文明行动、文明礼仪操，深化道德认知，内化道德行为，养成礼仪习惯。

同时，作为"体验教育"的先行校，我们在进行礼仪教育的同时，开展体验类活动。每周三的综合实践活动课，在生活体验室里制作水果拼盘、制作各种各样的美食等，让学生感受到动手实践的快乐；充满生机的阳光生态园、诗情画意的七彩画廊、美术创想室，还有灵动富有活力的"DIY"创作室，同样给学生们开辟了表演、手工、读书、绘画等体验活动的天地，为体验教育的开展搭建了操作平台。

通过礼仪教育、体验教育等一系列活动，大大提高了同学们的自身综合素质，丰富了学生们的自身本领，愉悦其身心，促使学生们健康、快乐成长。

2. 悦人——分享愉悦

"悦人"是包容与回馈的力量和源泉。通过对自己的肯定与成长，从而接纳别人，做到欣赏、宽容、合作、交流，达到"悦己悦人"的境界。学校"悦"文化形成后，"团队教育""分享教育"随之而出。最典型的便是社会实践活动，走进消防大队、走进空军二航校、走进敬老院、走进大自然、走进气象局、走进安全教育基地、走进科技馆、走进民俗博物馆、走进伪皇宫、走进公园等，孩子们不仅了解了更多安全知识、气象知识，还了解了我们发展的历史。在活动中，孩子们不断吸取多方面的知识，还学会了与人合作、与人交流，将自己所观、所感、所想分享给同学们，将学到的知识扩大化。同时，学校开展国防教育实践活动，全体同学离开学校、离开父母，来到陌生的军事教育基地，度过数天的独立生活，遇到困难与同学们一起解决，遇到趣事与同学们一起分享，真正达到文化"悦人"之目的。

形式多样的活动，使学生们完成从感知、到体会、到收获的过程，体验到了动手之悦、协作之悦、欣赏之悦、宽容之悦、合作之悦、交流之悦，将教育目的内化于心，外化于形。

（四）"共"悦——家校携手，共育未来

家庭是社会的基本细胞，家庭教育质量的提升，会极大带动整个社会文明程度的提升。从这个意义上讲，家庭教育是推动社会文明进程的重要力量。几年来，我校一直致力于家庭教育工作，取得了一定的成效。通过深入开展课题研究，逐步形成了"三平台、两策略"家庭教育新模式。"三平台"即家庭教育破冰培训平台、超越式成长微信公众平台和体验式成长家教活动平台。三大平台为家长们提供了全方位、全时段的家庭教育模式，孩子家长在家里、在单位、在学校都会接受到家庭教育的指导与分享。家长们从被动参加到主动参与，这是一个质的转变，家长主观能动性的调动与发挥，开创了绿园小学家庭教育工作的新篇章。"两策略"是家长研修班策略、家长反思策略。参与是提升的保障，反思是进步的桥梁。在参与中专家答疑解惑，在反思中家长历练提升。我们通过家校携手，通过活动促进家长思想的成长。"会当凌绝顶，一览众山小"，站在高处，跳出自己的小圈子来了解自己的孩子，你才会更懂得孩子需要什么，才会更清晰地把握家庭教育的节奏，让家长们高屋建瓴地带动孩子们的点滴成长。两年来，我们收获了大量孩子与家长共同提高的案例。通过家长学校，紧张的亲子关系冰雪消融，濒临破碎的家庭重拾温馨，家境贫寒的孩子重树生活的勇气，逃学的学生重返校园……教育的力量是伟大的，它就像一缕阳光，润物无声，启迪心扉，让爱、让情、让包容滋润心田，迸发出强大的力量，这是我们学校家校共育、携手共悦的初衷与目标。

三、产生的成效

（一）培养了学生的学习力

通过对办学理念的践行，让学有特长的学生继续发展特长，让学习困难的学生找到学习的乐趣和动力，并学会自我管理，初步转变学习方式，促进学生的多元（差异）发展。

（二）提升了教师的专业力

通过对校本课程的开发、组织、实施和管理，转变了教师的教育观、课程观和教学方式，使教师成为学生学习的促进者、合作者和指导者。改善了教师的知识结构，促进了教师自身的专业化成长，培养了一支"一专多能"型的教师队伍。

（三）激活了学校的发展力

通过文化引领，提升了学校的办学理念、特色品位，完善了课程文化。通过开展丰富多彩的教学活动，合理链接社会生活，使学校的教育教学活动由封闭走向开放，生成智慧，激发活力，提高教学效率，有效激活了学校发展力。学校先后获得全国足球特色校、吉林省明德知礼基地校、吉林省美育特色校、吉林省素质教育基地、吉林省绿色学校、吉林省科研示范校、长春市教师专业发展型学校、长春市创新教育特色校、长春市素质教育特色校、长春市心理健康特色校、长春市科技工作示范单位、长春市学校文化建设先进单位、长春市文明校园、绿园区教育工作先进单位等光荣称号百余项。

四、发展设想

依据学校"十四五"期间的工作总目标，积极地、有创造性地开展工作，以形成高效、有序的科研管理体制为切入点，以构建特色鲜明而又贴近教学实际的课题网络体系为着力点，以打响学校的主导性课题为支撑点，以建设一支高素质、高水平的教师队伍为制高点，以教科研人员自身不断汲取科研技术涵养为增长点，充分发挥学校教科研在提升学校整体水平，继续发扬"校有特色，教有特点，学有特长"的校本教育格局，以"文化立校、规矩治校、质量兴校、人才强校、品牌亮校"为思路，走好特色办学之路。

（一）抓思想，文化立校

营造一个积极向上的学习生活环境，创设一个充满活力、积极进取的校园文化氛围。学校对已经形成的校园文化阵地进行整修和完善，形成条块分明的教育分区，让学生时时处处都能感受到优秀文化的熏陶。同时，学校通过组织校园文体活动，构建书香校园、举行运动会及组织入队等活动，多渠道联动，潜移默化中形成师生共有的价值观念、精神支柱、行为准则、生活态度和道德规范。

（二）抓管理，规矩治校

公正合理的制度，能更好地激发广大教职工的积极性。通过教代会进一步完善学校的各项管理机制，细化各种检查评估与落实的方法与细则，使各项工作都有章可循，有法可依，最大限度提高教职工工作的积极性。

（三）抓教学，质量兴校

质量是兴校之本、发展之基，是学校的生命线。鼓励教师秉持一颗教育良心，本着为学生一生发展负责的态度，静下心来，耐住性子，不断优化教学管理策略，为实现赋能提质行动目标而努力奋斗。加强科研引领，规范管理学校立项课题及校本研修课题，坚持问题导向，使科研成果更好地服务于教育教学。坚持细化和落实"备课组周查、教研组月查、教导处季查"的教学常规"三查"制度，检查情况在全校通报。细化和落实有效校本教研的四个制度：集体备课制度、"五课"制度、听评课制度、结对帮扶制度，并确保实效性。

（四）抓队伍，人才强校

师资建设关系到学校的生存和发展，是学校的一项根本性任务，是兴校强校的重要保障。一是提升师德师风。坚持优化管理，依法治校，以作风建设和校风教风整治为抓手，重点抓好党员干部和教师队伍建设。加强政治理论学习，狠抓党风廉政建设，不断提高党员干部的思想素质和工作水平。加强理想信念教育，把培育和践行社会主义核心价值观作为教师思想政治工作的主要内容，努力建设一支素质高、能力强、业务精的教师队伍。二是提升专业技能。学校通过名师工程、青蓝工程等，多渠道、多形式促进教师专业能力的提高。加强对外学术交流，通过各种形式和途径向外地名校和教育专家取经。结合新课标，加大对全体教师学习培训力度，帮助所有教师深刻理解新课标的方向和思路，提高教师课程开发、教学组织和管理能力。加大对青年教师的培养力度，促使青年教师快速成长并勇挑重担。三是提升幸福指数。积极鼓励教师参加拔河比赛、篮球友谊赛、乒乓球对抗赛等丰富多彩的业余活动，让教职工得到适当休息和调整。结合不同节日开展工会活动，让广大教职工感受到学校大家庭的关怀和温暖，促他们的工作更有尊严，生活更加舒心。

（五）是特色，品牌亮校

抓文化特色，紧紧抓住"悦"这一学校文化建设的"魂"，深化具有绿园小学特色的"悦"文化，从而真正践行"以人为本，以发展为本，让学生体验成长的喜悦，让师生享受教育的幸福，办人民满意教育"的办学理念。抓党建特色，开展五心行动：永葆红心，矢志不渝；坚守初心，廉洁从教；奉献爱心，内峻外和；潜心育人，诲人不倦；暖心服务，润物无声。抓教学特色，打造"问题导引式"误堂，聚焦问题导向，通过创设情境、提出核心问题、小组合作探究等，展现课堂教学的"情景化""艺术性"，"课堂上的一个个'追问'，让孩子们带着问题去学习，给予他们'秀'出自己的舞台。"抓活动特色，并不只关注能不能获得一个奖杯、分数有多高，更在乎孩子们是否能在丰富的活动中有收所获。重视艺术教育传承，让美育普及每一个孩子，建立琴棋书画社团、机器人社团、合唱队等，举行文化节、科技节、艺术节等，开展"把童年写成书""节粮行动"趣味运动会等活动，为学生施展才华、绽放生命的精彩，开通时空隧道。

（撰稿人：孙贯杰）

以"尊重教育"理念引领学校创新发展

长春市第一〇八学校

校　　训：责系天下，励志尚行

办学理念：办一所倾听的学校，呵护每一个生命的尊严；提供温
　　　　　暖有力的责任教育，奠基儿童的未来。

长春市第一〇八学校是一所九年一贯制学校，始建于 1972 年。五十年来，特别是党的十八大以来，学校深入贯彻落实习近平总书记关于教育工作的一系列重要论述和指示批示精神，坚守"为党育人、为国育才"的根本目标，秉承"责系天下、励志尚行"的校训，坚持"尊重教育"的办学理念，不断打造人民满意的"国际化、现代化、高质量、有特色"的优质学校。

一、深刻理解新时代新征程教育工作的根本要求，准确锚定学校办学理念

　　习近平总书记在党的十九大报告中提出了"要全面贯彻党的教育方针，落实立德树人根本任务，发展素质教育，推进教育公平，培养德智体美全面发展的社会主义建设者和接班人"的要求，为新时代教育工作指明了方向。我校认真学习领悟习近平新时代中国特色社会主义思想，深入思考和解决"培养什么人、怎样培养人、为谁培养人是教育的根本问题"，持续深化对教育工作的认识，深入研究新时代教学科研的特点规律，着力把握立德与树人、成人与成才的结合点，努力探究教师与学生心灵心理沟通的最佳融合点，开展了"学校文化建设的生命活力实践策略研究——以长春市第一〇八学校'倾听文化'建构实践为例""新时代背景下中小学尊重教育的理论与实践研究"等省级专项课题研究，将"倾听""尊重"作为学校文化和办学理念，在原"责任教育"办学理念基础上，确立了"以学生为中心"的基本原则，不断赋予"倾听学生心灵""尊重学生主体地位"等新内涵，逐步形成了基于实践基础上的、以"倾听"为主要特点、以"尊重教育"为主要内容的一〇八学校办学理念。

二、深刻把握新时代新征程教育工作根本任务，以特色科研赋能教育

习近平总书记强调，全面贯彻党的教育方针，落实立德树人根本任务，培养德智体美劳全面发展的社会主义建设者和接班人。近年来，一〇八学校紧紧把握"立德树人"这个根本任务，牢固树立系统观念，统筹考虑育人方式、办学模式、管理体制、保障机制等各项因素，坚持"问题引导科研，科研解决问题"，从教学过程、德育活动、校本课程、评价体系等多维度，总结实践经验，积极探索实现"尊重学生的人格发展、尊重学生的个体差异、尊重学生的创造精神"，"还学生独立之思考、自由之精神、探索之品质、求知之素养"的路径和方法，形成了以"尊重理念"为中心，以"教育方针"为保障，以"家校携手"为辅助，以"发展学生"为评价的教学科研体系。

（一）着力推进教学科研的具体化、精准化、常态化

教育是做人的工作，本质是实现人的素质提升和精神解放，必须自觉围绕这个本质要求，充分考虑不同学生、不同学科、不同学段、不同时代特征的要求，在具体化、精准化、常态化上下功夫。

1.一是抓好具体化，就是落细落小、以小见大、以小促大

我们坚持透过现象看本质，见一叶落而知天下秋，从而掌握学生成长规律，掌握教学规律。比如，利用每天托管的后二十分钟，以集体背诵和抽查背诵交叉结合的形式，组织学生复述各科教学重点，落实"日知应会"；提前一周组织教研组长汇总、精选，以"知识清单"形式印发下一周的教学、学习重点。日日清、周周清，促进学生形成构建学科知识体系的能力，尤其在国家"双减"政策背景下，充分体现了教与学的高度契合，保证了学生在校的有限时间内对基础知识能

够听得懂、学得会。

2. 二是抓好精准化，就是突出重点、抓住关键

教育不是"大水漫灌"，不能照抄照搬，搞拿来主义；不搞照本宣科、上下一般粗。坚持对症下药，精准滴灌。我们盯住一个一个学生的一个一个的具体问题，一个学生一个学生地查短板、补弱项，一个问题一个问题的解决。面对国家颁布的新课标，为了使教师快速校准课标与课堂、知识与素养的融合统一，学校充分调研后，聚焦质量提升的瓶颈、难点。近两年，组织专家培训四十余场，开展教研活动十余次，对接省内知名小、初、高不同学段以及国内知名学校，构建小、初、高共研共进贯通式育人模式，破解束缚学校发展、阻碍高效课堂的难题。精准教研活动的开展，促进学校教学高质量发展，同时，也提升了教师团队的整体素质。

3. 三是抓好常态化，就是持续发力、久久为功

坚持新课标要求到哪里，科研就跟进到哪里，严格执行教学计划、落实教学进度，跟进课堂教学，评价学业质量。教科研在学校的大力支持下，成立以校长为组长，副校长为副组长，教研主任及学科骨干教师为成员的校级教学督导组织。制定严格的督导制度、督导计划和评价标准。从计划安排、备课时效、教学模式、作业设计、学业质量、德育活动等多个方面，实时、实地地督导检查，规范了教学秩序，推动了办学理念与课堂教学的高度融合。

（二）着力强化教学活动的接受度、开放度、融合度

1. 尊重学习主体，优化育人模式，让学生主动接受

紧紧把握学生、家长关心关注的"学业质量""心理健康"问题，重构学习空间，转变学生学习方式，提升教学质量。一方面，倾力打造"5Y"课堂，提升教学效果。深化课堂改革，完善授课模式，开设5种"yue"

课堂模式，实现"全人教育"。"阅"课堂，通过"自主预习清单"导学，阅教材、阅资料，自学预热；利用教材"十读法"，掌握知识内容，自行强化；以"经典阅读计划"为载体，自我约束、自觉提升。"跃"课堂，通过"热点讨论""互动展示""才艺引入"等诸多方式，创设有利于学生思维发展的情境，开发学生乐于参与的课堂活动，营造益于学生学习的氛围，在"师生互动"中启迪智慧，激发创造力。"悦"课堂，在多年的教学实践中，学校形成了致力构建和谐课堂，积极创设"德、美、劳、体、趣"五位一体的教育教学体系。学生在自主学习中互相合作，在快乐体验中收获成长。"越"课堂，坚持终身学习，基于"共建、共享、共赢"的理念，建立"公益课堂""党员辅导站""社区课堂"，打开互动直播、辐射带动、随时选择、双师助教模式，让学习成为一种文化，让行走的课堂伴随学生终生成长。"月"课堂，结合新课标育人思想，以校级教学督导为依托，建立校本"课时作业"评价体系，切实减轻学生的作业量，让学生没有"披星戴月的疲惫"，更多的是"枕月入怀的美好"。让孩子幸福、家长满意。另一方面，推进"红心"课堂，补足学生短板。"尊重教育"就是要看见学生的需求，因为学习习惯、知识基础、接受程度的不同，面对全体学生确定的教学设计、分层作业，是不能满足每一名学生的需求的。为了促进学生自我检视、发现自身还存在的困难并主动出击解决问题，2020 年 11 月，学校以七年级数学一个学科为突破口，组织党员教师，借助网络平台，利用周末一个小时，开展"红心公益课堂"活动。学校通过"公益信箱"收集、整理学生的学习困惑，精选授课习题及授课方式，专题式答疑解惑，并从开始的"菜单式"向"定单式"转化，由一个年级、一个学科发展为全学科、初中全学段。截至目前，近五百节公益课，包括集团、联盟学校学生在内，共有二十余万人次参加。尤其在疫情期间，有效地解决了部分家长因为工作、抗疫等原因不能陪伴、监督孩子学习的难题，此举深受家长好评。

2. 尊重个性发展，打造开放式校本课程

围绕"国家课程校本化，校本课程特色化，特色课程实践化"，着力打造四个"素质教育"校本课程群。第一，打造"快乐、求知"课程群。按照学生的认知发展规律，将同一学科或不同学科的相关而具有互补性的课程进行整合，创办"自然科学馆""图书馆""迷你农田""攀岩墙""绅士击剑""校园乐团""艺术创意"等课程，最大限度地增强课程的实践功能。第二，打造"志趣、自律"课程群。把培养学生独立人格、学会学习、懂得精神成长，作为"倾听教育"目标，构建了足球、篮球、朗诵、配音等20余个个性化走班的"社团"课程模式。第三，打造"理想、创造"课程群。推动学生"像科学家一样思考，像创客家一样动手"，努力开发"3D打印""无线测向""电脑编程""科技嘉年华"等有创造力的课程，激发学生的思维火花和创造本领。第四，打造"砥砺、修养"课程群。着眼智慧统整与知识统整，设计了"鸿鹄杯"实践大赛、"馨声广播站"、"乐帮志愿者"等一系列指向学生核心素养的综合性活动课程，培养锻炼了学生的实践能力、创新精神和社会责任感。校本课程的打造，最大限度地与学生的个人兴趣相结合，关注学生个性成长，实现了教育的"五育"并举，取得了显著成果。校女子篮球队在全国初中女子篮球比赛中取得了全国冠军的好成绩，实现了吉林省此项体育项目的历史最好成绩。羽毛球、乒乓球都获得过长春市第一的好成绩，科技创新获得过多项省级大奖，经典诵读荣获国家级优秀奖。

3. 尊重全面发展，完善评价体系，推进学生与未来发展更加融合

一方面，用好传统评价标准。发挥"国家课程方案和课程标准"

统摄功能与导向作用，结合学校办学理念及办学目标，深化课程改革，制定评价标准。另一方面，围绕学生身心发展建立多维评价内容和评价指标。建立分类考试、多元评价、综合评价制度，形成了学生品德发展水平、学业发展水平、兴趣特长养成、学业负担状况等4个维度。第一，品德发展水平。以课标为标准，建立细致严谨的评价目标。学校结合中小学年龄、心理、生理、认知特点和行动能力，建设有针对性、层级性、衔接性、实践性及普特教相结合的"四自德育"，完成"自立、自理、自励、自愈"的自育过程，成长为尊亲感亲、爱国正能、三观端庄、内心健康、尊重生命的优秀人才。第二，学业发展水平。打破国家课程考察作为学业发展水平的考量的唯一标准，按照不同学段和年级，融入无纸笔测试、口语表达、体育达标、特长展示等内容，以测促学，以评促教，提高了学生整体学业发展水平。第三，兴趣特长养成。学校每个学年开始，都列出一些不同类别、可操作、感兴趣、高质量的兴趣爱好项目供学生挑选，学年结束以"艺术节"展演方式给予评价。第四，学业负担情况。此方面主要以定期"调查问卷"形式了解掌握，汇总、整理后，问题突出的方面，各年级有针对性地加以改进。对严重的问题，校级领导与个别年级教务主任或者个别教师进行交流，提出解决方案，系统施治，力求尽快加以解决。

（三）着力推进教师队伍的专业化、团队化、集约化

"教师是立教之本、兴教之源"，教师队伍建设是学校发展的关键。发挥老教师知识储备深厚、教学经验丰富的特点，加强专业学科研究，增强研究深度，进而以老带新，组建"师徒结对"。发挥青年教师学习能力强、思想活跃、学生接受度高的特点，把他们用到重点岗位、重点部位，如班主任、学科组长等，促进师生关系的融洽；根据教师特点，赋予不同任务，打造不同专业团队，如命题团队、教研

组长、名师团队等；不同模块组合，快速组成团队，快速履行临时性、突发性教学任务。教师团队的打造，逐步形成了一〇八学校的特色科研。一是打造和谐团队，"激发"人力潜能。坚持把打造和谐团队作为加快学校持续发展的基础，精心设计离退休老教师的"荣休奖杯"，举办座谈会，用心组织丰富多样的面向教师的社团活动，贴心安排教师节庆祝、元旦联欢、三八妇女节等节日内容，以暖心之举抚慰教师之心，提升在岗教师幸福感，激发爱岗敬业奉献精神和培养有能力、有理想、有担当的时代新人潜能。二是聚焦践行课标，开展教师培训。新课标学习、大单元备课、核心素养养成、新时代好老师标准等，全方位提升教师处理教材、驾驭课堂的能力；有计划地组织教师到国内名校研学，亲身体验优秀办学思想和规范管理，带回弥补办学短板的经验、做法，逐项落实、落细、落地，带动学校各项工作开展。三是搭建平台，开展技能大赛。"芝兰杯"教学大赛，立足教学设计、作业设计、课堂教学等，为教师提供展示能力和风采的舞台。四是坚持问题导向，开展多样教研。每个学期制定教研小课题近十个，着眼班主任管理能力提升、教研组长引领提高、骨干教师辐射帮扶、青年教师成长计划等设计教研活动，使各个层面的教师都能够不断有收获、有提高。

（四）着力推进学校建设向先进看齐、向高标准看齐、向可持续发展看齐

1. 向先进看齐

一〇八学校本着开放式办学思想，不拘泥于自身多年以来积累的教学经验和管理措施，积极携手省内外多所名校，建立教育联盟，突破提质发展瓶颈。与吉林省职业技术学院开展"大思政活动"，深化红色教育；与双阳区郊区的晨宇希望中学建立教育联盟，拓展了劳动实践基地；对接山东、西安、上海等地具有办学特色的名校，组织教

师研学，带回经验做法，促进学校发展；与首都师大附属实验学校建立品牌发展共同体，实现了管理岗位跟学，推进名师培养、参与教研培训、优化课程体系、共享优质资源等提高办学品质目标。

2. 向高标准看齐

国家要求的就是标准。第一，贯彻落实"双减"政策，做好提质增效工作。精细管理制度，从思想意识上重视；精研管理策略，从规范行为上下功夫；精致管理过程，从细节处理上见成效。第二，聚焦探索核心素养，做好全人发展工作。作为教育工作者要校准教育责任和育人方向，明确"培养什么人、怎样培养人、为谁培养人"，才能真正做好为党育人、为国育才。深研课程标准，理解领会"核心素养"内涵，更新教学设计理念，培养、深化课程意识，创新育人手段，改变"唯分数论"思想，重视学生的素养多维发展；深究课堂教学，激发教学活力，落实学科育人目标，培养自主探究习惯。第三，邀请省市区级教研员做高标准培训，使老师及时了解前沿信息及上级教育部门对课堂教学的标准。

3. 向可持续发展看齐

依据课标学段衔接要求，加强与省内、市内优质高中的沟通联系，做到高中需要什么样的好学生，我们就按照他们的需要开展教学活动；我们需要什么样的学生，就把我们的想法和需求向小学渗透。几年来，我校先后与东北师大附中等名校多次开展座谈交流，了解掌握"用人"导向，做到上下有序衔接，整体平稳过渡。实践中，我们借助九年一贯制的办学优势，下接幼儿教育，上对优质高中，贯通人才一体化培养渠道，充分体现责任教学理念。

（1）科学推进幼小衔接，把成长的"陡坡"变成"缓坡"。坚持"零起点教学"原则，变"让学生适应学校"为"让学校适应学生"，实施"4+3"

衔接机制。"4"即学校统筹好四项衔接：思想衔接工作。通过会议、视频宣传、教育推送等，统一领导、教师、家长思想，打好教育的组合拳。时间衔接工作。在课堂内增加游戏环节；把开学第一周设为"入学适应周"，推出"适应周课程群"；第一学期安排学生午睡，关注时间衔接。课程衔接工作。通过联合教研，全面掌握儿童认知基础和学习方式，落实"零起点"教学。管理衔接工作。明确"零起点"不等于"低质量"；做好"零起点"家长公示；监督好"零起点"教学课堂质量。"3"即教师落实好三个适应：营造娱乐氛围，强化环境适应；加强游戏设置，强化方法适应；举办特色活动，强化全面适应。

（2）科学谋划小初衔接，把适应的"突变"变成"渐变"。做好小初衔接，关注学生的可持续发展，采用"2+4"衔接策略。"2"即管理与教研双线并进。管理衔接，提前接管小六年级，让学生逐步接受初中管理模式与具体要求；教研衔接，开展六、七年级教师之间的深度交流，初步掌握彼此学生、学习的特点与不足，在教学设计、沟通方式、作业形式等方面加以补充与改进。"4"即四点强化。一是强化知识衔接，绘制衔接学段知识树，使学生因了解而能够快速适应初中教学内容。二是强化教法衔接。在充分调研的基础上，从教学设计、教学语言、思维培养、课堂参与等方面探索衔接教学策略。三是强化学法衔接。转变课堂教学主体，由关注"教"转为关注"学"，变"学会"为"会学"。四是强化评价衔接。以评价体系的建构，促使教师关注衔接工作，改变学段之间严重脱节的现状。

（3）科学指导初高衔接，把提高的"畏难"变成"接受"。突破发展局限，携手优质高中，建立战略合作伙伴关系，将"1+3"模式作为一〇八学校创新人才培养的又一重要举措。"1"是充分利用省内及共同体优秀师资力量，聚集名师组成一个教师团队，为初高衔接献智出力。"3"即衔接过程中设计精品活动。一个是教学共研,聚焦理科教学难点,初高中教师同上一节课,以方法指导对接增加升入高中信心;另一个是活动共创,聚焦学生心理需求,开展"同行徒步""同讲爱国情""同唱红歌"等活动,创造交流学习机会,打消升入高中的恐惧情绪;第三个是理念共频,聚焦多样课程建设,以"初高教师微论坛"、请专家做主题培训方式,互相了解两个学段不同的授课方式及育人理念,为衔接工作做好铺垫。"1+3"的初高衔接模式逐步推进,推动学校教育高质量发展。

三、以"尊重教育"促进发展,特色科研成效显著

几年来,"尊重教育"的建设,对学校文化构建、育人模式创新、课程设计建构产生了极大的促进作用,实现了学校、教师、学生、家长的共同发展。

（一）促进了教师专业能力提升

十三五、十四五期间,学校共承担国家级课题1项、省级课题6项、市级课题27项、国家级个人小课题50余项,100%的教师参与了立项课题研究。全校教师在各级教学教研刊物上发表论文、教学设计千余篇,打造精品教学课例、录制微课500余节次,参加省内外科研、教学比赛百余人次,171名教师被评为各级骨干教师。目前,学校形成了校长带头、骨干教师引领、年轻教师群体跟进的科研队伍。

（二）推进了学校内涵式发展

在教育科研引领下,学校先后获得"全国文明单位""首届全国文明校园"等十项国家级荣誉,"吉林省教育系统先进单位"等21项省级荣誉,"长春市4A级单位"等28项市级荣誉,2017年被评为"省教育科学研究示范校",2021年被评为"长春市教育科研核心示范基

地校"。

（三）发挥了辐射引领作用

近年来，作为长春市教育科研核心示范基地校，一〇八学校先后承担了全省和长春市的中小学校长能力提升等多项培训。"十三五"以来，全校共召开大型教学观摩研讨、开放日等科研活动8次，省内外20余所学校、1000余人次来校参访，承担1000余人次高校学生实习任务。我校选派50余名科研骨干赴北京、新疆、四川、大连、延吉、汪清、扶余、德惠、双阳等地37所学校支教、送教、送培，辐射带动兄弟学校科研发展。

四、坚持以"尊重教育"照进未来，不断为全面建设社会主义现代化国家培养更多合格人才

实践中我们感到，在"尊重教育"理念下，倾听学生心声、尊重学生主体地位，对于启迪学生心灵、健全学生人格、培养学生创新思维、塑造学生独立自主精神、促进学生全面发展，具有十分重要的作用，符合新时代教育事业发展方向。下一步，我们要坚持以习近平新时代中国特色社会主义思想为指导，全面贯彻党的教育方针，按照新时代新征程教育工作要求，不断探索和把握人的发展，特别是义务教育阶段学生发展的特点和规律，紧紧围绕学生全面发展需要，主动适应、充分融入、深刻把握，乃至引领创造时代发展大势、社会发展大势、人的发展大势，矢志不移、笃行不怠、躬耕不辍，充分调动和激发全体学生和教师的创造力，以实际行动落实好习近平总书记在党的二十大提出的"要办好人民满意的教育，全面贯彻党的教育方针，落实立德树人根本任务，培养德智体美劳全面发展的社会主义建设者和接班人"要求。

（一）进一步加强"尊重教育"文化建设，在潜移默化中涵养独立精神

基于学校发展目标，在"尊重教育"理念基础上，加强学校环境文化、制度文化、课程文化、教学文化、思想文化、行为文化等建设的研究，探索"以美育人，以文化人"的多元载体与教育路径。一是坚持弘扬中华优秀传统文化。在忠于现有教材的基础上，选取百篇经典古文、现代文进行精讲和泛读，增加学生文学、历史底蕴。二是坚持以开放包容、兼收并蓄的态度，吸纳世界各国优秀文学作品、新兴科学技术进入课堂，不断丰富校园文化内涵，绘制学校多元文化形象。三是加强学校文化基础设施建设。把"尊重教育"融入校园文化建设，"统一规划，因地制宜，突出特色"。加强教室文化、走廊文化、办公室文化、活动场馆文化、餐厅文化建设，彰显"尊重教育"文化内涵，陶冶广大师生情操，净化师生的心灵。

（二）进一步加强"尊重教育"课程建设，实现育人课程多样化

紧紧把握学校建设核心，持续加强校本课程建设。学校成立课程中心，加强教育教学规律研究与实践，设计、开发、全面建构"尊重教育"办学理念下的校本课程体系。注重倾听生命成长、促进个性发展的研究与实践，继续打造并不断丰富"快乐、求知"课程群、"志趣、自律"课程群、"理想、创造"课程群、"砺炼、修养"课程群，力争实现在校生全员全过程参加。

（三）进一步加强教师队伍建设，打造"尊重教育"新型教师团队

着眼教育改革发展需要，优化教师队伍结构，激发教师科研热情，在打造新型教师团队上用力见效。一是关注教师"成长性"需要，把教师成长与学校发展统一起来，针对学校不同学科建设需要，按照急用先培、远近结合的原则，培养优势学科、拔尖学科、特别学科教师

群体；二是实施"分层培养工程"，针对"新教师、青年教师、骨干教师、专家教师"提出不同培养规划，有计划、分批次选送教师，特别是青年教师赴高校、科研机构、发达地区学校进修、培训，力争五年内对 45 岁以下青年教师全覆盖轮训一遍。三是建构教师专业发展支持服务体系，实施"青蓝"工程、"名师工程"，形成多元化的组织建设、多渠道的资源共享、多内涵的专业发展培养体系，实现教师"一年入门、三年胜任、五年突破"，引领教师不断发展与创新，打造高素质的教师团队。

（撰稿人：宫化丽）

"一二三四五八"治校方略引领下的
学校创新型高质量发展

东北师范大学附属实验学校

校　　训：志存高远，学求博深
办学理念：追求学术、创新、自觉、友善的教育

一、学校的办学理念

东北师范大学附属实验学校于 2001 年被纳入"吉林省重点高中"管理序列，2005 年被评为"吉林省示范性普通高中学校"。我校始终贯彻"为学生一生奠基，对民族未来负责"的办学指导思想，秉承"追求学术、创新、自觉、友善"的办学理念，弘扬"坚持理想、追求卓越、勇开风气、兼容并包"的附中精神。在"一二三四五八"治校方略的引领下，向着"坚持教育家办学，建设现代化、国际化的学术型中学"的目标阔步前行。

我校努力践行"志存高远，学求博深"的校训，在"三强一升"的学校发展战略指引下，全面深化教育教学改革，学校教育教学质量不断提升。从 2018 年开始，学校全面贯彻"课堂第一"的教学理念，进行课堂教学的改革，从教师的"教为主"到学生的"学为主"。改革至今，各学科已探索出适合学科特点及学生实际的高质量教学模式，为学生提供学法指导，有效引领学生自主学习和学科素养的发展。我校坚持依托学术型资源优势，引领综合素质教育改革，为学生全面健康发展保驾护航。

二、办学理念指导下的办学思路和取得成果

在先进的办学理念下，我校在 K12 学段课程体系与素质教育培养模式上积极探索，于幼儿、小学、初中、高中各学段与艺术教育融合路径入手，制定了"一校一品""一生一长"的个性化方针，初步取得了"立足学生终身发展、积淀未来人生素养，示范一方、辐射全国"的办学成效，在教育教学、学校管理领域取得了卓越成果。

（一）教育教学成果

1.幼儿教育：回归生活世界，还原童趣教学

东北师范大学附属实验学校幼儿园顺应幼教改革趋势，在教育教

学领域围绕"主题活动设计与革新"主题,以"研"促"教"。依据基础幼儿课程内容研发了"成长主题、节日活动、社会实践活动、园所文化活动、家园共育"五大专题,形成了较为完整长效的"教学链""生活链",生成"幼儿园特色主题活动设计与实施"的研究成果报告,在长春市基础教育高质量发展实验中取得了关键性突破。

该教学成果坚持长效支持策略,于统筹规划中着眼微观细节。其中,幼儿园小班侧重生活教育,实现从家庭生活向集体生活的过渡,对将来的集体生活进行启蒙教育;中班考虑到幼儿自我意识的增强,以主题活动为媒介,促进幼儿德、智、体、美全面发展;大班以入学准备为核心,开展系列主题教育活动,培养积极的求知态度。学段衔接的内在要求也激励教师积极创新教学策略。随着改革试验长达十年的深入,我校在调研、探索、实施、反思过程中,分步实施、稳步推进,有针对性地解决了幼儿主题教学存在的现实问题,并结合高校专家理论,建立起较完备的《主题课程教师指导手册》,利用指导手册对新入职教师进行培训,推动幼师教研共同体的建设,帮助其形成正确的儿童观和教育观。同时,我校依托学术型办学优势,进行案例反思与课题整理,全面总结了我园特色主题课程设计与实施的工作历程,努力构建园本课程体系,形成包括相关论文、著述、主题活动在内的多项课题研究。具体成效如下。

(1)关照幼儿学情,营造向学氛围。成果应用十余年以来,直接受益于本园 5000 余名幼儿,不断提升幼儿园人才培养质量。幼儿逐渐形成乐观、积极、向上的学习氛围,在充满活力与朝气的学习活动中时时彰显学术气息。例如,教师在课堂中应用游戏化教学方式,提高幼儿学习的趣味性;开展混龄活动,大、小班幼儿"手拉手",解读幼儿园里的一日生活。

（2）培育幼儿教师的职业热爱，促进专业化发展。教师有针对性地进行教育实践，在实践中不断调整教育策略，并采用观察研究的方法使教师的教育教学能力和研究素质获得螺旋式提升。教师基于对本成果的实践体悟，围绕五个专题开展后续的课题研究多项，其中有10余项省市课题在研，有20余项课题结题，在省市级刊物上公开发表相关论文60余篇，且多篇获奖。

（3）课题价值丰富，具有较强的示范作用和推广价值。2020年，我园成为教育部幼儿园园长中心的实践基地，接待来自全国各地的优研班幼儿园园长观摩百余场，园长们对我园探索特色主题活动的思路、举措和成效给予一致好评。《幼儿园特色主题活动设计与实施》荣获吉林省教育学会2018年优秀科研成果著作类一等奖。《幼儿园特色主题活动案例》系列材料被吉林省20余家幼儿园借鉴，成为园本课程蓝本。

综上所述，东北师范大学附属实验学校幼儿园的"幼儿园特色主题活动"不仅保障了幼儿身心的和谐发展，并构建出基于儿童视角的自主活动教学模式，兼具实践价值与学理价值，课程内容建设也将在改革中日趋成熟。

2. 小学教育：跨学科助力，落实核心素养

基于核心素养理念，跨学科学习成为学生学习新样态。东北师范大学附属实验学校在"如何培养人""培养什么人""怎样培养人"三方面进行深入思考并研发了小学各年级的跨学科校本课程，最大限度上创新教学手段与学术维度，衍生出一大批优秀的理论成果与实践成果，现有5项课题结题，并在省市级刊物上公开发表相关论文报告10余篇，建立起丰富的跨学科学习案例库，具体成果如下。

（1）包含课题、著作、论文、研究报告、讲座会议在内的理论成果。

首先是课题类成果，吉林省教育学会教育科研规划课题"小学数

学项目式学习初探——以主题综合实践活动研究为例"、吉林省教育科学规划课题"新时代基于融合理念的小学劳动教育实践路径研究"、吉林省教育学会教育科研规划课题"小学高年段跨学科学习方案的设计与实施研究"、长春市教育科学规划课题"小学数学低年级学生发现数学问题能力培养的实践研究"、东北师大附中净月实验学校校级课题"'双减'背景下的小学科学与多学科课程融合的实践研究"共五项。

其次是著作、论文、研究报告类。2021年10月,由东北师范大学出版社出版《新时代劳动教育小课堂》口袋书读物,论文《新时代小学生劳动教育问题及对策研究》《新时代基于融合理念的小学劳动教育实践路径研究》《小初高社会主义核心价值观教育一体化建设的实践探究》等共5篇;研究报告《特色课程助推学校特色化发展的思考》《走向培育核心素养的教育》共2篇。

最后是讲座、报告类。"浅谈跨学科融合的实践应用""STEM理念下科学学科课程建设""聚焦核心素养,开发融合课程——东北师大附中实验小学融合课程发展历程"等多项内容,在吉林省教育学院及2022国培计划等平台进行经验分享与畅谈。

(2)立足学科教学,研发多维度课程设计的实践成果。

首先是学科教学的项目式特色活动。如语文学科逼过五年级的戏剧表演将经典名著搬上舞台,数学学科通过六年级的"我们的操场"主题活动调动学生的量感、运算能力、推理能力解决实际问题。诸如此类的综合实践活动,不仅是知识的探索,还包括在学习中积累活动经验、思考问题的方式、与他人合作交流的体验等综合素养的提升,使学生在知识技能、问题解决、情感态度等方面得到全面发展,扩大了学习的外延。

其次是跨学科主题活动与特色课程设计。"货币的学问""扎染的秘密"主题活动让学生既体会了把知识应用于生活实践的向外延展，也感受到了活动中知识向内深化的润物无声。此类活动将几大学科有机整合，使课程逻辑线清晰，学生的实践中充满了乐趣又蕴含了更多的知识。此外，"馒头的故事"被评为吉林省"三新"背景下教育教学成果交流暨东北师大附中第 40 届教学"百花奖"优质课。"土豆的故事""我家炊具的秘密""陶与瓷材料研究"等共 5 项主题活动也在省级研讨观摩会议、国培计划、教育部中西部校长培训项目等平台中大获好评。

（3）统领教师研修，提升协作探究能力。学校组建跨学科学习研讨的教师团队，通过集体备课、组会等活动来调动教师参与课程整合的兴趣。教师从课程的实施者向课程的设计者、开发者、组织者转变，不断打破传统的教学机制对课程整合的限制，用发展的眼光重新审视教学中存在的问题。我校还提供了高质量的有关学校层面跨学科学习的学习资源，教师产生基本认识与定位；建立专门的校本研讨制度，有计划、有目的地组织教师针对学校层面跨学科学习中的疑难问题进行探讨，明晰学校层面跨学科学习的整体与细节；邀请相关的教育学者、课程专家对教师提供指导，进一步深化教师团体对学校层面跨学科学习的认识。我校鼓励教师们积极寻求跨校际、跨区域、跨学科间教师的帮助，搭建科研共同体，共同探索解决问题的路径。在学校层面课程整合的全过程中，教师借助以上教学资源密切交流，通力协作，保障了跨学科学习的科学、合理、有效落实，提升了教师的协作探究能力。

3. 基础教育：面向全员，让 K12 素养教育落地开花

面对吉林省体育艺术教育资源匮乏、青少年艺术体育素养欠缺等现状，东北师范大学附属实验学校小学、初中、高中通过衔接性的体

育艺术课程设置，基于 K12 体系参与研发了独具特色的体育艺术素养培养模式。该教学成果获得国家与社会的保障与推动，解决了当下基础教育的重大问题并且极具应用价值。持续多年的实践与研究中，主要取得了以下成果。

（1）创建了体育艺术素养培养的课程体系。制定与课程建设相关的规章制度，创建的体育、艺术核心课程如下：剪纸、版画、硬笔书法、刺绣、陶艺、京剧、舞蹈、球类等 10 多门课程。在课程实施的过程中，我校采取了以赛促学、专家进校、精英交流等人才培养策略，并给予课时保障、建立过程性评价机制，学生及教师年终奖励及展示机制。在这套完善的运行机制与策略的支撑下，体育艺术素养培养模式顺利运行，取得了骄人的成绩。

（2）基于体育艺术素养培养模式的办学理念及成果得到借鉴与推广。通过专项测试和比对，全校两万名学生身体素质普遍提高，做到体育艺术方面，人人都参与，各个有专长。在近三年中考体育测试中，我校初三毕业生体育测试成绩稳居长春市前列。自该模式研究、实践以来，我校被评为"全国青少年校园足球特色学校""国家高水平体育后备人才基地""全国群众体育先进单位""国家级体育传统项目学校""吉林省体育传统项目优秀学校"，各学段的足球队在国家、省市赛事方面比赛成绩突出，5 次全国前 5 名，26 次省市级冠军；先后有 51 人次获得国家一级运动员称号，318 人次获得国家二级运动员称号，25 人次荣获国家、省市级优秀教练员称号。同时，因足球特长升入 985、211 高等院校学生共计 74 人，升学率达到 100%。我校以音乐、美术、舞蹈为主的艺术特色教育持续着高水平的高考升学率，近五年更达到了连年升学率 100%。先后共有近 20 名学生考入意、俄、德、英、澳、日、韩等国外知名艺术类院校，每年都有多名学生考入国内知名艺术类高校。此外，我校先后获得了"全国舞蹈传统优秀学校""吉林省美育教育示范校""吉林省艺术教育示范校""吉林省少儿戏剧传承教育培训基地"等荣誉称号。

（3）实验基地合作校反馈效果良好。我校积极开展多方校区资源的优势共享，搭建教研改革共同体。与东北师大东安实验学校、东北师大通化实验学校、东北师大长白山实验学校、东北师大连山中学等基地学校在各实验阶段进行定期培训、交流和回访。从实验基地校回访结果来看，体育艺术素养培养模式在各实验基地对于学生体育艺术素养培养都起到了明显效果，有效提升了学生身体素质与审美素质。

（4）教师专业化进修能力提升。从学校顶层设计、全员培训、教育行政部门调研过程中，我校小初高整体形成了一支专业化、高水平的，能教能研的体育艺术教育教学动态研究及实践团队。团队中有专业稳定的研究人员32人，其中博士1人、硕士15人。教学实践团队中省市级骨干教师12人。在论文、课题的参与中，专业素养和教育教学能力得到提高，在各类大赛中成绩斐然。白杨、齐曼等教师在各类大赛中脱颖而出，论文《"校园足球"建设热的冷思考》等百余篇发表在《中国教育学刊》等各类杂志上，立项并结题的省市级课题10余个。

（二）学校管理相关成果

我校总结27年学科教研室建设经验与教学教研发展经验，历经5年实践研究，形成了以功能定位为重点、以校本教研为基础、以教师培养为根本、以科学制度为保障的四位一体学科教研室发展模式。为了更好地贯彻习近平总书记的高质量教师理念，参考目前"学科教研室权责不明、管理制度不完善、学术特色不鲜明、教师发展梯队差异性较差"的社会问题经验，我校坚持大力打造学科教研室和建设学科品牌，取得了学生、家长和社会各界的肯定与好评。

具体改革内容与改革成果如下。

1. 创新学科教研室理论，规范教师工作运行机制

（1）以团队功能定位为重点。学科教研室不断明确学科定位，发挥学科功能；明确学科发展目标，科学制定学科发展规划；明确学科育人目标，深研践行学科核心素养；明确一流学科建设目标，加强学科文化建设；明确课程改革目标，系统规划教研活动；明确教研交流目标，建设高效教研平台；明确教研协作目标，推动一体化学科建设。

（2）以校本教研为基础。学校固定开展以"五个一"工程、荣誉教师引领、人文素养提升、备课观摩、外聘专家指导、外出教师学习分享等为核心的常规学科教研活动；着力打造我校《地平线》等学术性、研究性、专业性教育教学理论研究期刊，以及《知行》等人文性教育教学实践期刊，彰显教师专业水平，展现学校教师、学生的工作、学习、生活精彩剪影；全面加强课题研究工作，保障课题数量及质量，推动教师钻研教育教学问题，总结提炼教育教学成果，转化应用于教育教学实践。

（3）以教师培养为根本。充分利用"两工程""两体系"，全面推进各层面教师的专业化发展与能力素养提升。将"走出去"与"请进来"相结合，对教育通识、学科知识、教育理念、时事热点以及教师基本功等都进行专题式的培训与指导。引领学科组充分地进行教学改进工作，不断开发具有学科特色的校本课程。为进一步夯实教师教学基本功，学校组织开展"五个一"工程。其中"一手好字"，以书法展览、板书评比、岗位练功优秀试卷展、书法社团等形式提升教师的板书书法技能；"一张铁嘴"，通过教育教学主题演讲会、即兴答辩会、辩论赛、无领导小组讨论等活动来培养教师的口语表达能力；"一篇好文"，学校每学期为全校教师购买同一本书，并在校级刊物上开辟出

一个专栏，供老师们交流读书心得；"一道好题"，各学科组集思广益，结合课程标准与高考评价体系命制原创试题，获得理论与实践结合的充分锻炼；"一堂好课"暨课改先行课，以面向全校的公开课的方式，鼓励教师进行对教材的再开发、再创造，不断提升教师的教学水平。除了教研之外，我校还进行了"德研"和"艺研"等活动。"德研"不仅指向教师的师德修养、敬业精神和职业习惯，还指向教师的职业发展水平和教育实践能力，指向教育理念、教育方法和教育成果的达成度。"艺研"是通过文体社团和趣味运动会等活动，培养教师艺术气质，提升身体素质。

（4）以科学制度为保障。年度考核、职称评聘、荣誉教师聘任等科学的评价制度和体系不仅能助力学科教研室工作的具体开展，也能激发教师的工作热情，更能在师德师风建设、教育教学工作、班主任工作、教育服务、教科研工作等方面引领教师的专业化成长。学校建立了对教师评价的三级机制，即以教师年度考核为主的基础性评价，以职称评价为主的发展性评价，以鼓励学术成就为主的荣誉性评价。同时，对学科教研室也进行整体年度评价，进一步促进学术型教师专业发展和学术型学科教研室建设。

2. 多元化学科教研室实践，构建动态生成型学科教学体系

（1）以合作教学为课堂模式教学蓝本。各学科教研室在学校整体规划、统一布局下，积极深入地进行课堂教学改进探索，把以小组合作为主的常规教学模式作为蓝本，研究确立了具有本学科特色的教学模式。

①语文学科"三段四环抛锚式"教学模式，"三段"指的是学前预习、课中探究、学后拓延，"四环"指的是学生以"问题"为核心，采用"问题感知——问题探究——问题拓延——问题应用"四个环节。

②数学学科"自主探究、合作交流"五步教学模式，基本流程是：创设情境，激发兴趣——自主学习，合作探究——师生交流，感受新知——典例分析，问题解决——课堂小结，巩固提升。

③英语学科"课堂互动"的教学模式：明确教学目标——创设互动情境——改进互动措施。

④政治学科"情境体验——探究共享——明理导行"教学模式，具体为创设情境、体验感悟、合作探究、交流分享、慎思明理、引导行为。

⑤历史学科"任务驱动式"教学模式，导入新课，提出任务，自主学习，完成任务，总结升华。

⑥地理学科"1+5+2"自主合作教学模式，课前的"自主图文预习"、课堂教学5个基本环节——"图文预习检查""地理情境创设""地理问题导学""合作学习""地理情境再现"、课后"反思整理"和"迁移巩固"。

⑦物理学科"三主五步"教学模式，第一步情境创设、激趣设疑；第二步问题提出，方案设计；第三步自主学习、合作探究、先学后教；第四步交流展示、归纳总结；第五步巩固提升、多元评价；化学学科"素养"—"模块"课堂教学模式，板块（P）—任务（T）—活动（A）—评价（E）。

⑧生物学科"自主—合作—探究式"课堂教学模式，创设情境，导入新课——自主学习，合作探究——反馈展示，质疑释疑——精讲提升，拓展延伸——达标检测，反馈巩固。

（2）以教师培训学术与专业评价为纲。在学科教研室建设的过程中，完善了一系列相关制度，包括教研活动规划制度、教师职业发展支持制度、学科建设评价制度等。这些制度的建立和完善，为学科教研室的发展提供了重要的制度保障。同时学校提出，推进教师专业化发展的"两工程""两体系"，全面助力学术型教师培养。

两工程是指以素养类"五个一"工程夯实教师基本功，以学术型"五个一"工程建构专业教师团队。

两体系一是教师培训学术发展体系，包括四个进阶版本。1.0版是通识培训，请东北师大教育学部及国内外著名专家走进校园，讲授国内外教育形势、教育教学原理及课堂教学方法。同时，派教师到华东师大、北京师大等师范院校，深入学习教育教学理论。2.0版为专业培训，利用学期中大型考试时间，分类别、学科和批次安排教师进行培训，了解学科发展动向，开阔教师视野，提升专业技能。3.0版是教学考察，学校为满足多元人才模式培养的需求，派学科竞赛教练员、音乐美术教师、年级主任、学科教研室主任等到全国著名中学进行考察，实地了解各地新高考的政策、特色学科建设、学科竞赛动向等，跟名校学校教研室进行一对一交流，学习教研组先进经验，探讨课堂教学及学科发展规律。4.0版是国际交流，派骨干教师赴美国密里根大学等国际知名高校进行关于美国教育现状和国际教育前沿理论的学习。

二是教师评价专业发展体系。我校实行了《教师年度考核办法》《教师成长规划计划方案》与《"元晖工程"荣誉教师评聘方案》，在吸收以往荣誉教师评聘与管理经验的基础上，设立"元晖学者""元晖教学名师""元晖德育名师""元晖青年名师"岗位。

（3）以学科教研室为资源整合。

①学科教研室建立了相对完善的学科资源库，包括备课资源、教学资源、教师能力提升资源等。备课资源主要包括课程标准解读、课程图谱、教学参考、学科教学论文、名师课堂实录等；教学资源包括教案学案、教学设计、教学课件、配套作业、单元检测、同步练习等；教师能力提升资源主要包括国家省市教育政策文件、教育热点、教师

咨询、通识理论和教师素养提升讲座、论坛等。

②学科教研室工作规范及工作手册。学校研究室以"兴贤举才，崇德尚能，学术为基，科研致远"为学科发展核心理念，以学科教研室工作手册为指导，开展学期教研组会等学科活动。以学期为单位，主要包括学期工作计划、学期工作行事表、学科教研活动、备课督导活动、课堂教学指导、训练测量督导、教研工作督导和学期工作总结等。

③学科教研室名师系列讲坛及特色活动推广。各学科教研室定期推出学科发展突出的优秀教师，利用学校公众号等平台，进行名师教育智慧分享。2018年10月至2022年11月，《名师讲坛》教育分享已开展五季，包括陶然人师系列、优秀学科教研室主任系列、教学名师系列、教科研名师系列及优秀班主任系列内容。每学期，各学科教研室均推出一场学科特色活动，进行对外展示，如语文学科的整本书阅读教学研讨活动、历史学科的骨干教师引领微论坛活动、艺术教研室的美育教学探讨等。

3. 教学与科研齐鸣，推动学校品牌价值建设

（1）骨干教师评选成绩喜人。

学校全面推进教师学术性成长，形成了"制度规范、自觉提升、教研引领、分层推进"的教师专业发展机制，实施卓越教师培育工程，把我校教师发展成为一支师德高尚、理念先进、素质全面、专业精深、能教能研、风格鲜明的学术型教师队伍。目前学校教师结构均衡，梯队合理，有博士5人，硕士178人，近40%的教师具有研究生学历。长白名师3人，省名师工作室主持人4人，正高级教师3人，特级教师4人，省级学科带头人12人，省市精英新秀51人，省级骨干教师55人，市级骨干教师66人。

学科教研室的教师队伍得到了锻炼和提升，其中多位教师在名师评选中脱颖而出。如 2020 年长春市初中教学名师评选中，我校 8 位教师获得"十佳教师"荣誉称号，长春市普通高中教学名师评选中，7 位教师获得"十佳教师"荣誉称号，7 位教师获得长春市"四改一体"教学能手荣誉称号。

（2）教育科研工作硕果累累。学科教研室在教育科研方面取得了显著的成绩，同时产出了一批有价值的研究成果，在 2022 年吉林省基础教育教学成果奖评选中，我校《小初高一体化 S-G-A-C 校园足球发展模式构建与实践》荣获特等奖，《快乐教育："1+2X+1"校本课程开发与实践》荣获二等奖。此外，2020—2022 年，我校校刊《知行》《地平线》共收录发表教师期刊 822 篇，市级期刊发表论文 23 篇，省级期刊发表论文 171 篇，国家级期刊发表论文 16 篇；校级课题立项 290 项，市级课题立项 67 项，省级课题立项 122 项，国家级课题立项 2 项，校级课题结题 250 项，市级课题结题 59 项，省级课题结题 147 项，国家级课题结题 1 项。

（3）教育服务影响辐射广泛。在学校教研室的整体规划与引领下，学科教研室不仅得到了学生和家长的好评与认可，同时也得到了国家、省市区教育部门的高度评价。目前，我校与国内多所学校建立联系，代培教师，发挥辐射作用。学校助力安图县的"深耕计划"，并在西藏教师、贵州教师、延边教师、新疆校长、师大 UGS 系列学校等培训中发挥引领示范作用，开放共享我校教育教学资源，指导教师成长发展，最大限度地发挥了我校的教育服务作用。我校为各地教育发展做出贡献的同时，在与各地各校交流与研讨中也促进了我校各学科教研室的内涵式发展。

（4）学生素质教育质量显著提高。通过优化教学内容和方法强化教师的专业发展,我校成功提升了学生的学科知识和技能,增强了学生的学科核心素养,培养出一批又一批有家国责任感、综合全面发展的优秀学生。在各级各类大赛中,我校学生均取得了突破性成绩。如首届国际冰心文学奖一等奖、第十三届飞向北京飞向太空航天模型教育竞赛活动无人机竞速赛一等奖、吉林省青少年书法大赛软笔组优秀奖、全国三维数字化创新设计大赛二等奖、吉林省第十届校园戏剧节暨小梅花艺术展演语言类一等奖、"希望之星"风采展示大会吉林省二等奖、吉林省中学生足球锦标赛初中男子组第一名、伯牙钢琴艺术节金奖、吉林省宋庆龄少年儿童发明奖特等奖等。

(5)学校品牌建设成就。在学校各部门的共同努力下,在各学科教研室的协作助力下,我校在各级各类评选中取得了突出的成绩和荣誉,如教育部中国教师发展基金会评定的"全国特色学校"、教育部农村校长助力工程"影子培训基地校"、国家体育传统项目学校、全国群众体育先进单位、全国生态文明教育示范学校、长春市中小学艺术教育示范学校、社会主义核心价值观教育实践基地校、校园文学艺术教育示范单位、全国中小学舞蹈教育传统校、全国软式棒垒球实验学校、吉林省生命与安全教育百佳科研典范校、全国中小学心理健康教育特色学校、教育扶贫"深耕计划"实践基地、创建全国足球发展重点城市贡献单位等。

三、改革成效述评

(一)"教育教学"改革成果述评

东北师范大学附属实验幼儿园的"幼儿园特色主题活动"改革成果,不仅保障了幼儿身心的和谐发展,并构建出基于儿童视角的自主活动教学模式,开发了全面多维的课程内容,兼具实践价值与学理价值,课程内容建设也将在改革中日趋成熟。

东北师范大学附属实验小学基于核心素养下的跨学科学习，有效彰显了学生劳动教育理念与融合教育学习理念，教师从传统的"教教材"走向"关注课程"的观念转变和行为自觉，彰显了我校"快乐教育"的办学理念。

东北师范大学附属实验学校小、初、高一体化 K12 体系体育艺术教学改革，秉持"素质教育"初心，创建了体育艺术素养培养"螺旋上升式"的课程体系，创设了落实体育艺术素养培养模式的策略和机制，填补了国内外研究的多项空白，为实现国家对具有体育艺术素养人才培养的最终目标做出了不可磨灭的贡献。在 K12 课程体系下体育艺术素养培养模式的实践与探索中，也存在值得反思的问题。如需要进一步引导学生家长，发挥体育艺术素养特长化的培养保障作用，一是要提供思想和精神上的保障；二是要给予时间上的保障；三是要提供物质上的保障。

（二）"学校管理"改革成果述评

东北师范大学附属实验学校形成的四位一体学科教研室发展模式，不仅具有理论创新性，也为实践提供了有益的指导。我校以学术型教师培养为依托，以学习型、研究型、创新型教研室建设为平台，建设了一支能教能研的学术化、现代化教师队伍，实现了教师素质提升、教学成果推广、学科特色凸显、管理模式改进。在反思中，我们认识到，还需要进一步考虑教师的个体差异、学生的个性化需求等因素，以实现更具包容性和效果的学科教研室建设。同时，我们也意识到，学科教研室的发展不仅需要学校的支持，还需要社会的理解和助力。因此，在未来的工作中，我们将进一步加强和各方的沟通与合作，共同推动学科教研室的持续发展。

四、对学校未来发展的设想

在已有教育特色、品牌的基础上，我校将持续不断地用最新的教育思想武装头脑，大处立足国家民族发展和教育改革发展的大局，小处细化我校体育艺术课程建设、师资队伍建设以及学生培养模式，真正成为体育艺术教育的实践者、领跑者和示范者，乃至素质教育改革的先锋。

陈元晖校长提出，附中的老师要做教育家，不要做教书匠。办学多年来，我校全体教师始终铭记这一嘱托。今后也将继续以一流的学科建设为目标，不断搭设学科交流与合作的多元平台，深入研讨学科核心素养，彰显学科特色发展，构建学科发展的长效机制，不断提升名师、特色教师的学术影响力，继续努力构建师资雄厚、梯队合理、厚重大气、求真求实、站位前沿的特色优质学科。

（撰稿人：赵海军　乔阔　赵博）

以"幸福教育"理念引领学校高质量发展

长春经济技术开发区仙台小学校

校　　训：成就更好的自己
办学理念："幸福教育"理念

　　长春经济技术开发区仙台小学校，坐落在吉林省长春市风景秀丽的伊通河畔，是一所具有示范性的全日制公办小学，创建于 1962 年。"十三五"期间，仙台小学以全面实施素质教育为主线，以提高教育质量为核心，稳步实现了"金星教育"到"幸福教育"的继承和过渡。深度践行"幸福教育"，秉持"海纳百川"的办学精神，努力践行校训"成就更好的自己"，更好地满足了辖区内人民群众对优质教育的需求，全面提升教育现代化水平，进一步树立科学发展观，创建品牌学校。"十四五"时期要建设高质量教育体系，我校以立德树人为根本任务。落实德智体美劳"五育"并举，下大力气培养学生爱国情怀、社会责任感、创新精神、实践能力，促进学生综合素质全面提升，成为担当民族复兴大任的时代新人；以推动高质量发展为主题；以深化供给侧结构性改革为主线；以改革创新为根本动力。聚焦教育发展的重点领域、关键环节，大力推进有重点的改革创新。

一、"幸福教育"办学理念创建品牌教育

　　以习近平新时代中国特色社会主义思想为指导，深入贯彻党的十九大和十九届二中、三中、四中、五中、六中全会精神，以市区工作要求为指南，以全面实施素质教育为主线，以高质量发展为核心，实施"五育"并举，贯彻落实"双减"政策，深化新时代教育评价体系，全面践行"幸福教育"，坚持立德树人，坚持面向全体，坚持全面培养，坚持优长发展。逐步构建"幸福教育"实施的文化体系、课程体系、质量体系和评价体系。着力加强教师队伍建设，突出课堂教学改革，提高教育教学质量，打造"仙台教育"品牌，创建人民满意教育。

　　学校通过"幸福教育"文化品牌建设，关注学生现在生长的幸福和对未来幸福的向往。"幸福教育"坚持德、智、体、美、劳"五育"

并举，以学生发展为本，以德育为核心，以培养学生的创新精神和实践能力为重点，打造幸福环境、幸福团队、幸福教师和幸福学生；培养不同学生的个性特长，形成学校的办学特色；整体优化校园文化环境、学生培养模式和学校管理模式。

二、"幸福党建"引领学校建设

以习近平新时代中国特色社会主义思想和党的二十大精神为指引，坚持党对教育工作的全面领导，围绕"高质量党建引领高质量教育"的工作目标，实施"红色引擎"工程。落实党的重要精神，推动党员队伍建设，为办学治校、立德树人提供坚强组织保证。

（一）加强队伍建设，引领堡垒铸造

学校党支部坚持把党的政治建设摆在首位，加强党员干部思想建设。我校教职员工 101 人，其中党员教师 37 人，入党积极分子 13 名，共青团员 3 名。仙台小学党支部负责校外联合支部 1 个、派驻支部 4 个、独立支部 1 个。在经开区党支部的指导下，我校党支部围绕"红色引擎"工程的要求，开展各项活动，加强干部作风建设和廉政建设。

（二）认真开展学习，提高思想意识

1. 开展学习教育，提高党性修养

认真学习贯彻习近平新时代中国特色社会主义思想和党的二十大精神、二十届一中、二中全会精神，做好全体教师的思想工作，开展全体教师集中学习。

依托理论阵地学习精神，充分发挥新时代文明实践站阵地引领，党支部利用"三会一课"、党小组学习、主题党日活动等方式开展理论学习。

2. 加强党风廉政建设，严守政治红线

根据《中国共产党廉洁自律准则》《中国共产党纪律处分条例》《中

国共产党党员领导干部廉洁从政若干准则》《党风廉政建设责任制规定》等规则，严格落实中央八项规定，组织学校党员干部进行党风廉政学习，每周撰写学习笔记，并签订党员干部党风廉政责任书，教师签订廉洁从教责任书。

（三）以活动为载体，引领品牌创建

1. 开展 6 次新时代文明实践站志愿服务活动

仙台小学党支部新时代文明实践站成立以来，按照长春市教育局，经开区文教局的工作要求，认真推进"新时代文明实践所（站）"的建设，积极探索扶贫攻坚、志智双扶的有效方法，进行宣传、宣讲，开展志愿服务，本学期先后开展志愿服务活动如下。

（1）开展"志愿服务送爱心文明实践树新风"仙台小学爱国卫生志愿服务活动。

（2）"志愿服务送爱心文明实践树新风"仙台小学"欢度佳节文明同行"文明实践活动。2023 年 1 月，仙台小学校党员志愿者们开展了以"粮食很珍贵，'光盘'不浪费"为主题的志愿活动。党支部宣传号召全体党员做杜绝浪费的倡导者和实践者，为消除奢侈浪费之风，弘扬中华民族勤俭节约美德奉献自己的一份力量，积极配合光盘行动，影响身边一起行动起来。

（3）孙庆君、马锦歆、魏振杰、王颂四位教师参加了长春市经开区文教系统开展的集体无偿献血活动，这四位老师已经多次参与献血活动。当社会有需要时，仙台小学教师义无反顾，挺身而出，体现出了作为一名新时代教师的责任和担当。

（4）学雷锋志愿服务。

岗位学雷锋，争做好员工，仙台小学党支部坚持开展"党员先锋岗"特色志愿服务岗位。党员教师每日清晨值守校门口，迎接学生安全入校，护送学生过马路，疏散校门口交通。四季更迭，党员教师的奉献与坚守流进时光的缝隙，随风潜入学生的内心。

守护绿水青山，共建美丽家园，仙台小学党支部开展守护生态志愿活动。为营造天蓝、水清、地绿、家净的生态环境和人居环境，党员教师们纷纷来到伊通河岸，对河岸植被和绿地进行清洁。通过身体力行，树立低碳生活理念，保护家乡母亲河！

（5）党员教师捐赠活动。仙台小学党员们用最直接、最有力的方式鼓励学生们积极学习，使他们努力成为德智体美劳全面发展的好学生。

（6）"走访慰问贫困生，温暖关怀暖人心"走访慰问贫困家庭活动。仙台小学党员们深入地了解和掌握低保学生家庭的基本情况、学习和生活环境，让他们感受到学校这个大家庭的关爱与温暖。

2. 规范开展 6 次主题党日活动

（1）仙台小学"志愿服务暖爱心 文明实践树新风"主题党日活动。

（2）仙台小学义务献血活动。

（3）"弘扬雷锋精神 绽放时代光芒"仙台小学党员雷锋志愿服务。

（4）"缅怀先烈 致敬英雄"仙台小学党支部主题党日活动。

（5）"'悦'劳动'享'"运动仙台小学主题党日活动。

（6）"践行二十大青年赴征程"主题党日活动。

通过一系列的主题党日活动，丰富党内生活，激励党员同志们加强党性锻炼，增强党的观念，时刻牢记育人使命，坚守教育初心，认真履行共产党人的神圣职责，不负时代使命，不负人民期望，奋力书写人生的美好华章！

3. 培树红烛先锋，发扬党员先锋作用

学校将党员教师的"三亮三比""党员先锋岗"活动与日常教育

教学工作相结合，支部先后开展了以下活动。

（1）党员先锋岗：党员教师每日清晨值守校门口，迎接学生安全入校，护送学生过马路，疏散校门口交通，把好学生入校安全的第一关。

（2）党员帮带青年教师：党员教师纷纷与青年教师结下师徒对子，既在思想上成为徒弟们的引路人，在工作中也是师徒弟学习业务的榜样。

（3）党员教师示范课活动：仙台小学党员教师立足教学实际，发掘思政素材，用思政引领学生的人生方向，培养学生的爱国情怀。

（四）严格落实党的组织生活制度

认真落实"三会一课"、组织生活会、谈心谈话、民主评议党员等基本制度，突出政治性和刚性约束。本学期召开组织生活会1次，党支部书记主题党课2次。党小组会议每月一次，主题党日活动每月一次。活动提高了党员教师参与党的活动的积极性与热情，提升了自身的党性修养。

三、"幸福课程"培育幸福学生

构建幸福课堂，课堂教学过程是师生共同成长的过程，是师生双方创造幸福、体验幸福的过程。因此，学校以课堂为主阵地，在开足开全国家课程的基础上，积极探索课程改革的新路。为了贯彻落实国家"双减"政策，直接指向小学生核心素养的培养，幸福课堂的建设显得尤为重要。仙台小学努力营建"原生态、生成态、生长态"的三维幸福课堂，切实提升课堂教学执行力，建设"三三制"幸福课堂样式，致力于教师教学和学生学习方式的转变，全面提高教学质量。

（一）"幸福课堂"基本内涵

三分之一时间预学导学，三分之一时间探究实践，三分之一时间知识拓展。一是幸福课堂是"深度学习"的课堂。以学生的学为中心，学生、教师、教材及环境等各方面协调配合，形成完美的教学生态。二是幸福课堂是"三学课堂"。学生肯学、乐学、愿学，其中核心是学习的主动性，课堂成为真正意义上学生喜欢学习的课堂。三是幸福课堂是"互动对话"的课堂。注重课堂师生的互动，将教学过程视为动态生成，学生的潜能和禀赋得以发挥，教师的智慧与才能得到展示，教材和传媒得到科学、合理、灵活地处置和利用。

（二）"幸福课堂"质量标准

一是备课要"研"——备课符合课标要求，符合学生实际。同年组、同学科教师形成共同研讨氛围，设计体现教与学方式的转变，开展"共享式集体备课"，深入研讨教材，达到智慧共享。二是上课要"活"——强调师生关系和谐，教学关系互动，积极实践反思；注重质疑、感悟、探究、合作；优化教学内容、教学环境、教学模式、教学策略、教学手段。通过青年教师展示课、骨干引领示范课等平台，打造精品课堂。三是作业要"精"——紧扣"五项管理"要求，要注重提升作业有效性，重点改进"作业设计与布置""作业反馈与批改""作业讲评与补救"。创新作业方式、减少重复、机械、无效的作业。用具有针对性、层次性、选择性、实践性和开放性作业满足学生发展需求。四是评价要"全"——变革评价内容，优化学校原有的学生评价指标体系，把参与情况、体验程度、合作精神、独立见解等纳入评价内容，实现学生评价取向从关注结果向注重过程转化；扩充评价主体，变单一主体评价为多元主体评价，构建涵盖自我评价、伙伴评价、老师评价、家长评价在内的多元评价体系。根据年段的不同，制定递进式的达成指标，明确每一个年级段学生培养和学生评价的关键指标。五是辅导要"准"——重视课后个别学生的辅导工作，针对班中的"学困生"，做好相应的学情分析和辅导对策，帮助学生在原有基础上有所进步。六是手段要"巧"——倡导现代教学技术在学科教学中的运用，加强现代教学技术与学科教学的整合探索。

（三）"幸福课堂"教学变革

紧紧抓住课堂教学改革这一主渠道，继续推进幸福课堂"一单五环"的研究，推进以学习为中心的课堂教学理念与方式变革，实现以学法研究为中心带动教法观念的改革。一是学习兴趣的激发培养，让学生乐学。建立良好的师生关系，激发学生的学习动力；设计多样化的综合实践学习任务，提供学生自主选择的空间。扩大教学信息的传递，凸显课堂教学的民主意蕴，创设探索式、平等式的情境教学。二是学习方法的自我建构，让学生会学。继续探索幸福课堂的"探究发现"，引导学生通过自主学习（可以是个人、小组、集体形式），对探究的教学内容发现问题、提出质疑；构建开放的学习环境，提供学生自我选择的权利；培养学生的自我建构性，在学习过程中自己建构新知识的形成；关注学生的自我创造性，培养学生的高阶思维和创新能力。

四、"幸福科研"助力幸福教师

以"教师队伍整体发展、立足教师个体成长"为总体思路，为教师提供支持性组织环境和发展平台，构建适应教师发展的机制与策略，着力培育幸福的终身学习型教师，从而实现教师的自主成长与发展。以"雏鹰工程""青蓝工程""领航工程"项目为框架，构建"教研训育一体化"的校本研修机制，形成教研与科研并举、理念与实践结合、学校与教师同行的校本研训新格局，努力建设一支"博学、善教、敬业、善导"的幸福型教师团队。

（一）辐射引领，内涵式发展

在教育科研引领下，学校先后获得长春市科研示范基地校、长春市艺术教育示范校、长春市常规教学管理先进单位、长春市数字化校园试点校、教育部第三批国防教育特色学校、教育部足球特色示范校、全国心理健康特色校、吉林省校园武术特色校、"阳光体育"达标学校等殊荣。

仙台小学是经开教育人才的摇篮，培养了大批优秀干部和骨干力量，并源源不断地输入到我区兄弟学校共计23人。其中校长（书记）8人，副校长10人，中层管理者5人。自建校以来，学校已培养出一批爱岗敬业、工作勤奋、成绩显著、具有创新精神的学科带头人。其中"全国基础教育科研骨干校长""全国德育科研先进工作者""吉林省劳动模范""吉林省德艺双馨教师""吉林省骨干教师""长春市骨干校长""长春市骨干教师""长春市教书育人楷模""长春市先进个人""长春好人""长春市我心目中的好老师""长春市高技能职工"等一大批优秀教师。

（二）精业善教，促进专业成长

一是继续深化"三大工程"，促进教师梯队建设。二是教科研课题促进教师队伍建设。三是教学评优展示促进教师专业发展。四是"研训一体化"促进教师专业成长和专业能力提升。"十三五""十四五"期间，学校共承担国家级小课题2项、省级课题3项、市级课题13项，区级课题12项，100%的教师参与了立项课题研究。全校教师在各级教学教研刊物上发表论文、教学设计百余篇，打造精品教学课例、录制微课50余节次，参加省内外科研、教学比赛等培训百余人次，区、市级骨干教师10余人。目前，学校形成了科研校长带头、骨干教师引领、年轻教师群体跟进的科研队伍。

（三）博学善导，做终身学习者

以德为要，重师德师风建设。一是把"爱与责任"作为师德教育主线，不断提升教师思想道德素养，增强教书育人的责任感和使命感。二是建立"教师悦读吧"。通过党政工携手，精选书目，阅读经典，让教师在悦读中"拔节吐蕊"，积淀起比较深厚的学识积淀和人文素养。三是搭建"分享智慧"论坛。对教师进行职业生涯规划，为教师发展指明路径，寻找专业发展的支点，提倡教师做终身的学习者。

五、"幸福德育"绽放幸福校园

（一）加强少先队建设，传承红色基因

1. 思想引领

（1）全面落实《中共中央关于全面加强新时代少先队工作的意见》文件精神，我校先后举行了总体宣讲活动，并组织各班级进行了班内宣讲、座谈会等活动共计 33 场次。全校各班级积极落实红领巾少先队标志标识的排查，协助少先队完成了我校自查报告。

（2）少先队主题队日队会，"红领巾心向党 争做新时代好队员"主题系列宣传教育活动。

三月，成立"学生红领巾志愿服务"团队，联合社区少工委开展学雷锋活动 2 场，拍摄两组宣传片，报道获得经开教育、八卦阵等媒体转发；组织开展植树节系列活动，各年组开展了生物角布置活动，各年级遴选护花使者活动，这些活动增强了孩子的责任感。

四月，组织四年级学生去烈士陵园进行祭扫并于烈士纪念馆进行了党史宣传教育活动。

五月，成功举行了劳动运动会、全员运动会等，组织大队干部对活动进行前期准备，增强同学们的参与感与荣誉感。本学期培养红领巾宣传员 3 名，红领巾广播站播报员 3 名。

六月，进行了新生入队仪式。本次入队严格履行第一批入队方案，共收纳 75 名队员，成立 5 个新中队，聘任 5 名一年级班主任为中队辅导员。

2. 成长激励

本学期开展红领巾争章活动，在活动中都伴随着红领巾奖章的激励，学校全年评选出校级一星章 224 人，其中进阶区级 2 星章 6 人，进阶市级三星章 2 人。二（1）中队被评为区级二星章集体。在中队创建工作中，六（1）中队经过层层进阶被评为"全国红领巾中队"；我校王宇琛同学经过层层选拔荣获"吉林省新时代好少年"称号。

（二）创新艺体活动，尽展校园风采

1. 加大艺术工作力度

在创新文化教学的同时，学校始终把艺术教育作为特色教育的重要内容，坚持常抓不懈，连续三年成功举办"优秀毕业生表彰大会暨庆六一艺术展演"活动。成功举办了仙台小学首届校园戏剧节活动，戏剧《红色记忆》参演经开区第二届戏剧节。学生在活动中收获了仪式感和幸福感，更重要的是，艺术活动的开展，为学生提升人文素养、实现自我、贡献社会奠定了基石。

2. 开展校园足球运动

学校把发展校园足球作为落实"立德树人"的根本任务，确立了"小足球，大教育"的校园足球理念，把校园足球作为育人的载体，作为提高学校内涵建设的一种重要方式，促进学生全面而有个性的发展。通过不断地探索与实践，学校将校园足球活动纳入社团活动。在 2022年长春市青少年足球联赛中，我校足球队获得男子 U10 校园组冠军、联赛排名亚军，男子 U9 校园组第三名、联赛排名第七名的好成绩。

3. 打造独具特色的大课间活动

大课间活动能体现一所学校人文管理和办学特色，是学校精神和文化内涵的集中展现。学校的大课间由动感操、素质操、飞盘操、旱地冰球操等四部分构成，力求将幸福理念渗透学生心灵，内化为自我认同。运动与欣赏结合、健身与审美相融的魅力大课间，充分体现了德育、体育与艺术三结合的艺体特色，为学生的长远发展、幸福成长奠定了坚实的基础。

4. 开展特色体育联赛

我校成功举办吉林省"奔跑吧·少年"儿童青少年主题健身系列活动暨经开区仙台小学第五届体育节活动。旱地冰球联赛、足球联赛、篮球联赛，磨炼了学生的意志品质，培养了学生良好的锻炼习惯，提高了学生体质，使学生养成了热爱运动的好习惯。

（三）家校共育未来，辐射幸福家庭

尊重被管理者和受教育者的权利和义务，探索不同人群的幸福观，带给教师幸福、学生幸福、家庭幸福的教育才是完整的教育，才是有温度、有人性、有故事、有美感、有品质的教育。学校、教师、家长共同的目标都是为了学生更好的发展，只有家长与学校、教师共同努力，才能促进学生的成长，成就他们的未来。

因此，学校注重家校合作。一是通过成立家长委员会，举办家长会、家长开放日活动，建立班级微信群等形式与家长进行沟通交流；二是开办家长学校，开展家庭教育知识讲座，为家庭教育提供指导和帮助。这些措施充分调动了家长参与的积极性，为家校合作搭建了平台，有利于形成共同抓好德育工作的合力，有效实现了家校合作共赢的态势。

六、学校宏观发展环境与幸福治理设想

"十四五"时期要建设高质量教育体系，《中华人民共和国国民经济和社会发展第十四个五年规划和 2035 年远景目标纲要》（简称《纲要》）对建设高质量教育体系作出了全面部署。教育部全面贯彻落实中央《中国中央关于制定国民经济和社会发展第十四个五年规划和 2035 年远景目标的建议》精神和《纲要》部署，坚持以建设高质量教育体系为统领，谋划和推动"十四五"时期教育发展。

（一）以立德树人为根本任务

坚持"一个标准"，把立德树人的成效作为检验学校一切工作的根本标准。构建"两个体系"，一是大中小一体化的思政工作体系，二是学校家庭社会协同育人体系。深化"三全"育人，就是深化全员全过程全方位育人。落实德智体美劳"五育"并举，下大力气培养学生爱国情怀、社会责任感、创新精神、实践能力，促进学生综合素质全面提升，成为担当民族复兴大任的时代新人；以推动高质量发展为主题；以深化供给侧结构性改革为主线；以改革创新为根本动力。聚焦教育发展的重点领域、关键环节，大力推进有重点的改革创新。一是以构建彰显中国特色、体现世界水平的教育评价体系为牵引，带动政府治理、学校办学、考试招生、人才培养等领域改革取得实质性进展。二是全面深化新时代教师队伍建设改革，全面完善师德师风建设、教师管理和发展的政策体系，建设一支有力支撑教育高质量发展的高素质专业化创新型教师队伍。三是推动信息化时代教育创新，实施教育新基建工程，大力开发优质数字教育资源，促进新技术与教育教学深入融合，培育教育高质量发展新动能。四是改革完善教育经费使用管理制度，完善教育投入保障机制，优化教育投入结构，提高经费使

用效益。五是全面加强党对教育工作的领导，这是实现教育高质量发展的根本保证。

（二）坚持以规范管理营造学校特色

坚持依法办学、规范办学，以现代学校管理理念为指导，积极创新和改革学校管理模式，实施校长负责制，充分发挥党支部的政治核心作用和工会民主监督作用。积极推进凝聚力工程，积极探索"以目标凝聚人，以精神鼓舞人，以机制激励人，以真情关怀人"的管理机制。启动领导团队培养工程，通过岗位锻炼，干部培训，带教培养，实务培训等途径，打造能干事、会干事、干成事的管理队伍，全面提升学校领导力和执行力，形成"幸福教育管理"特色。

（三）坚持以民主管理形成发展合力

共识班子形成前导力，激活教师成长推进力，唤醒学生发展内驱力，调动家长坚实支撑力。一是以新一轮学校五年发展规划为引领，以"各抒己见，沟通交流，形成共识、共同推进"为原则，以理论学习、现状剖析、专题讲座、主题研讨、项目推进、网上论坛、献计献策等为交互方式，以便全校上下统一思想，不断增强学校核心价值观。坚持"海纳百川"的办学精神和"幸福教育"办学理念，提升全校师生和家长对学校的认同度，发挥学校文化的激励作用。二是坚持校务公开，涉及学校规划目标达成度评估、维修工程、聘任方案、绩效工资分配方案等重大事项，通过校务会、行政会、教工大会、教代会等规范程序，多渠道地听取意见与建议，体现民主管理、集体决策的学校管理特征。

（四）坚持以制度管理规范办学行为

用理论武装班子，用人格陶冶班子，用能力带动班子，用情感凝聚班子，用机制调动班子，用考核评价班子。不断完善和细化各项内部管理制度，做到学校管理各项工作有章可循，有全面的精细化管理目标，有可操作的精细化管理细则，有高效的反馈评估机制。坚持依法治校、制度治校，通过对制度的修订和完善，使制度能适应教育的发展，成为学校制度管理的依据，营造学校制度文化，创设适宜的发展环境。

（五）坚持以人本管理提升办学质量

以人为本，民主参与，管理育人。用高尚的人格感染人，用先进的榜样带动人，用丰富的活动激励人，用健全的制度规范人，用严格的考核评价人。规范教师依法执教行为，关注、关心、尊重每一位教师的工作、生活、发展和成长，给每一位教师营造自身发展的空间，搭建施展才华的舞台，引导教师爱岗敬业。

我们将在各级领导及专家的关心、支持下，在经开区教育局的直接领导下，坚守从高端出发，开阔视野向世界看齐，抓住新机遇，迎接新挑战，开创新局面，深入开展"开放教育"实验，精心打造"幸福校园"，努力塑造幸福智慧型的教师、学生及家长，让"幸福教育"焕发魅力，让"幸福校园"绽放异彩。

（撰稿人：王晓秋）

以"幸福教育"理念领航　驱动学校高质量发展

长春高新第二实验学校

校　　训：志存高远　脚踏实地

办学理念：建温暖幸福校园　育阳光自信少年

以人为本，以和为贵，经过近 17 年的不断自我完善和积淀，长春高新第二实验学校秉承"建温暖幸福校园，育阳光自信少年"的办学理念，把传统文化与现代校园建设结合起来，积极打造幸福教育办学特色，踏踏实实走出了一条凸显时代活力的幸福育人之路，构建"幸福"教育新体系，实现学校教育教学高质量发展。

一、学校的办学理念

根据国家对义务教育阶段办学的总要求，结合学校历史、周边环境和师生实际，我们提出了"建温暖幸福校园，育阳光自信少年"的办学理念，并以此理念为核心建立包括办学目标、育人目标、学校特色和三风一训在内的学校办学思想体系，在学校工作的方方面面予以践行。

著名教育家苏霍姆林斯基曾经说过："教育的理想就在于使所有的儿童都成为幸福的人。"教育家乌申斯基也说："教育的主要目的在于使学生获得幸福，不能为任何不相干的利益而牺牲这种幸福，这一点当然是毋庸置疑的。"联合国教科文组织指出：一切教育活动都是为了学生的成长和发展，为了孩子一生的幸福。人生的终极目标是追求幸福，获得幸福。教育就是引导人追求幸福的健康生命，培养人创造幸福、享受幸福的能力，并提升人的幸福境界，从而培养全面发展的人。正是基于这样的现实背景以及对教育本真的深刻理解，我们提出要"建温暖幸福校园，育阳光自信少年"。

幸福校园就是能让师生有归属感、安全感，能诗意地栖息，能得到适切发展的地方。"阳光"意味着身心健康、自信、开朗、德智体美劳全面发展，意味着有个性、有灵性、朝气蓬勃。建温暖幸福校园是手段，育阳光自信少年是目标。为了实现这一目标，十七年里，所有教师秉承"志存高远　脚踏实地"的校训，一起摸索、实践。志存高远是理想、是信念、是方向，脚踏实地是行动、是实践、是方法。

二、办学思路及成果

我们通过构筑一个目标、四个载体、落实六大行动来践行学校的办学思想。一个目标就是"学生快乐、教师幸福、家长满意、社会认可"，四个载体是"打造温暖幸福校园、建设温暖幸福团队、构建温暖幸福课堂、培育温暖幸福学子"，把"环境、课程、课堂、活动、德育、心态"作为践行温暖幸福教育的六大行动。

（一）把幸福融入环境中

学校整体布局"幸福"环境文化。学校现在共有六栋教学楼，分别为"和悦楼、和善楼、悦德楼、悦动楼、福馨楼、和美楼"。在进入校园主路的中心花坛里有十二棵松树。它们亭亭如盖，四季常青，经历风霜雨雪，陪伴学校走过了数十载的春夏秋冬。这些松树目睹着时代的风云变幻，见证了学校的发展历程，其蕴含的美好品质更是悄无声息地滋润了一代代二实验学子。十二棵青松不仅勾勒了校园的面貌，更是代表着二实验的育人理念。十二棵青松坚毅挺拔，为校园带来一片阴凉，正如无私奉献的教师。每一株青松都有其独特的风姿，正如每一位学生都有不同的个性和特点，学校以松魂树校魂，尊重差异、因材施教，形成了修身敬业、善教求真的教风。树下，学子们漫卷诗书，气质自华。青松不畏风霜、坚韧不拔的品格象征着二实验学子乐学善思、自立自强的学风。十二颗松树，宛若一年中的十二个月，四季轮回，不断生长。

在走廊文化设计上，选取了学生喜闻乐见的明快颜色，设计了富有学校特色的内容。在走廊主色调上，我们选取绿、蓝、橙三色。绿色象征生命教育，蓝色象征视野教育，橙色象征阳光教育。一楼用绿色渲染，强调以生命为基石，尊重生命，一切建立在尊重生命的基础上。二楼用蓝色布景，蓝色寓意辽阔的蓝天和无垠的大海，希望师生视野高远，胸怀宽广。三楼以橙色为主，橙色象征着温暖的阳光。希望师生心态阳光，情怀温暖，和悦健康。在校园三色文化基础上，又细化了很多主题教育，用富有儿童色彩和教育意义的图文育人。"幸福"的文化氛围让学生感到温暖幸福。

每栋楼的展板上书写着流传千古的美德故事，激励学生向优秀人才学习，学习他们奋斗拼搏的精神；展板上还展示了学校教育教学的精彩瞬间和孩子们参加实践体验活动的笑脸。每级楼梯台阶上粘贴了经典诗句和格言警句。学生眼里处处看到的，耳中时时听到的，都触动着他们幼小的心灵，起到了陶冶情操的积极作用。"幸福"的校园文化彰显了学校人文情怀，对学生健康人格的形成起到了润物无声的效果。

（二）把幸福融入课程中

课程建设是"和悦"教育体系的重要一环。校本课程的开发与实施，为学校的特色发展、学生的个性成长提供了更多可能。学校搭建了"三级六维九类"特色课程体系。在抓好国家课程、地方课程、校本课程三级课程资源整合的基础上，学校从"人文素养、科学素养、艺术素养、身体素养、心理素养及综合实践"六个维度，开发出"德育修身、悦读书苑、学科延伸、社团文化、心理健康、艺术教育、健体强身、综合实践、家教指南"九大类课程。用多元化、多维度、多门类的校本课程，为学生的"和"性格、"悦"成长搭建了广阔的平台。

1.诗词古韵，融"幸福"基因

学校重视中华传统文化对人的教育作用。诗歌不仅仅作为知识，更具有锤炼师生品格的作用。古典诗词礼乐的熏陶，有利于激发师生血脉中的"和悦"基因。2016年，学校组织语文骨干教师团队开发了校本教材《中华经典古诗文诵读读本》。老师们采撷文质兼美的古诗文作为学习内容。再通过"读经典、赛经典、唱经典、演经典"等系列活动，激发根植在学生基因里的"和悦"情怀。教师带领学生深度感受中国古典诗词的博大精深，体验诵读经典的幸福。为了进一步丰富"幸福"文化的内容，我校开拓创新，开展了"四香、五德、六国"特色活动，让学生在中华传统文化的浸润中乐学善思，笃行致远。

2. 德育读本，塑"幸福"品质

学校力图在德育过程与方法、德育途径与资源等方面有所创新，让学校德育工作贴近学生思想实际、贴近学生生活现实、贴近学生思想道德需要，实现认知启德、体验立德、文化治德的目的，引导学生自我成长，并具有健康的心理、健全的人格和积极的人生态度。学校德育处组织班主任老师开发了德育读本，根据学生的年龄特点，从一年级到九年级，每个年级一个主题。从低年级的良好行为习惯、文明礼仪，到高年级的感恩、励志，让学生在一个个生动、易懂的小故事中，学习做人的道理，塑造美好的品质。

3. 社团活动，展"幸福"个性

学校用社团活动激发学生"和悦"个性。社团活动不仅能培养学生的兴趣、能力和创造力，还对学生形成良好的团队合作意识有着积极的作用，锤炼"和"的性格。学校的社团活动力争做到"每班一个特色，每生拥有一个特长"。尽情展示"幸福"个性。充分调动师资力量，鼓励每一位艺术类、体育类、科技类教师开设社团课。安排每周三、四、五下午的课后看护时间开展社团活动。目前，基本保证了学生人人参与。

丰富多彩的社团类别，形式多样的社团活动，极大地调动了师生的兴趣，激发了师生的"幸福"个性。我校的舞蹈社团参加各类级别的舞蹈大赛，都获得了非常好的成绩。美术社团的作品在全国艺术协会绘画比赛中荣获了特等奖，雪地球社团参加长春市雪地球比赛，在上百个参赛队伍中获得全市冠军的好成绩。

（三）把幸福融入课堂中

营造"幸福"的课堂氛围是教师们的追求。以学生发展为中心，以学生自主学习为主要方式，师生平等交流，和谐共生，教学相长，是我们的理想状态。学校以先进的教育理念引领课堂教学模式的变革，用"幸福"的胸怀构建"一三五"课堂教学模式及课堂教学的三个维度和五步学法，把握学生身心发展和教育实践规律，承认并尊重受教育个体的差异。学校努力为学生发展提供多种可能性，创建"悦"课堂"悦"评价，以提高课堂教学效率，加强学生自主学习能力为主要目标，促进了教师专业和学生素质的"悦"成长，使课堂教学呈现"幸福"新风貌。

1. 建立了"五位一体"研磨课模式

学校扎实开展"研课—磨课—答课—辩课—引课"活动。通过专家引领、师徒结对、同课异构、自我反思等备课模式，教师在课堂上处理教材、驾驭课堂的能力迎刃有余，学生听得津津有味，在知识获得上学生很有收获和成就感，他们在课堂上学得幸福和快乐。老师们也很有成就感，在2021年长春新区教师课堂技能大赛中，有23所学校近百名教师参赛，3名特等奖全被我校教师包揽。2022年的比赛中，有5位教师获得一等奖。

2. 建立"一三五"课堂教学模式

在多方论证的基础上，我们努力构建了"一三五"课堂教学模式。"一"是一个中心，就是以学生发展为中心。"三"是三个教学方法：

教师做"三者"，深入解读教材，做一个实实在在的"研者"；深度研究学情和方法，做一个认认真真的"教者"；深刻反思教学，做一个大大方方的"评者"。语言求"三精"，精诚——说发自内心的话；精炼——说言简意赅的话；精彩——说富有文采的话。上课有"三度"，温度——上课充满激情，营造民主和谐的氛围，激发学生学习兴趣；宽度——教师的知识储备丰富，要有课堂小天地、天地大课堂的视野；深度——对课堂教学内容进行深入挖掘，提取精华。课堂有"三声"：幽默声、赞许声、笑声。"五"即五学法。导学——教师根据教学内容设计导学单，少而精；自学——学生依据导学单进行自学；共学——课堂上师生、生生共学（包括自主、合作、探究学习）；延学——课内课外拓展延伸学习；评学——学生自我评价、教师评价和单元测评。

通过课堂教学改革，提高了每位学生的自主学习能力，改变了学生的学习方式，真正实现了乐学、好学、善学、会学。由传统课堂中教师当主角、学生当配角，变为现在的师生角色互换，让学生体验到学习的快乐和幸福。

（四）把幸福融入活动中

多形式的教育活动是学生体验成功、收获快乐的落脚点，在"幸福"校本课程文化的指导下，学校将建立相对科学、完善、特色鲜明的"幸福四季"活动文化体系。书香悦读季，每年3月至4月，围绕"4·23世界读书日"，以学校"读书汇报"为基础，开展"书市淘宝图书漂流、读书报告会、经典诗文诵读、亲子悦读"等活动，全面营建书香校园；阳光心语季，每年5月至6月，以一年一届的心理健康活动月为主线，以"心育班会、讲座、征文、心理健康手语操展示、心育趣味游戏"等主题活动为内容，引导师生关注心灵、拥有阳光心态；缤纷艺彩季，每年9月至10月，结合校园和悦文化节之节日科技展示活动，实现家校联合、全员参与，为师生搭建艺术才艺展示的广阔平台；快乐体育季，每年11月至12月，以冬运会为契机，组织师生趣味运动、亲子快乐游戏等活动，营造全员健身氛围，让师生及家长在各类运动中快乐参与、趣味健身。"幸福"教育体系使学校充满人文关怀，提升了办学层次。"幸福"的育人氛围陶冶了学生情操，为构筑学生健康人格、培养师生的家国情怀奠定了基础。

（五）把幸福融入心态中

根据心理学家塞利格曼提出的"积极心理疗法"，对学生实施幸福干预，让孩子们设计一本"生活喜事"记录本。要求学生每天写下三件喜事，找寻"快乐源"。班主任每天都要组织学生晒一晒自己的生活喜事，比如：像擦黑板、送作业本、照顾小同学等都是喜事；家里，学校，上学、放学路上为别人做的点点滴滴好事都可以记录。没有喜事，我们可以去创造喜事，只要是利他行为，不管他人是否察觉，都可以记录下来。这样孩子们抱怨少了，学校里好人好事多了，争着、抢着做好事的现象出现了。生活喜事记录不是最终目的。我们的目的是培育、温润一颗"善心"，我们的目的是塑造健康、乐观、积极的品性，让自己和别人都感到幸福。

（六）把幸福融入德育中

我校德育建设目标：以立德树人和养成教育为重点，构建完善的德育课程体系，培养具有一定人文素养和较强社会适应能力的合格公民。根据学生年龄特点和身心发展规律，分年段落实德育目标。一年级：行为习惯养成教育；二年级：文明礼仪教育；三年级：懂感恩教育；四年级：勤俭节约教育；五年级：劳动教育；六年级：励志教育；七年级："知礼、重信"教育；八年级："自律、守法"教育；九年级："孝心、美育、责任"教育。

三、取得的成效

（一）初步形成"幸福"教育体系

经过实践与研究，学校初步形成了和悦教育体系。在构建体系过程中，创新思路，建构"幸福教育"理念；提升格局，建设幸福文化校园；演绎精彩，引领师生幸福发展，让全校师生在多元统一、追求卓越的个性化成长过程中，全面展现着"建温暖幸福校园，育阳光自信少年"的办学理念与不懈追求。

（二）继续完善"幸福"教学模式

1. 探索出"一三五"教学模式

课堂上以学生发展为中心，教师要达到三个维度，备课做三者："研者""教者""评者"，上课有三度：温度、宽度、深度；课堂求三精：精诚、精炼、精彩。五步教学法：导学、自学、共学、延学、评学。通过"一三五"教学模式，达到学生乐学、会学、学会、学精的目的，从而创建和悦课堂基本的教学模式。

2. 打造了一支修身敬业、善教求真的教师队伍

2018 与 2020 两年中，学校指派教师参加区教师素养大赛，4 名特等奖获得者中，有 3 名来自我校的青年教师群体。吉林省信息技术与教学融合大赛中，荣获一等奖的有 3 名教师，另外有 4 名教师分别获得二、三等奖。学校省市区三级骨干教师数量逐年增加。广大教师结合"一三五"教学模式开展教学研究，十三五期间共有百余个课题结题，学校被评为省市级科研基地校、课改示范校，李校长被评为吉林省杰出校长。十四五开局之年，又有多个课题申请立项。

3. 培养了一批品学端正、自信向上的学生

我校现在班级的孩子们全部能阳光自信地走向讲台，展示他们学

习中的收获。他们由原来的"讨厌上课，盼望下课"到现在的"渴望上课，害怕下课"。学生学得轻松，学得快乐，有可持续发展的后劲。学生参加长春市群众艺术馆组织的"建党百年"艺术大赛，21人分获不同奖项。中学部在近几年的中考中，高分段人数名列前茅，最高分数627分，全区第二名。

4. 创设了一个个彰显个性、激情四射的课堂

课堂上教师给了学生更多的展示机会，孩子都争先恐后地参与学习活动，在展示和讲解过程中，学生得到了重视，自信心增强了，学生的个性得到了张扬，自身价值得到了肯定。赵欣欣老师在全区做语文学科的示范课，受到一致好评。学校先后有8名教师参加新区教师送课下乡活动，与兄弟校资源共享，为新区教育发展贡献力量。

四、学校未来规划

（一）改善学校办学条件

目前学校正新建一栋1.8万平方米的教学楼，承载30个教学班，建造了室内多功能室，预计2023年9月中学部整体搬进新教学楼。更新完善原有教学设备、教师办公电脑、微机室等多项硬件设施。完善校园文化建设：第一期校园文化已初步完成，第二期新建教学楼的校园文化争取在2023年末建设完成。

争取上级拨款，合理使用学校经费，凝聚全校师生智慧，聘请专家论证，高质量营造校园文化环境。在安全保障的基础上，我们充分考虑到校园建筑与设施的"方便"（便捷性、亲和性），与学生亲近、便于互动的设施增添了建筑的无限"活力"，同时有了安全、方便作为基础，师生的"活力"也更能得到充分的调动和彰显。

把所有关注点全放在孩子们身上。"以生为本，处处为学生考虑"

作为设计新楼的核心理念。在总体布局方面，创设儿童视角的学校环境，把学校建设成一个让孩子向往和留恋的幸福家园。校园自然环境的美，是孩子最喜欢的。"绿色"是校园的主旋律，凡是能养花、种植树草的地方，我们都要让它绿起来、美起来。桃李杏、松竹梅，各安其位，各有讲究。由学生自行设计的"温馨提示、植物名片"更给校园增添了一份内涵。校园里红领巾失物招领台、诚信伞、爱心公益箱等，投射着信任与尊重。教学楼的养成教育版面、学生诗书画作品、公益广告创意等，让学生不经意观之模之，潜移默化。楼道里的宣传标语，图文并呈，不仅给人以美的欣赏，更是文化内蕴的承载。整体决定成败，细节彰显精彩。"以生为本，处处为学生考虑"的理念不仅体现在整体设计和校园美化上，还具体在每一个细节中。每幢楼都设有无障碍通道，每个厕所都有一个无障碍蹲位。为了减少校园不安全事故的发生，为了避免孩子们摔倒、磕伤，所有有棱有角处都采用圆角处理。把乒乓球台、体育健身游乐等设施放置在教学楼下，孩子们一下课就能打乒乓球，就能攀爬、玩耍。这些都是幸福校园的元素。

（二）加强教师队伍建设

建设六支队伍，重点包括：创先争优的党员教师队伍、多谋善断的班子队伍、爱生善管的班主任队伍、乐教善教的骨干教师队伍、钻研奉献的青年教师队伍、善于学习的优秀教师队伍。充分发挥党员教师的"传、帮、带"作用；选拔"口碑好、能力强、肯做事"的教师及时充实到班子队伍；积极开展教师"三名工程"；采取六种形式，培养教师学习能力；借力南区"树蕙联盟"，与兄弟学校资源共享、融合共生，提高我校教师专业技能。

（三）深化教育教学改革

开足开齐国家课程，探索课程资源建设的实施路径；利用好新区教研中心的星期四智慧教研；组织学校的集体备课和集体教研；完善"一三五"教学模式；抓实教科研工作；深入推进"双减"和五项管理工作。

要让学生有幸福感，必须关注课堂，让课堂生活成为学生幸福的重要旅程。让学生成为主人和主体，充分关注每一个学生独特的经历和经验，教学方式充分贴近学生的认知特征和成长需要。调动学生学习的主动性，注重学生的体验，激发学生学习的兴趣，关键在于转变教与学的方式。从转变教与学的方式入手，创建幸福课堂，变"教学"为"学教"。积极探索"先学后教、小组合作"教学模式。为了彰显学生的主体性，变传统课堂中教师当主角、学生当配角为幸福课堂中师生角色互换。把时间还给学生，把思考留给学生。我们变以前"教师讲学生听""教师问学生答"为"感悟批注""质疑分享"。这样一来，课堂里学生的主体地位得到凸显。孩子们口头表达能力提高了，主动积极学习的热情激活了，自主学习的能力提升了。

这些有益的探索，核心都是以生为本，着眼学生的生命质量，充分发挥学生的主动性。我们从提高学生一生受用的自主学习能力出发，让学生动起来，课堂活起来，课堂教学幸福起来。

（四）做强学校特色项目

特色是学校发展的生命力，衡量一所学校是否是优质学校，不能单看学校大楼有几座，设施有多好，而要看这所学校有没有特色，有没有内涵。特色不是城市学校的专利，学校有城乡之分，特色没有地域之别。在竞争日益激烈的今天，要想有所超越，就必须使学校变得与众不同。也就是务必坚定一个信念："能创第一创第一，不能创第一创唯一。""第一"或"唯一"就是特色。未来五年，我们要把学校建设成为新区一流、具有特色的平民教育样板校。

1. 学生社团特色

学校围绕"每班形成一个特色，每生拥有一个特长"的目标，积极开发特色活动课程。充分利用教师资源，要求每位艺术教师必须开设一个社团，自主组团，利用每周三、四、五下午课后看护时间开展社团活动。目前，开展有科技、美术、舞蹈、合唱、陶笛、乒乓球、足球、旱地冰球、雪地球、书法、英语等近20个社团，保证学生人人参与。社团定期开展活动，极大地激发了学生的创造力。通过参加各类科技大赛活动，学生们体验到了快乐和幸福。

2. 古诗词诵读特色

通过对学生的调查研究，我们发现学生对古诗词诵读非常感兴趣，所以学校语文教师团队开发了校本教材《中华经典古诗文诵读读本》。通过"读经典、赛经典、唱经典、演经典"活动，不断让学生体验到幸福快乐。

3. 开展"四香、五德、六国"特色

四香：诗香（全员读诗、背诗、积累诗、创编诗）、书香（全员读书，晨诵、午读、暮省）、墨香（一二年硬笔书法，三到七年级软笔书法）、乐香（陶笛、电子琴、古筝）。五德：把仁、义、礼、智、信五德内容融入主题教育月，如尊师月、爱国月、友善月、诚信月、感恩月活动中。六国：国学（弟子规、三字经、唐诗、宋词、论语、学校选编的名著名篇等校本教材）、国乐（民乐、民歌、民舞）、国字（中国楷书）、国画（中国画、剪纸）、国色（红歌、红舞）、国粹（京剧、脸谱、刺绣、对联、象棋、武术等），通过国学课、美术课、音乐课、民乐课、科普课、书法课，容纳"六国"的内容，编国学操、八段锦、国学舞，充实"六国"内容，学生们陶冶在艺术情操中，感到幸福快乐。

　　"建温暖幸福校园，育阳光自信少年"永远没有终点，它既是一种理想，更是一种实践与探索。希望通过我们的努力，让孩子们生活在文化的沃土上，立足在精神的高地上，成长在广阔的舞台上，行走在幸福的道路上。

（撰稿人：李艳梅　李敏）

以科研引领发展　让校园彰显智慧

长春市九台区苇子沟中心小学

校训： 至善至美

办学理念： 让每个人得到全面、自由、充分的发展长春市九台区苇子沟中心小学是一所市级中小学教科研核心示范基地校。近几年来，学校坚持以科研引领发展，全面实施素质教育，五育融合，勇于创新，科学管理，打造特色，走出了一条"主体性教育"的办学之路。

一、主体性教育理念的确立

我校是一所农村乡镇中心小学，生源素质相对较弱，有大部分学生是留守儿童，家长忙于打工，无法顾及孩子，家庭教育跟不上。这些学生的行为习惯自主性、主动性的确与城区的孩子有着一定的差距，并且在我们以往的课堂教学中也存在着很严重的"教师本位"现象，学生成了学习的接受者，教师教得多，教师教得累，学生的个性丧失、主体僵化已成为现状。现代教育理论认为，尊重和发挥学生的主体性，有利于培养学生的创造精神、健全的人格和责任感。荷兰教育家弗赖登塔尔曾说过："学习的唯一正确方法是实施再创造"，而主体性的发挥是这种再创造的底气，是再创造的根本。我校在过去的各项工作中，也因缺少鲜活的办学思想的引领而处于被发展状态。怎样办出让大家满意的教育，成了历届校长和领导集体与广大教职工持续不断的追求，为此我们以"科研兴校、特色建校"作为学校发展的突破口，在继承学校"用经典照耀童年"的优良传统基础上求发展，不割断历史，又谋求创新，这是我们办学的基本思路。我校充分发挥科研基地校"科研先行"的优势，在校内引发了一场"主体性"教育的革命，解决了我们"办什么样的学校"和"怎样办学校"的问题。

主体教育就是依靠主体、培养主体的教育。我校的"主体"教育理念大力提倡要保障师生在教学当中的主体地位，同时全面遵循尊重人、关怀人和发展人的基本原则。使每个人得到全面、自由、充分的发展是我们主体教育最终的实现目标。

二、主体性教育实践和探索

（一）主体型德育——孕育校园和谐文化

1. 阅读课题引领，增强德育实效

学校要发展，科研需先行。我校是农村小学，许多留守儿童长期缺少父母的关爱，存在严重的孤僻、冷漠等心理问题和无目标、无追求等思想问题。另外，留守儿童长期缺少父母的监管与引导，学习基础普遍较差，他们缺乏学习信心和端正的学习态度，没有明确的学习目标和人生目标。如此种种问题给学校教育工作带来了极大的挑战。

面对"留守学生"这一新时期下的特殊而庞大的群体，传统的"说教"方式是没有效果的，必须"对症下药"。为此，我校从实际出发，成立了德育课题小组，针对"留守学生"带来的种种问题，对农村学生现状进行了深入细致的调查分析，研究制定当前形势下的学校德育工作目标，确定以"践行弟子规"为研究方向，秉持"主体教育"的办学理念，扎扎实实地进行许多相关阅读课题研究。

我校诵读经典课程研究和开发起步较早。2002年我们就围绕"用经典照耀儿童成长"的办学特色，以课题"诵读国学经典研究"为突破口进行实验，取得了较大的科研成果。我校编辑印发了校本教材《诵读国学经典》12册，以德育课程打开了特色发展之门。

学生阅读发展到今天，经历了热热闹闹的背古诗的阶段，经历了轰轰烈烈的比数量大背诵阶段，如今不能不让我们思考的是：教育是与读书联系在一起的，书籍是最重要的教育资源，一个学生在他相应的年龄段，如果没有读过适合他的书，那是人生无法弥补的遗憾。书籍用一个个暖暖的故事，来帮助孩子形成健全的人格，培养良好的习惯和品德，告诉孩子们什么是对，什么是错。为此我校从实际出发，研究制定当前形势下的学校德育工作目标——读书，让孩子的生命馨香四溢，并深化为课题"师生共读打造书香校园的策略研究"。书香的濡养让我们的孩子和学校都发生了变化。

2. 激发主体意识，寓德育于无痕

开展课题实验，使我校德育工作不仅在整体规划上有了一个具体的操作过程，而且在教育活动内容和方法方面也解决了具体的问题，构建了"主体性教育"德育模式。

（1）管理自治——确立学生主体，实行目标管理。

"班级全员自主管理"模式和少先队干部竞聘上岗制度，为学生创造了一个高度自主的平台，学生能够在这个过程中充分发挥自身的才能，开展自主学习、自主管理。如此，班级中的每一个学生都能够参与进来，都能够在这个过程中体验不同的角色，能够从不同的角度思考问题，从而有效激发学生参与班级管理的能动性，营造了良好的学风、班风。

在此基础上，各班级结合实际情况设立了多元化的岗位，并围绕各个岗位建立合理的轮换体系，真正将班级管理的权力交给学生，这使得各个班级在班级文化建设、班风建设方面都具有浓厚的个性特征。

（2）活动自主——引导主体参与，打造五育并举新模式。

国家"双减"政策在我校的落实，不但有效缓解了孩子们的压力，同时也让孩子们有了更多的时间发展自己的特长。为进一步丰富校园文化，将"双减"政策落到实处，学校高度重视德育工作，并围绕德育进行校本课程的开发。这些校本课程分为社团活动、艺术素养、体育与健康、劳动与实践四大类别。

我们就这样将学生作为各种德育活动的主人，班级活动的主人，学校活动的主人。少先队定期组织"践行弟子规"系列活动：日行一善、亲情聊天、写感恩日记等，将一个个抽象的德育理念转化成了实实在在的现实活动，进一步巩固了德育的成果。丰富多彩的活动让学生乐此不疲，他们不再有时间和精力去做违反规则的事情了，良好的习惯在不知不觉中自然地得以养成。

（3）行为自律——强化主体参与，提高德育实效。

引导学生自我约束，自我控制，要求学生懂得一般的法律常识，能够严格遵守有关的行为规范。学校还高度重视学生心理健康问题，帮助学生不断强化心理素质。现在我们校园到处都能体现"主体性"，课间纪律、漂流书吧、食堂就餐、校园广播等，在"主体化"理念的指引下，我校的德育工作也焕发了勃勃生机。

主体性德育工作的深入实施，有效地加深了学生的道德认识，规范了道德行为，使学生时时处处显现出温文尔雅的文明形象，受到家长和社会的良好评价，同时学校也获得了"全市书香校园""全市关心下一代先进单位""全市学校文化建设示范校""全国青少年文明礼仪教育示范基地"的殊荣。

（二）主体性课堂——构建课堂生态文化

1. 依据办学理念，总结教学模式

我们以主导课题"生本教育理念下主体化教学模式的研究"为引导，以多个校本小课题为支撑，以特色发展为主旋律，构建了学校的课题研究网络。我校学科课题源与课堂，高于课堂。在研究展开过程中，要求引领课堂，提高课堂教学的效率。为此我们提出，课题研究要以学校"主体化"的理念为指导，以学科课题研究内容为依托，对课堂教学文化进行重构。就此，我校组织了课堂结构模式的讨论，经过讨论与专家论证，课题组总结出了能体现学校办学理念的课堂教学结构模式。

2. 探索教学新模式

为了提升学生的主体意识，我校进行了"主体化"教学模式的科研探索，经过近六年的校内课题的研究，完成了课堂教学翻转性的一次变革。主体化教学把将学生培养成会独立思考、会体验生命意义的人作为终极目标，以学生自主参与教学活动为主线，全面贯彻"五步一本位"的教学思路，五步即"诱""探""点""练""拓"，"一本位"即合作学习本位。

"主体化"教学模式框架表

教学模式环节		具体内容
五步	诱	设境激趣，引发思考
	探	明确目标，自学初探
	点	导思答疑，精讲梳理
	练	巩固应用，检测反馈
	拓	拓展延伸，深化提炼
一本位	合作学习	优劣互补，发挥团队合力，提升教学效率

在"主体化"教学模式的引领下，我们把自主权交给了学生，培养了学生主动参与的能力；把质疑权放给了学生，培养了学生独立思考的能力；把选择权还给了学生，培养了学生自主发展的意识；把评价权送给了学生，培养了学生分析、评判能力。老师彻底完成了"四给"，而这也从真正意义上确立了学生的主体地位，提高了教育教学质量，学校被评为"长春市教师专业发展型示范校""国家级课题研究先进

科研单位"。

（三）主体性评价——培养学生全面发展

在日新月异、飞速发展的当今世界，学生不但要掌握一定的文化知识，更是要具备综合素质迎接各种挑战和竞争。所以学校教育不仅要重视学生的学习成绩，更要重视学生的思想品德和各种能力。为此，我校以"学生全面发展"为育人目标，以促进学生综合发展为目的，探究了多元化评价制度构建的相关问题，以"关于小学生综合素质评价多元化的研究"为课题，形成了注重学生过程性表现的综合评价体系。在实施过程中，尊重学生人格的完整性，表现的日常性、成长的动态性和发展的差异性，从思想道德、学业成就、综合实践活动、身体健康、心理健康、审美素养、个性发展等方面，通过学生自评、生生互评、教师及家长评价等方式进行综合素质评价，促进学生德智体美劳全面发展，努力"让每一个生命绽放光彩"。

1. 评价内容的多样化

我校评价体系是以"主体教育"为宗旨，以"学生全面发展"为目标，全面落实教育部提出的七个评价内容，促进学生全面发展。依照多样化的评价内容，对学生的评价实行多元化指标，综合评定。考试成绩不再是我们评价学生的唯一标准，而是将学生在实践大课堂中的学习过程和成果展示也计入综合评价。除此之外，学生参与各类校园活动的情况也是过程评价的重要参与。

2. 评价体系的过程化

以"争做文雅好少年"引领评价价值，以"星级评定"为载体评价学生的综合素养。注重过程管理，打造全员育人，"大手牵小手、小手拉大手"互评互比，实现多元评价。通盘考虑学生单项的进步和整体发展情况，开展"追星"活动。一颗星星代表一个奖项，一位学生可以获得多颗星星，一批学生可以共享一种星星。一个班级或一个年级、一门学科或一次活动，都与"争章追星"结合在一起纳入评价体系，也就是把实践能力和个人特长纳入考核标准，把这个评价路径命名为"星级大闯关"。

需要说明的是，一、二年级没有书面作业与各学科考试的监测。他们的评价侧重于学生学习兴趣和习惯的养成性，主要针对平时学习过程及其他常规表。

3. 评价主体的多元化

在评价体系构建过程中，将动态发展作为重点，不采用阶段性评价方式，以随机、动态的方式，联合学生、教师和家长等多个主体进行多元化评价。在评价体系中充分体现自主性、互动性、趣味性和个性化。一是引导学生评价自我；二是创造同学互评的机会；三是家长参与评价；四是任课教师评价。教师根据课程目标确立评价标准，注重过程性评价与终结性评价相结合，要做到全面客观，不能只看学习成绩，还要看学习态度、学习方法、学习习惯和心理状态，要以鼓励为主，抓住每一个学生的"闪光点"并及时给予鼓励和肯定。同时评价要注重主体性、发展性，要用发展的观点评价学生，使学生的素质达到全面均衡协调发展。

（四）主体性管理——引领学校持续发展

1. 以学生为根本，强化全面育人的教育理念

围绕全员育人理念，针对教师采取"一岗双责"的评价体系。每一位教师都是育人导师，既教书又育人，既管教又管导，德育工作从班主任、少先队的"独唱"走向了"大合唱"。学校充分利用社会德育资源，面向社会，形成齐抓共管、全方位育人的环境，学校办好家长学校、法制讲座，广泛听取和征求家长、社会各个领域提出的宝贵意见，把学校教育、家庭教育和社会教育有机结合起来，相互配合，形成互动合力，实现了学校"全员、全程、全方位"的育人目标。

2. 强化管理者自我管理意识，时时事事做师生的表率

学校领导团队始终坚持以身作则、带头示范，同时高度重视六种管理意识，将行政意识、岗位意识、角色意识、质量意识、大局意识、服务意识贯穿整个管理的始终，强化自我管理意识，在学校中营造了积极向上、拼搏奋进的良好氛围。

3. 当教师的贴心人，深化教师主体意识

用情感温暖人。紧张的工作并不利于教师的发展，因此，学校领导加大了人文氛围的营造力度，经常与教职工交流，视他们为朋友，通过互相了解，建立友谊，不断换位思考，以忠诚宽厚的态度对待他人，逐渐淡化包括坐班制在内的很多检查。由工会出面组织了一些活动，教职工有大事小情时可以请求工会帮助解决。每年都组织教职工进行体检，生病就协助及时治疗，并经常看望。关心每一位有困难的教职工，关键时候，学校总能伸出援助之手。这些举措，不仅能以理服人，更能以情动人。

三、主体性教育硕果累累

由于坚持不懈走主体教育的校本化之路，我校主体教育的成果得到积累，理念深入人心，已经成了苇子沟中心小学整体工作的核心理念。"主体性教育"被评为区首批教育品牌，其成果对周边地区以及兄弟学校的影响力正在逐步呈现。

1. 促进了全体教师教学理念的更新、教学方式的优化，最主要的是促进了全体学生主体化、个性化全面健康发展，同时也推动了我校各方面得到快速发展。学校多次受到上级的表彰和奖励，多次接待兄弟学校的参观交流。

2. 科研成果的转化，不仅提高了学生的语文素养及人文素养的提升，而且使德育主导课题的价值取向得到进一步深化。书香的濡养让我们的师生和学校都发生了变化，形成了一个书香校园的氛围。同时我们也引导主体参与，形成"自主参与，自主管理"，由"他律"到"自律"的德育工作模式，达到立德树人的目标。

3. 课题研究促进了教师的专业成长。通过课题的研究我们有许多教师成长起来了，有市级杰出校长、专家型校长、骨干校长、科研专家，还有一大批年轻的省市区级学科骨干、科研名师、科研骨干、教学能手等，他们都是在课题组成长起来的。"十三五"期间，我校教师有113篇论文发表，有263项国家、省、市科研优秀成果奖，已形成了一支蓬勃向上、锐意进取的教师团队，为学校科研工作的推进提供了强有力的人才保证。

4. 教育科研为学校的全面发展提供了有力的支撑，推动了学校的良好发展势头。近几年来学校先后获得了一系列荣誉：全国书画特色教育示范基地、全国课题研究先进集体；全省校本科研先进校、全省校本科研示范基地校；长春市科研核心示范基地校、长春市未成年人思想道德建设教育示范基地、长春市校长培训基地校等三十多项荣誉。

总之，主体化教育的实践，既是一项系统的工程，又是一个永久的科研课题。它营造了一个比学赶超、勃勃向上的教学氛围，推进了我校的跨越式发展，使我校在全区的小学中异军突起，也走出了一条以科研为突破口，创办特色名校的办学新路。

四、未来的发展愿景

学校愿景，就是一所学校的发展方向、价值取向和文化取向。我们将继续以科研为先导推动学校全面发展，将这种愿景变成全体师生的共同追求，让它产生无穷的力量。

（一）优美的教育教学环境

新时代新科技新发展，未来学校发展将进入一个崭新的时期，学校应该致力于为学生提供"精准学习"的教育环境。虽然目前乡村学校的生源正在因新生儿下降而日益减少，但教育是"向美而行，向美而生"。学校是激发学生审美情感、实现审美教育的场所，我们将充分利用好闲置的楼房，重新打造校园环境，赋予校园新的形象和气质，弥补原建筑设计的不足，以一个统一的设计形态呈现给师生，让人感到单纯、简约、多彩。目前我们学校的占地面积是 27 738 平方米，有三栋教学楼房，总面积是 11 181 平方米。未来设计规模为小学 10 个教学班，学前 4 个教学班。计划改造建筑 2 幢，建筑面积 5273 平方米。校园改造设计主旨为"自然、多样、独特"，以立面造型为起点，分画之乐、动之乐、学之乐三个活动空间，有多个角落。同时，让孩子们学习、探索、玩乐结合，空间融合学习的场景、玩耍的情景、想象的幻景。在原幼教楼后侧乡村优越的自然环境中，增添一条林荫，一声鸟鸣，一群蜜蜂；食堂西侧劳动基地种植多种植物来丰富校园景观层次，让学生们在学习之余观察植物生长，感受大自然的神奇；原大操场面积 6000 平方米不动，但教学楼西侧原小操场场地，改造成一个溜冰场，这样同学们就能积极投身到冰雪活动中，促进冰雪运动跨越式发展，把更高、更快、更强的奥运精神融入学校的"双培养"育人目标中；教学楼东侧建造一个水池，让学生们观察水中鱼儿，体会小生命的活力。同时我们将以多种空间、多种设施、多个角落为平台，在现代化的建筑中和谐地融入当地的乡土文化，凸显当地建筑的特色。让学生们走进大自然，看山水、听鸟语、闻花香，在自然中发现，在自然中学习，在自然中成长，使学生们有更多发展的空间。

（二）五育并举的智慧校园

1. 以德立人

围绕"五育并举·德育为先"的工作思路，将"日行一善"教育融入七彩德育中，通过学科渗透、班级活动、少先队活动、家庭教育、校外教育等，实现课程育人、文化育人、活动育人、实践育人、管理育人、协同育人，达到"立德树人"的教育效果。

2. 课堂增智

"五育并举"下的教学改革，主要是将教学质量作为各项工作开展的核心，致力于把课堂教学改革作为未来发展的着力点，完善"五步一本位"的综合模式，建立以保障师生全面发展的统领所有学科教学的通用性模式，在突出学科特点的基础上，鼓励教师打造具有自身风格的教学模式。落实思政一体化，在各个学科中教师要润物无声地渗透思政教育、德育教育，在搞好学科教学的基础上，从单一的学科教学中走出来，由课程教学向课程育人回归，着力培养学生认知能力，促进创新思维，激发创新意识，从而落实立德树人根本任务。

3. 运动健体

将师生善于运动锻炼、乐于强身健体的积极性引导到阳光运动上来，做到上好体育课、开展好运动会、开展好大课间、举办好体育节等，激发师生阳光运动、善于锻炼、乐于健体的积极性。围绕健康第一，科学安排体育课，抓好两操一活动，使之坚持经常化，开展率达98%以上；加强队列队形、广播体操的教学，并要求动作规范，在年级组评比活动中，以优带劣，以效促质，使两操一活动的开展达到基本要求，并逐渐提高；开展好学校特色体育项目，让每位学生掌握2项以上运动技能；积极训练好"足球队""田径队"，力争在新一年区大赛上进入前三。通过大力推进阳光体育活动，学生不仅增强了体质，意志品质、思想道德也得以有效强化。

4. 艺术育美

"五育并举"，不仅是教育质量提升的焦点问题，也是教育可持续优质发展的关键。经过教师们的努力，我校"五育并举"取得了一定的效果，但距人民满意的"五育并举"还有一定的距离。基于此，我校将"五育并举"作为学校办学及课程建设的重中之重，从"教"的视角积极探索"五育并举"的实施路径及教学方法。

将课程建设作为各项活动开展的重要基础，同时把研究性学习作为各项工作开展的重要内容，建立符合学生综合能力发展的综合性实践活动。在此基础上，注重培养教师教研能力，组织教师参与课题研究、校本课程开发。目前我们镇还有2个村小教学点，每个学校各有1名学生，从现在的实际情况看，不能有效整合师资力量，存在一定的浪费，为此，需要进一步推进交通设施建设，同时针对学生开展有针对性的心理辅导，做好艺体师资的调配。学校对艺体教师和文化课教师的要求要完全一样，常规检查也一视同仁。在教学方面，艺体组按照相关学科课程标准的要求，制定并细化出各年级的艺体教学目标。这样能充实特色课程师资力量，引进家长资源、社会资源，完善社团课程的多元化，开发乡村特色校本课程。要求教师注重校本课程的教学研究，保障校本课程可以真正符合乡土特征。我们要充分利用课后服务时间，最大限度地满足学生兴趣及特长需求，丰富课后服务内容和形式。如分为校级兴趣小组和各年级开设的学生自主选择走班制的"缤纷课程"，在自愿选择、学校统筹的基础上，让每个学生能够选择参与2门特色课，打造"素质教育第二课堂"。主要以"乡土文化"为背景，挖掘箱板画、谷物粘贴、玉米叶编织、树叶贴花、剪纸等文化，力争各社团百花齐放，尽显风采，展现学子们的精神风貌，张扬儿童们的独特个性。

5. 实践培劳

开展劳动教育，助推"五育"融合，将劳动教育和劳动体验融入综合实践之中，建立完善的"校内劳动教育＋校外劳动教育＋家庭劳动教育"模式，明确教学目标、活动设计和要求，确保学生每年学会1至2项生活技能，使得学生能够在这个过程中逐步树立劳动观念，逐步养成勤俭节约、艰苦奋斗的美德。目前我们校园有一块空地已还原成田地，作为学生的劳动基地。今后准备让学生在劳动基地上，种植各自喜欢的黄瓜、辣椒、西红柿等农作物，亲近自然和土地。

我们将遵循劳动实践基地建设与学科教学相结合的重要原则。在实践过程中，我们充分利用劳动实践基地这一平台，服务于学科教学。劳动基地的建设，不仅为师生提供了参与活动的实践场所，同时也发挥了劳动基地的辐射作用，为各种教学实践活动的开展奠定良好的基础。未来我校围绕各个学科设计的实践活动，都能够利用劳动基地来丰富实践活动的内容，使得实践基地的优势得以充分发挥，真正打造理论与实践高度结合的教学模式，从而有效促进我校教学水平的稳步提升。

雄关漫道真如铁，而今迈步从头越。面对日新月异的社会形势和不断更替的教育潮流，我们将矢志不渝地以科研引领发展，推进主体教育实践，与时俱进地深化主体教育内涵，砥砺前行，去书写苇子沟小学美好的明天！

（撰稿：尹海英）

质量立校　全面育人

德惠市第六小学

校　　训：博学弘德　求实创新
办学理念：立德树人　筑梦启航　善思雅行　快乐成长

德惠市第六小学始建于 1991 年，历任六位校长，积淀了丰厚的文化底蕴，全体六小人在诸位校长的正确带领下，赓续传承，砥砺前行，在继承中发展，在发展中壮大，以六小精神汇聚六小力量，以六小速度成就六小品牌。

学校先后获得全国文明校园、吉林省文明校园、吉林省教育科研先进单位、吉林省优秀家长学校、吉林省中小学信息技术应用能力提升示范校、吉林省关心下一代工作先进集体、吉林省生命与安全教育百佳特色创新校、长春市中小学校长培训基地校、长春市未成年人思想道德建设工作先进单位、长春市教师专业发展型学校示范校、长春市教育科研工作先进单位、长春市教育科研核心示范基地校等多项荣誉。

一、学校办学理念

学校牢固树立"立德树人，筑梦启航，善思雅行，快乐成长"的办学理念，即以立德树人为根本，用善良教育浸润师生心灵，启智明理，知行合一，培养德智体美劳全面发展的社会主义建设者和接班人。秉承"博学弘德，求实创新"的校训，倡导"乐善向美"之校风、"乐教善导"之教风、"乐学善思"之学风，以先进的教育思想、一流的办学条件、精干的师资队伍、优质的教学水平、深厚的文化底蕴，浸润六小学子六年成长，实现学生全面发展，助力学生成才，成就学生未来六十年的幸福人生。

二、学校办学思路

学校坚持科研兴校，严格科研管理，深入科学研究，规范科研实践，创科研品牌；坚持特色强校，以特色班级、特色社团、特色活动赋能学生成长，创特色六小；坚持质量立校，扎实课堂教学，引领教师专业发展，提质增效，创区域名校。

（一）德育为先　成长有方向

学校坚持德育为先原则，建立党组织领导、校长负责、群众组织参与、家庭社会联动的德育工作机制，实行课程育人、文化育人、活动育人、实践育人、管理育人、协同育人的全面育人模式。

1. 课程育人

为了深入贯彻落实习近平总书记关于思政课建设的重要指示批示和重要讲话精神，我校坚持以"大思政"理念推进工作思路、内容形式、方法手段创新，以立德树人为根本，以理想信念教育为核心，以社会主义核心价值观为引领，整合多方资源，协同多种要素，形成育人合力，着力提高学校思政课教学实效，发挥教师队伍"主力军"、课程建设"主战场"、课堂教学"主渠道"作用，使思想政治教育贯穿人才培养全过程，构建全员、全过程、全方位育人大格局。

作为德惠市思政试点校，校领导高度重视，发挥"头雁"效应，校长带领全体思政教师上好思政课，有力推进思政工作落细落实。

我校开齐开足思政课的同时，组织思政教师积极参加培训，进行集体备课共研共修，上好三年级、五年级《习近平新时代中国特色社会主义思想学生读本》内容，每学期开展两次主题思政实践课，学校设立党建思政专项课题，鼓励教师聚焦思想政治教育前沿动态和学校学生思想实际，开展学生思想政治教育工作理论与实践工作研究，以研究成果指导实践创新。

我校将紧跟新时代步伐，用习近平新时代中国特色社会主义思想铸魂育人，用心用情给学生心灵埋下美好的种子，为学生的成长筑牢基石，让德惠市第六小学的思政课改革创新工作大放异彩，谱写育人新篇章！

2. 文化育人

（1）校园文化建设。学校以室外文化、楼道文化、班级文化、办公室文化、各功能室文化为平台，以美化、绿化、文化为标准，室外设有文化广场、文化长廊、外墙标语、宣传橱窗、人文雕塑等；一楼大厅设有学校沿革和办学理念、"一训三风"等；主楼走廊设计了社会主义核心价值观、历届校长寄语、学校领导团队、名师专栏等。每个楼层都设有文化主题，如"党建精神""科学精神""名人名言""师德师范""琴棋书画"等。

"让每一面墙都能说话，让每一个空间都有灵性。"六小的每一个成员时刻浸润经典传承，汲取文化底蕴，提高艺术品位，升华个人涵养，达到潜移默化、陶冶情操的效果。

（2）经典文化引领。红色文化是长期革命斗争中形成的宝贵精神财富，红色基因的传承是文化育人的最佳方式。红色歌曲的传唱，红色故事的讲述让孩子们对英雄有了更加深刻的理解；"寻找身边英雄，让红色基因代代传承"活动，使孩子们得到了心灵的洗礼。通过家庭读书会、画手抄报、召开班队会等孩子们喜欢的方式展开教学，让英雄的种子在孩子的心中扎根、发芽。建立红色基因教育基地，成立红色基因传承大队、红色基因传承中队、红领巾小队，三线一体，让红色基因在学校教育中扎根，让孩子们对社会主义核心价值观入脑、入心，将红色文化融入血液并实施践行。

3. 活动育人

在行为规范方面，以"两线一围"德育管理模式，创设"六会六要""两习惯培养""六大类主题社团活动""八朵幸福花评比机制"的自主管理评价平台。"一班多品"为学生个性发展搭建舞台，开展童心童梦的新生入学开笔礼、传红色基因入队礼、铸梦起航的毕业典礼。每周的升旗仪式，升旗班的学生们身穿军装，昂首挺胸护送国旗出队。看着五星红旗在国歌声中冉冉升起，听同学们嘹亮的歌声以及在国旗下慷慨激昂的演讲，对所有学生来说都是一次精神的洗礼。学生在活动中实现思想成长，人格完善，素养提升。

在赏识教育方面，通过一系列的评先活动，从正面激励学生，使每一位受表彰的学生具有成功感、成就感，进而激励其他学生能主动参与德育工作，并从中感受到教育的真谛，使同学们能向着正确的方向发展，从而形成一股积极向上的正能量。

4. 实践育人

德育工作不仅要有先进的教育理念，还要会创新实践。把育人从教室搬到操场、家庭、公园、田间地头，尝试着从课堂走向自然，从书本走向实践，例如，带学生清扫操场上的积雪，再用积雪堆成雪人，既美化了校园环境，又让学生在劳动中懂得团结的力量，懂得劳动就能创造美；在学雷锋活动月中，组织学生外出植树、到敬老院慰问老人、到市区搞清洁卫生大扫除；等等。通过这些活动使学生认识到尊敬老人、做好人好事既可以使自己开心，还可以得到他人的肯定和赞扬，更加能体现自身的人生价值。让德育在自主、实践、感悟中融化，使我校走出来的学生都能具备独特气质和修养。

5. 管理育人

"不以规矩不成方圆"，建立起完整的规章制度、完善的管理模式，才能约束并规范师生的行为。教师严守师德底线，遵守《教师职业道德规范》，学生严格遵守《小学生日常行为规范》，知理明智，知行合一；班级制定班级公约，科学规范，执行到位。如此，才能建立起良好的校风、校纪，保证学校各项工作顺利展开，保障学校育人功能的正常发挥。

6. 协同育人

学校遵循民主、公开、自愿的原则，组织家长通过选举成立家长委员会。定期召开家长委员会会议、家长会会议，搭建家庭与学校的教育桥梁，关注家庭教育，构建家庭、学校、社会三位一体的育人模式。我校举办家庭教育项目启动仪式，帮助家长树立科学的家庭教育理念，深刻认识到家庭教育在孩子成长教育路上不可忽视的影响力，坚持家校合作教育模式，共同开启六小未来协同育人新篇章！

（二）教学为本　成才有力量

我校以质量立校，教学质量是学校的生命线，教学工作必须要严格、科学和规范。学校在教学常规、科研管理、技术赋能、校本研修、社团活动、辐射引领等方面都取得显著成效，助推学校教学高质量发展。

1. 注重过程，紧抓常规

学校严格执行课程计划，按要求开齐课程，开足课时，科学安排教学进度，合理编排课程表。严格落实教师集体备课制度，鼓励教师进行有效备课，积极参与长春市、德惠市组织的学科备课活动，并及时进行组内研讨，力争精准把握课标，更加有效地上好每一节课。教导处按时对教师的教案、作业批改、学习笔记、听课记录等进行检查，有总结，有评价，有指导。教师真正做到课前精备课标、课上精讲知识、课下精心关爱的良性教学模式。

2. 以研促教，教研相长

做好科研，是实现学校内涵发展的"捷径"；做好科研，是实现教师专业素养提升的"钥匙"；做好科研，是助力教育教学高质量发展的"核心能源"。

我校教育科研氛围浓厚，"十四五"以来，我校共申报立项省市规划课题 40 余项，各级各类专项课题近 10 余项，参研教师数占比

80%。2023 年度，截至 10 月份，我校共有 6 项长春市规划课题结题，其中 2 项重点课题被评为优秀课题，2 项市专项课题顺利结题；教师先后申请并成功立项长春市规划课题 13 项，正在申请省规划课题 3 项；目前还有 1 项省规划课题、4 项市规划课题正在结题……

我校科研工作具有严格的管理制度，课题的申报与研究必须循章而行。

（1）课题培训有广度。学校要求教师必须参加市科研机构组织的各种科研培训，做好培训记录，并能结合教学实际，把培训内容运用到实际工作中去。

同时，定期组织骨干教师、学科带头人和课题负责人每学期至少参加一次外出（或线上）科研培训，其他教师每学年至少参加一次外出（或线上）科研培训。培训结束后，培训教师结合本校实际，进行校内或者课题组内二级传导，并形成总结学习的书面材料，有助于教师间的学习反馈、交流和推广。

（2）课题管理有力度。课题申报遵循教师自愿原则，但是所有申报课题需要学校课题初审会审核，以研究能力、研究价值、预期成效为综合评判标准，确定拟申报课题。

（3）课题研究有深度。进入研究阶段的课题，必须要科学制定研究方案，科研室监督研究计划进程，保证课题组真正开展研究活动。本年度，我们以科研为引领，以优势课题为依托，开展了大学区教研活动，我们的正高级教师作为优势课题主持人进行教学讲座，课题实验教师进行课例展示，教师真正做到在教中研，在研中教，形成了教研相长的科研新风尚，助力学校内涵发展。

（4）科研成果有温度。市规划课题"小学弘扬中华传统文化的有效途径研究"，探索出以校园文化、课程融合、实践活动等方式渗透中华传统文化的有效途径，我校设立以中华传统美德为主题的文化广场，每个年级都设有"传红班"，学生编排的校园剧《赵一曼》《红岩魂》等获得多项市级荣誉。

长春市基础教育高质量发展专项课题"新课程标准下小学作业设计模式研究"的研究，探索新课程标准下，立足"双减"，总结经验，探索规律，为一线教师提供有价值的可借鉴的小学作业设计策略，构建以基础性作业、多层次性作业、多类型作业、开放性作业、趣味性作业相结合的符合最新教育理念的作业模式。我校学科团队及教师在德惠市进修学校举办的教师作业设计大赛中屡获佳绩。

3. 技术赋能，提质增效

在抓好常规教学的同时，每学期，我们会开展提升教师教育教学能力的系列教学活动，如"中青年教师汇报课""骨干教师示范课""名优教师引领课"等。本学期学校继续启动了第二届"龙凤杯"教师技能大赛活动，我校有 29 名青年教师参与赛课活动，尽展青年教师风采。

为促进我校教师信息技术应用水平全面提升，实现信息技术与教育教学融合创新发展，更好地服务于教育教学，学校构建"双导团队"模式，即经验型导师指导课堂教学，技术型导师指导信息技术应用，召开了以"聚焦能力点应用　双导示范促提升"为主题的教师信息技术能力提升工程 2.0 整校推进阶段性会议，团队展示，学习成果丰硕，参培教师合格率 100%。

4. 校本研修，提升素养

学校以"教师发展为根本"，促进教师专业化成长，逐步培养一批高水平的学科带头人和教书育人专家，造就一支师德高尚、富有创新精神、专业技术精湛、教育科研能力强的"四有"好老师队伍。

（1）加强学习，促进教师内涵提升。学校开展"校长荐书"、新课程标准达标、读书演讲、读书汇报等活动，督促教师多读理论书籍，读有用的书籍，读专业的书籍，读提升内涵发展的书籍，促进教师内涵提升。

（2）多元评价，促进教师素养提升。学校制定严格的教师考核评价标准，以教师职称评聘、职级晋档为契机，完善日常教育教学评价体系，开展促进教师专业发展的活动和技能大赛等，激发教师内在发展的动力，形成自我提升内驱力，促进教师核心素养提升。

（3）团队建设，促进教师整体素质提高。通过开展"影子工程"，以师徒结对形式，由名优骨干教师带领新教师整体发展；通过开设名师讲坛、骨干教师示范课等，提升新教师专业素养；通过开展课题研究活动，由课题主持人组织课题组成员开展教育教学研究活动，积累经验，凝练成果，实现研究团队整体提升。

学校拥有一支长春市级学科团队，教育部备案的名师工作室。这是外五县唯一的学科团队，唯一的名师工作室。以团队建设模式，形成教师专业成长内驱力，促进教师队伍素质整体性提高，推动学校教育教学向纵深发展。

目前，我校有全国优秀教师 3 人，吉林省优秀教师 4 人，吉林省特级教师 3 人，长白山名师 1 人，吉林省学科带头人 4 人，吉林省学科骨干教师 8 人，长春市骨干教师 10 余人，省市级师德标兵、"我身边的好教师" 5 人，还有 10 余名德惠市"未来之星"培养对象。学校教师队伍实现梯级发展，潜能无限。

5."双减"提质，作业出彩

按照"双减"政策要求，健全作业管理机制，严控书面作业总量。一、二年级不布置书面作业，三至六年级书面作业时间总量不超过 60 分钟。要求教师提高作业设计质量，作业设计要多元化，包含巩固性作业、应用性作业、实践性作业、开放性作业等，给学生不同层次的自主选择的空间，让学生发挥自己所长，并设计作业公示单，报备教务处日日公布。教师要加强作业指导，对作业要全批全改、检查、总结，针对作业中存在的问题进行讲评，作业问题日日清，同时每两周进行阶段性讲评，梳理阶段性作业的优点与不足。

学校经常借助节假日，为学生设置实践性作业，如五一假期，我们分年级设置劳动实践作业，孩子们的作品创意无限，精彩纷呈。

6. 社团建设，服务增效

为了贯彻执行党的教育方针，立德树人，深入践行"双减"政策方针，满足学生、家长的实际需求，丰富学生课后服务活动，提高课后服务质量，拓展学生综合活动的时空，让学生每天都有尽情释放、参与兴趣活动、快乐学习体验的机会。学校结合实际，挖掘资源，注重减负增效，制定学校课后服务实施方案，探索多样化课后服务形式，提高服务品质，提升教育质量。

本学期，学校开设 13 个学校社团和 62 个班级社团，统筹规划课程设置，课程分为课后答疑、自主学习、阅读诵读、体育社团、音乐社团、美术社团、书法社团等，学生根据自己兴趣和需要，自主选择社团参加，满足了学生多样化的需求，实行课后服务有需求的学生全覆盖，社团服务教师分设主讲教师和助教教师，全面负责学生的教学活动管理，保证课后服务的质量和学生安全。

学期初，学校召开课后服务专题会议，邀请学校家长委员会成员，听取家长需求，进一步完善课后服务项目；定期召开家长会，听取学生和家长的反馈，以便更好完善课后服务方案；学校会在期末进行社团活动汇报演出，检验课后服务质量。

目前，我们社团活动开展初具成效，许多特色社团在多项活动中登台演绎，获得一致好评。

7.辐射引领，区域联动

作为德惠市六小大学区学区长校，我们构建了"136"发展机制，即"1"个核心，"3"个策略，"6"个路径，即以大学区内各学校高质量发展为核心，以引领带动、共研互动、成长主动为策略，通过学区长校带动、名师骨干带动、教师教学互动、教学管理互动、教学研究主动、自身发展主动，实现城乡联动发展。

继我校承办以"聚焦课程标准，助力素养提升"为主题的大学区教研活动后，六小大学区成员校——德惠市同太乡中心小学承办，成员校间进行同课互动的"精讲古典诗文，展示同课异彩"为主题的教研活动顺利举办；成员校德惠市郭家镇中心小学"创温馨校园，展小班风采，办精致教育"主题教研活动也开展得十分精彩。由此，真正实现了学区带动，城乡联动，助推区域教学高质量发展。

（三）管理为基 发展有保障

1.学校常规管理

学校建立网格化管理体制，拥有一支优秀的领导团队和管理团队，坚持安全"一岗双责"，师德师风"一票否决"制，保障学校各项工作顺利展开。

2.教师团队管理

独行快，众行远。学校实行教师团队发展管理模式，如以老带新的"影子教师"团队、信息技术能力提升工程2.0培训的"双导团队"、科研课题的研究团队，还有长春市级语文学科团队和教育部备案的名师工作室团队。以团队发展为主线，促进教师队伍整体素质提升。

3.学生成长管理

以五育并举、全面育人为发展目标，深入贯彻落实"双减"政策，坚持五项管理，立德树人，保证学生德智体美劳全面发展。

三、学校发展设想

作为全市唯一一所全国文明校园，我们继续以"六好"标准严格要求，力求取得更大进步，有更长远的发展。

1. 领导班子建设好

坚持和加强党对学校工作的全面领导，增强"四个意识"，坚定"四个自信"，把握正确办学方向，坚持以党的政治建设为统领，全面推进学校党的政治建设、思想建设、组织建设、作风建设、纪律建设，把制度建设贯穿其中；深入贯彻落实中央"八项规定"和"三严三实"要求，有效治理"四风"问题，保证领导班子勤政廉洁；班子成员团结一心，加强民主管理，既讲民主，又要集中；党员干部思想觉悟高、政治站位高，战斗力强，作风优良，充分发挥学校党组织的战斗堡垒作用和党员的先锋模范作用。

2. 思想道德建设好

持续深入学习习近平新时代中国特色社会主义思想，推动党的创新理论进教材、进课堂、进头脑。强化理想信念教育，积极培育和践行社会主义核心价值观。开足、开齐思政课，将思政教育融管理、融德育、融教学、融实践，组织多种形式的思政教育实践；重视学生心理健康教育，促进学生人格健康发展；开展文明班级、文明学生、文明社团等评比活动，开展学雷锋志愿服务，提升学生思想道德素养；继续深化红色文化浸润作用，争取打造更多的"传红班"，将红色基因烙印在每一位学生的心中，在实践中传承、发展、创新，保证学校思想政治工作扎实有力，道德建设广泛有效。

3. 教师队伍建设好

制定教师成长规划，建立教师成长档案，继续发挥团队建设、名师领航优势，重视教师师德师风建设。坚持教育引导、制度规范、监督约束、查处警示并举，建立师德师风建设长效机制，用"四有好老师""四个引路人""四个相统一"和"四个服务"等要求引领教师成长发展，通过举行教师宣誓、开展师德演讲、树立模范典型等活动，加强师德养成，将师德考核纳入教师考核评价体系，实行师德"一票否决"制，实现教师队伍师德师风良好，学校师生关系和谐融洽。

4. 校园文化建设好

强化校园文化软环境建设，加强对学校教育思想、办学理念等精神内涵的凝练和归纳，建设优良校训、校风、教风、学风，进而打造各具特色班风。营造创新求实的学习环境和科研规范、教研相长的教研氛围。继续完善学校墙面文化、功能室文化，实现入校所见皆是知识，所闻皆是文化，所思皆创造，所想皆向上，积极打造健康丰富的校园文化生活环境。

5. 优美环境建设好

加强校园规划、建设和管理，推动实现校园建筑、道路、景观等达到使用、审美、教育功能的和谐统一。加强校园安全教育工作，建立健全学校安全工作的各项规章制度和应急预案，严格执行责任追究制度，将安全教育工作作为对教职员工考核的重要内容，实行"一票否决"制度。加强校园安全综合治理工作，尤其注重校园周边环境治理，建设绿色环保校园，做好卫生、后勤服务和绿化、美化工作，定期开展环保教育和节约教育，如争做环保小卫士、节水、节电、绿色出行等活动，保障校园及周边环境整洁、优美、安全、和谐、有序。

6. 活动阵地建设好

巩固学校思想政治工作阵地，牢牢把握正确导向，充分发挥育人功能。抓好学校数字化阵地建设，规范学校公众号、视频号、班级群等新媒体宣传平台，深化网络文化建设和网络素养教育，建好、管好、用好网络平台，引导师生形成科学、文明、健康、守法的上网意识和习惯；完善学校电子档案建设、教育资源数字化建设，让数字化平台更好地为教学服务，努力建造规范、高效的数字化平台管理模式。推进社团活动阵地建设、丰富社团活动内容，优化社团活动质量，创特色社团、品牌社团，丰富学生的校园生活。

德惠市第六小学将继续发扬传统，开拓创新，以德为先，育人为本，努力打造一所现代化、数字化、特色化、高质量的区域名校，为我市教育高质量发展做出应有的贡献！

（撰稿人：马银平）